Sabedoria taoísta para o
DIA-A-DIA

DOUTOR BAREFOOT

Sabedoria taoísta para o
DIA-A-DIA

Soluções edificantes para
as angústias da vida moderna

Tradução
Débora Isidoro

BestSeller

CIP-Brasil. Catalogação-na-fonte
Sindicato Nacional dos Editores de Livros, RJ.

R925s Russell, Stephen, 1954-
Sabedoria taoísta para o dia-a-dia/Doutor Barefoot;
tradução de Débora Isidoro. – Rio de Janeiro: Best*Seller*,
2007.

Tradução de: Dear Barefoot
ISBN 978-85-7684-033-6

1. Tao. 2. Filosofia taoísta. 3. Corpo e mente.
4. Saúde. I. Título.

07-0530   CDD – 181.114
                                                 CDU – 1 (5-11)

Título original inglês
DEAR BAREFOOT
Copyright © Barefoot Doctor 2004
Publicado originalmente em 2004 por Grove Atlantic Ltd.

Capa: Sense Design
Editoração eletrônica: DFL

Todos os direitos reservados. Proibida a reprodução,
no todo ou em parte, sem autorização prévia por escrito da editora,
sejam quais forem os meios empregados.

Direitos exclusivos de publicação em língua portuguesa para o Brasil
adquiridos pela
EDITORA BEST SELLER LTDA.
Rua Argentina, 171, parte, São Cristóvão
Rio de Janeiro, RJ — CEP 20921-380
que se reserva a propriedade literária desta tradução.

Impresso no Brasil

ISBN 978-85-7684-033-6

Sumário

Introdução • 7

Bênção, cura e espiritualidade • 11
Criatividade • 75
Poder da mente e afirmações • 93
Amor, sexo e questões pessoais • 139
O corpo • 157
Energia, saúde e o sistema imunológico • 205
Ansiedade, estresse e tensão extravasada • 225
O mundo exterior • 259
A Terra • 303
As estações • 329

Introdução

Quando me sento para escrever minhas colunas, raramente tenho idéia de qual assunto vou tratar. Olho para a tela limpa e espero, os dedos posicionados sobre as teclas num gesto de expectativa. Então, pergunto ao ser que parece residir nos recantos mais elevados de meu cérebro (ou no éter sobre mim, como pode dizer alguém de inclinação mais romântica): "O que há para mim hoje?" Antes que eu perceba, meus dedos estão se movendo pelo teclado como se tivessem vida própria, e eu estou escrevendo um artigo. Condicionei-me a ignorar minha autocrítica e abrir mão de julgar o que estou escrevendo antes de concluir o texto. Não leio o que redigi enquanto não coloco o ponto final e, num gesto triunfante, salvo meu arquivo. Então, verifico o número de palavras e só depois disso começo a ler e editar o texto, excluindo todas as inevitáveis bobagens até que reste apenas um produto que, espero, está pronto para o consumo público.

O processo raramente consome mais de uma ou duas horas, no máximo, embora tenha havido um artigo sobre o momento perfeito que, eu decidi, tinha de ser o material perfeito. Esse exigiu uma viagem até Pembrokeshire que se estendeu por uma noite inteira, no meio da chuva e no auge do inverno, e consumiu nada menos que 12 horas de meu trabalho até que me desse por satisfeito com o que havia redigido.

Minha vivência redigindo as colunas, porém, não vem ao caso. É sua vivência ao lê-las que interessa aqui, e mais precisamente o fato de você receber alguma coisa de valor profundo e duradouro.

Com essa finalidade, permeando todo o livro há informações baseadas na teoria comprovada oferecida pela medicina oriental de que toda condição, seja física, espiritual, mental, emocional, social ou até financeira, influencia ou corresponde a um dos cinco órgãos vitais; e para cada uma há sempre um jeito simples de instigar um processo de equilíbrio e cura, por mais longo ou complexo que possa ser. Mas como costumava dizer Lao-tsé, o avô do taoísmo, "uma jornada de mil milhas começa com um único passo". Em outras palavras, você tem de começar por algum lugar, e é isso que ofereço em meus artigos — um ponto de partida para a aventura maior de simplesmente ser quem você realmente é (por trás de todas as necessárias camadas artificiais que protegem seu eu) —, porque é nesses preciosos momentos de contato com suas porções mais íntimas que se inicia a cura.

Utilizo um modelo oriental originário do taoísmo, mas não sou um puritano — sou, de fato, um libertino espiritual, se é que isso existe —, e, portanto, tomo emprestados com liberdade conceitos do budismo, hinduísmo, animismo, humanismo, existencialismo e qualquer outro *ismo* que tenha estudado durante algum tempo. A medicina ocidental ainda tem entre seus seguidores aqueles que torcem o nariz para esses conceitos e, por isso, muitos conselhos são antecedidos por colocações como "de acordo com a medicina oriental". É um pouco cansativo, eu sei, e me faz sentir como se estivesse me escondendo por trás dos mantos *t'ai chi* dos antigos chineses. Isso também explica por que sou forçado a dizer que nenhum dos conselhos aqui oferecidos deve substituir a orientação de seu médico. Consulte-o sempre que tiver alguma dúvida sobre sua saúde.

Não estou numa cruzada — afinal, isso tudo é apenas um serviço que ofereço humildemente, não uma causa política para ser defendida ou debatida, pelo menos não por mim.

Tenho absoluto respeito e admiração pelos magníficos avanços da ciência médica ocidental e espero, talvez ingenuamente, talvez não, que esses homens (e mulheres) maravilhosos em seus reluzentes aventais brancos possam dedicar à sabedoria do antigo esquema oriental que apresento a mesma medida de respeito — mesmo quando o conjunto de idéias é apresentado por um dissidente como eu.

Acima de tudo, no entanto, espero que todos se divirtam muito e alcancem alguma edificação lendo este livro; que você se descubra sempre rindo alto e, acima de tudo, que sinta o calor de meu amor por você, transmitido não só em cada uma dessas palavras, mas em cada uma dessas letras.

Doutor Barefoot
Londres, 1º de novembro de 2003

Bênção, cura e espiritualidade

Os benefícios da descoberta da espiritualidade

O que é a espiritualidade e por que você a desejaria em sua vida?

Há um padrão subjacente a todas as coisas, uma consciência inata que orienta tanto o mundo "natural" quanto o complexo arranjo de eventos interligados da sociedade humana. Ele é discernível nos padrões de memória das espécies. Veja como uma rosa sempre cresce como uma rosa. Seja essa inteligência uma divindade, um espírito, um conjunto de reações mecânicas ou um acidente, sua existência é irrefutável, independentemente do sistema de crenças que você tenha herdado ou adotado. Pelo bem da discussão, permita-me chamá-la de "presença". Talvez seja romântico demais para os rígidos pragmáticos ou ateus declarados, talvez muito vago para outros, que preferem Deus, o Tao, Cristo ou o Grande Espírito, mas continuem comigo.

Todos os caminhos espirituais (disciplinas, religiões e práticas) têm o propósito de despertar e perpetuar a consciência desse padrão subjacente. Os métodos variam — oração, meditação, dança, giros, jejum, busca da visão etc. —, mas o objetivo almejado é o mesmo: consciência consistente do espírito, tanto dentro de você quanto à sua volta.

Soa plausível, mas o que isso faz por você e como se pode obter tal coisa?

Adotar uma disciplina espiritual, qualquer que seja, exige que você esteja disposto a confiar na benevolência essencial dessa "presença". Uma vez alcançada essa suspensão do sistema normal de crenças, o equivalente a um salto de fé (simplesmente porque você escolheu fazê-lo), o passo seguinte é localizar o ponto de acesso mais próximo. Para alguns, esse ponto é uma igreja, para outros pode ser uma bela paisagem, como o Sol se pondo sobre as montanhas, talvez, para outros, especialmente os seguidores dos métodos orientais, é o templo de seu corpo físico.

Metafisicamente falando, dentro de seu corpo existem pontos ao longo da coluna vertebral conhecidos pelos iogues como chacras (literalmente, rodas que fazem girar sua consciência até níveis mais elevados). A instrução apropriada em ioga ou seu equivalente é necessária em longo prazo, mas podemos fazer o seguinte como um aperitivo:

Imagine uma linha conectando o ponto entre suas sobrancelhas com o ponto no centro da base de seu cérebro. Imagine uma segunda linha ligando uma orelha à outra. A interseção dessas duas linhas imaginárias é a região aproximada de sua glândula pineal, conhecida normalmente como "terceiro olho" ou "cavidade original do espírito".

(Quando acabar de ler) feche os olhos por um momento, concentre-se e reúna toda a sua consciência nesse ponto. Simplesmente olhe daí para a misteriosa escuridão entre seus olhos e atrás deles. Relaxe o corpo, sobretudo a respiração, e permita-se alguns poucos momentos de plena consciência da "presença" dentro de você e à sua volta se estendendo em todas as direções, para o infinito. Essa experiência momentânea de unidade entre mente, corpo e espírito, se repetida diariamente, vai, depois de algum tempo, lhe permitir acesso fácil aos chamados domínios espirituais. Isso é algo que se pode fazer durante o trabalho, o descanso e o lazer. Uma técnica comum a todos os caminhos espirituais, não o colocará de forma nenhuma em conflito com quaisquer outras práticas religiosas que você já siga, sejam elas a oração, o *t'ai chi*, a ioga ou as aulas de tango.

A verdadeira vantagem torna-se aparente quando você se descobre capaz de permanecer inteiramente consciente da "presença" enquanto, ao mesmo tempo, dedica-se a ocupações basicamente mundanas. Com isso, logo terá adquirido uma perspectiva de existência grande o bastante para poder lidar com os desapontamentos e as dores da vida com equanimidade, e otimizar sua apreciação da dádiva em cada momento que passa. E eles passam. Não perca tempo. Experimente agora.

Curando-se

Todos nós lemos histórias de celebridades que visitam terapeutas de um tipo ou de outro, mas curar como uma arte (e como uma ocupação potencialmente lucrativa) é algo atualmente muito estabelecido na trama intrínseca à sociedade do século XXI.

Há um momento, provavelmente pouco depois de termos sobrevivido ao primeiro trimestre no útero, em que a consciência do ambiente que nos cerca começa a ficar nebulosa, mas ainda somos pequenos demais para sentir claustrofobia. Considerando que o ser em questão tenha sido abençoado com uma constituição adequadamente forte, é provável que ele tenha experimentado um estado de absoluta inteireza e total harmonia tanto consigo mesmo quanto com o ambiente, onde sangue e energia estão fluindo, a sintonia dos pensamentos é perfeita e todo o ser parece estar desprovido de peso. Vamos, pelo bem da discussão, chamar esse estado de "cura" (ou integridade, a bem da perfeição do idioma). Depois passamos toda a vida buscando esse nirvana aparentemente perdido — seja o amor, o sucesso, a posse de bens materiais, a amizade, viagens, aventura, esportes radicais, festas, a espiritualidade, o álcool ou as drogas. A verdade é que esse estado de integridade nunca se perdeu. Essa consciência fetal pura que já foi você, ainda é — foi apenas soterrada sob muitas camadas de pensamento condicionado e padrões de comportamento.

O objetivo de qualquer cura, portanto, é facilitar um momento — porque isso é tudo que é necessário — de acesso consciente a esse estado fetal original de ser, no qual o complexo corpo-mente busca automaticamente o modo de "fluxo perfeito". Se, nesse estado, o corpo recebe "instruções" claras, seja pela inserção de agulhas (acupuntura), toque (manipulação craniossacral), imposição de mãos (*shiatsu* ou *reiki*, por exemplo), ingestão de substâncias (fitoterapia ou homeopatia), ou sugestão mental (hipnoterapia, meditação ou psicoterapia), ele responderá mobilizando sua inteligência inata e iniciando o processo de reparar-se de dentro para fora. Esse processo de autoreparação, embora atualmente documentado e reconhecido pela ciência moderna, permanece ainda inexplicável e, em última análise (como a inteligência que informa, digamos, ao jasmim para ter aquele determinado aroma), inefável.

Qualquer que seja o tipo de cura que você busque e por mais importante, reconhecido ou famoso que seja o terapeuta, é fundamental que você se cure acessando momentânea e internamente aquele estado subjacente de perfeita integridade "uterina" e emitindo o apropriado comando interno. Nem você nem o terapeuta podem forçar seu corpo a aceitar a cura. Você pode apenas estabelecer as mais favoráveis condições para sua facilitação. O resto deve ser deixado a cargo da inteligência de seu corpo: em outras palavras, a natureza.

Como em todas as outras vocações, dentre os membros da profissão terapêutica (ou seja, médicos, psiquiatras e enfermeiros, bem como homeopatas, fitoterapeutas, aromaterapeutas e outros clínicos alternativos), só uma pequena proporção será de autênticos terapeutas, indivíduos capazes de facilitar a verdadeira cura, qualquer que seja a disciplina. O restante é composto por meros "técnicos".

Não é a disciplina que importa, mas aquele que a pratica. Conheço muitas pessoas que sofrem com a SII (síndrome do intestino irritável), por exemplo, e que têm encontrado grande ajuda — e até a cura, em muitos casos — com um consultor, não pela intervenção cirúrgica, mas pela delicada imposição de mãos e pela atitude empática do profissional em questão. Porque empatia é a chave. O verdadeiro terapeuta é capaz de entender completamente a condição do paciente e, mais importante, entender a experiência que eles vivem por conta dessa condição. Simultaneamente, ele é capaz de acessar aquele modo de "fluxo perfeito" e assim transmitir naquela freqüência para o paciente, que é similar a como o Dalai Lama é capaz de transmitir sua freqüência espiritual para qualquer grupo que se reúna diante dele, seja qual for seu nível de consciência espiritual. De fato, o modo empregado é simplesmente uma dança, um ritual que guia a mente e a energia do terapeuta e do paciente.

Embora seja útil ter recebido instrução plena na disciplina compatível, a habilidade de curar surge com grande freqüência em pessoas sem nenhum treinamento: elas possuem um "dom", como Mozart possuía o dom da música. Isso não significa que você deve ser de alguma forma especial para ser um agente de cura. Qualquer um pode aprender, mas, naturalmente, alguns aprenderão mais rapidamente que outros.

É claro, se sua intenção for suficientemente focada, você pode curar-se sem ajuda. Por exemplo, coloque uma de suas mãos em cada lado da cabeça suavemente. Não faça nada além de relaxar por completo. Logo você vai sentir um ritmo sutil de expansão e contração no interior do crânio. Apenas acompanhe-o com suas palmas, exagerando um pouco o movimento para causar um efeito de "bombeamento". Depois de alguns minutos, pare e experimente a sensação de paz interior e integridade que surge espontaneamente. É improvável que isso anule todas as dores, mas o processo pode servir para apresentá-lo ao sabor da cura e, quem sabe, você pode se tornar o próximo dr. Barefoot.

Defendendo a opção alternativa

Diante da recente e espantosa evidência de que podemos estar à beira de uma das maiores crises que já desafiou a humanidade — ecológica, biológica, psicológica, sociológica e geologicamente —, pode-se esperar que os mais antigos estadistas do planeta estejam concentrando seus anos de experiência presumivelmente superior e sua sabedoria na questão de como evitar a extinção da raça humana. O fato de mesmo assim, em meio a tudo isso, eles ainda voltarem sua atenção para a aparente ameaça global representada pela medicina alternativa, particularmente pelas anciãs ayurvédica e chinesa, parece digno de ser mencionado aqui.

Como um desses idosos alternativos, gostaria de acrescentar minha modesta voz à discussão, não para defender os métodos de cura alternativos ou complementares, porque eles não precisam de defesa ou exaltação, já que estão entre nós de uma forma ou de outra há milhares de anos, mas para ajudar a desfazer toda e qualquer confusão que possa surgir e dissuadir os pacientes de buscarem a útil ajuda alternativa no futuro.

O que a Câmara dos Lordes declara é verdade, e claro: a medicina alternativa pode ser perigosa, e em certos casos pode levar à morte. Às vezes, talvez com freqüência, até os mais treinados terapeutas podem deixar de diagnosticar uma enfermidade fatal. Ocasionalmente, ervas prescritas podem reagir de forma adversa quando combinadas com medicamentos alopáticos e, assim, causar grandes problemas. E existem casos de pessoas que são enganadas por terapeutas carismáticos e acabam falidas, doentes ou até mesmo mortas por causa disso. Mas as mesmas regras se aplicam à medicina ocidental convencional. Não se pode remover a falibilidade humana da equação, seja qual for sua escolha.

Infelizmente, enquanto as terapias alternativas tornaram-se exponencial e rapidamente mais populares ao longo das três últimas décadas, nosso estado mental geral não se alterou. Ainda estamos apenas aprendendo o que significa assumir responsabilidade por nossa saúde e bem-estar. Muitos ainda acreditam que os médicos são responsáveis por nos manter vivos. Mas a desordem do serviço público de saúde, os efeitos colaterais de muitas drogas prescritas e sua ineficácia para fazer qualquer coisa além de mascarar uma doença e o alto índice de diagnósticos errados e erros cirúrgicos são suficientes para nos dizer que essa não é necessariamente a abordagem mais sábia.

Minha urgência em insistir no assunto foi provocada por uma conversa recente com uma paciente que eu tratava com acupressão. Tentávamos solucionar o problema de um tique nervoso no olho esquerdo, uma contração que a incomodava havia mais de uma semana. Há um meridiano, um canal de fluxo abundante que conduz energia protetora pelos dois lados do corpo, e esse canal se torna obstruído por diversas razões, sendo as mais comuns o desequilíbrio hormonal, problemas digestivos e, às vezes, um excesso de adrenalina causado por muitas noites de insônia ou pouco sono. Um sintoma que sempre surge é esse irritante tique no olho, já que o canto externo está diretamente no caminho do meridiano. Há um ponto no extremo oposto do meridiano, abaixo e atrás da porção exterior do tornozelo, na cova formada entre o osso do tornozelo e o tendão-de-aquiles, que, se estimulado, pode desobstruir o canal e parar o tique em segundos. Você pode localizar e massagear esse ponto agora, caso venha a ter o tique mais tarde.

Ela apontou que normalmente teria procurado o médico para tratar do assunto, mas duvidou de que ele poderia ajudá-la, porque, além de ministrar relaxantes musculares tóxicos, ela não sabia o que um clínico geral poderia recomendar nesse caso. O mesmo pode ser dito para muitos casos de SII, dores de cabeça, dores nas costas, quase todas doenças relacionadas ao estresse, de fato, e mais uma ampla variedade de condições que a medicina alternativa já provou poder aliviar, se não curar.

Não estou recorrendo a afirmações grandiosas, como, por exemplo, a de que a medicina alternativa pode ser usada em tese para tratar as doenças mais devastadoras; se o paciente está disposto a utilizar o processo de cura, pegue-o à unha e, com a ajuda da graça, do destino, da natureza ou do que preferir chamar, promova a cura realmente. Porque até mesmo Hipócrates, o pai da medicina moderna, entendia que a natureza cura, ao passo que o médico apenas cuida. Estou apenas afirmando modestamente que a medicina alternativa, ou a autocura, em outras palavras, praticada por alguém com treinamento adequado, experiência e talento, pode aliviar muitos dos sofrimentos e incômodos da vida, e pode ajudar um indivíduo a morrer em paz, quando o momento finalmente chegar (se não impedir totalmente a doença e prolongar a vida de maneira considerável), e deve ocupar seu lugar ao lado da medicina convencional (e não em oposição a ela).

Avisos dos índios norte-americanos

A ficção científica transformou-se em fato científico tão sorrateiramente que quase nem notamos a mudança. Nós nos adaptamos à nova tecnologia cada vez mais depressa, quase no ritmo da chegada dos novos produtos ao mercado. Somos indiferentes a ponto de beirarmos o absurdo. Polidos, deixamos de enxergar o fator da falibilidade humana inerente a toda tecnologia, e seguimos em frente num estado de semi-esclarecimento.

Nesse mundo de ficção científica transformada em fatos científicos, todos nos transformamos em viciados comprometidos. Seja informação, fofoca, drogas, álcool, comida, prazer, sexo, viagens, aparência ou tudo que o mundo da moda pode oferecer e que, simplesmente, devemos possuir — somos quase todos dependentes de alguma coisa. Nossa ciência, no sentido do conhecimento coletivo, é tão ampla em suas implicações e tão abrangente em sua sofisticação que desafia a descrição. O que dizer da compreensão, então? Não preciso aborrecê-los com mais um resumo das maravilhas tecnológicas disponíveis nos dias de hoje; muitos já conhecem e têm tudo que há no mercado. Resumindo, entramos, talvez ilegalmente, no que parece ser a inteligência do próprio domínio divino. Dividir o átomo foi o início de um processo irrevogável de dividir a trama da realidade como a percebemos, em nossa busca por saber mais, ser mais e ter mais (de tudo).

Determinados, tentamos erradicar todas as doenças, isolar-nos completamente dos elementos, seja em ambientes fechados ou na estrada, e dominar os animais selvagens que, normalmente, estariam nos devorando. E obtivemos sucesso. Lidamos bem com as doenças e, no lugar delas, agora enfrentamos uma epidemia global de pragas. Nós nos isolamos com eficiência utilizando o combustível fóssil como calefação, e criamos assim um imprevisível monstro climático capaz de varrer cidades inteiras com uma rajada de vento e um toque de ação das marés. Além do mais, fizemos um trabalho tão bom com os leões, os tigres e todas as outras espécies da natureza que em breve poderemos ser os únicos que restarão.

Enquanto velejamos rumo ao poente da próxima recessão global e qualquer caos social ou geopolítico que possa surgir, exibimos rostos belos e lisos por conta da ação do botox e de muitas plásticas. Enquanto percorrermos as ruas repletas de assaltantes armados e gangues violentas, seguiremos com nossos fones portáteis nas mãos, com ousadia e elegância. No meio de um mundo cuja ordem desaba diante de nossos olhos, demonstraremos pose e coragem.

E por quê? Porque, finalmente, descobrimos nossa espiritualidade. Talvez um pouco tarde demais para impedir o desastre em escala nunca antes imaginada, mas não tarde demais para ajudar-nos a encontrar paz interior e desfrutar ao máximo o espetáculo, seja on-line ou off-line, até as luzes finalmente se apagarem.

Há dois mil anos, os hopis, reverenciados pais espirituais de todos os índios norte-americanos, fizeram uma profecia anunciando que, precisamente nesse tempo na história, nós cederíamos o comando do jogo aos roedores e insetos e passaríamos a destruir nosso mundo, a menos que revertêssemos rapidamente nossas tendências consumistas. Essa mensagem foi esclarecida com sutil elegância há quase 20 anos no filme *Koyaanisqatsi*, a palavra hopi para "Aviso — mundo em desequilíbrio!". Vinte anos se passaram. Dois mil anos se passaram, e ainda não ouvimos muito realmente. Sou um terapeuta, não um profeta do fracasso, e testemunhei pessoalmente muitos milagres de cura enquanto tratava casos supostamente terminais. Também testemunhei as coisas percorrendo o caminho oposto. Aprendi a não fazer prognósticos precipitados. Nenhum ser vivo tem acesso a dados relevantes em quantidade suficiente para poder lançar um prognóstico realmente informado. Assim, em vez de ceder ao pessimismo, seria melhor continuarmos explorando os mistérios da cura e da espiritualidade: em outras palavras, aqueles métodos que vão melhorar nossa alegria inata de viver. Porque só a partir desse estado de alegria virá a inspiração que pode nos guiar, e guiar especificamente nossos cientistas em todas as suas buscas, até encontrarem as soluções milagrosas de que precisamos com tanta urgência para facilitar nossa própria sobrevivência como espécie nesse momento.

Uma coisa é certa. Para onde quer que vá o pêndulo do destino, e você pode ter certeza de que vai haver muita ação pendular no futuro próximo, todos nós poderemos apreciar muito mais a vida se aprendermos a respirar e relaxar. Também é certo dizer que o mundo que criamos tem sido, em todas as suas variadas formas, instigado pelas idéias das pessoas. Arquitetos, projetistas, filósofos e seus semelhantes ajudaram a moldar, ao longo do tempo, a escultura que chamamos de civilização. Segue-se então que, se queremos engendrar uma sutil mudança de curso a fim de reverter o desastre global, devemos, como eles, começar com a idéia ou a visão. Com esse objetivo, você pode se sentir ocasionalmente motivado a visualizar nosso globo girando majestosamente, envolvido em uma camada de "luz" sobrenatural que cura, e imagine essa luz trazendo senso comum, equilíbrio e sabedoria para a mente e as ações de todos nós. Talvez eu esteja tentando falar de fadas nos canteiros do jardim, mas se muitos de nós compartilhamos a mesma visão, embora ela não seja suficiente para mover montanhas, talvez sirva para impedir que o oceano se mude para dentro de nossas casas. Então, seja otimista, porque, como qualquer terapeuta confirmará, enquanto há vida há esperança.

O encanto do canto

Outro dia, quando ia de carro até o parque para levar Walter (o cão espiritualmente iluminado) para seu passeio matinal, acabei preso em um congestionamento. Havia carros parados em todas as direções, até onde a vista podia alcançar.

Walter, que não é um animal pequeno, ficou inquieto no banco de trás e saltou para a frente. Ele olhou para mim por um momento com uma expressão pragmática, como se sugerisse que eu o deixasse sair para um xixi, considerando nossa posição obstruída.

"Não, amigão. Você sabe que ficou doido na última vez em que fizemos isso e saiu correndo por entre os carros, urinando na roda daquela Mercedes. Vai ter de segurar. Não vamos demorar."

Mas ele não se convencia. Começou a uivar, emitindo um som que, quando provém de um animal de seu porte, pode acabar com qualquer resolução. Eu mantive a firmeza.

"Walter", chamei, começando a negociação. "Vamos cantar para manter a calma."

Walter conhece as exóticas tradições vocais do Oriente. Muitos juram que ele é a reencarnação de um antigo sábio indiano. Se alcanço um fá baixo, ele se junta a mim no dueto, uivando no tom.

Assim, respirei fundo, deixando minha caixa torácica expandir-se lateralmente, e entoei "Namu Amida Bhutsu!" ("Olá e bem-vindo, Buda de compaixão!") repetidamente até alcançar aquele fá baixo, e Walter juntou-se a mim com seus uivos sagrados. Depois de alguns momentos desse nosso extraordinário comportamento, atraindo olhares curiosos dos motoristas e passageiros à nossa volta — e não posso falar por Walter, mas senti que eles compartilhavam a experiência —, descobri que havia, de alguma forma, ultrapassado os domínios da relatividade. Certo ou errado, com ou sem congestionamento, eu estava desfrutando da perspectiva de nenhum outro se não o próprio Buda de compaixão.

Naquele momento, tudo era perfeito exatamente como estava. Todos faziam apenas o que melhor que podiam naquele momento da evolução do mundo. Éramos todos crianças no *playground* brincando de congestionamento.

E isso era exatamente o que Walter e eu pretendíamos. Walter uivou sem desafinar até que nossa compaixão fez o congestionamento se desfazer, e nós chegamos ao parque a tempo de ele saltar pela porta e desaparecer entre as árvores em busca de alívio.

De fato, a sensação de compaixão pela humanidade se estendeu por todo o dia, tanto que senti que devia me expor ao ridículo revelando esses detalhes tão pessoais sobre meu relacionamento com Walter e os momentos espirituais que sempre vivemos juntos, compartilhando com vocês algumas das maravilhas do canto. Cantar tem sido uma prática utilizada como método de auto-indução nos caminhos espirituais do Oriente e do Ocidente desde que qualquer Bodhisattva por aqui possa lembrar. Repetindo Salve-rainhas ou reverenciando Ganesha, o deus elefante indiano, usamos sempre o som da voz para instigar um estado alterado da mente, transcendendo as preocupações locais e olhando assim além do mundo de distinções para a perfeição interior.

De certa forma, não importaria o som a ser repetido: as simples vibrações engendrariam conforto físico e relaxamento a partir de dentro, como uma massagem sônica aplicada internamente. No entanto, devo relatar por experiência própria que há uma essência nesses cânticos sagrados do Oriente e do Ocidente, transmitidos por disciplinas e sacerdotes ao longo dos tempos, que parecem afetar o indivíduo mais profundamente do que se ele simplesmente dissesse, cantando: "Leve-me ao mercado", ou qualquer outra bobagem.

Porém, mais importante, e esse é o propósito do cântico "om", há um som *a priori* — o som da criação. É aquele mencionado nas linhas de abertura da Bíblia: "E disse Deus: Haja luz." (Desculpem-me se sou literal, mas é domingo.) Os iogues referem-se a esse som como "shabd", que, para alguém treinado em ouvi-lo em profunda meditação, vai conferir um profundo sentimento de paz e bem-estar. Todos os "oms" e "ahs" são apenas tentativas de imitar esse som original a fim de criar um campo de ressonância. Tente agora, se não for exótico demais para sua comodidade. Inspire profundamente, permitindo que sua caixa torácica se expanda lateralmente e deixe escapar delicadamente do fundo de seu ventre o som "AUM"!, prolongando o "AU" tanto quanto for possível antes de fechar os lábios para o "M" final. Se descobrir que isso é vagamente relaxante, tente repetir o processo pelo equivalente a nove inspirações. Depois repouse por alguns momentos no silêncio interior e veja se pode ouvir (ou ouça se pode ver) o som original da criação por si mesmo.

Dominando a arte de expandir

Uma amiga japonesa — empreendedora transatlântica e transpacífica e promotora no mundo da moda e dos negócios da música, sócia de uma revista e mãe que, devo dizer, tem certa semelhança com Yoko Ono tanto na aparência quanto na atitude, e que é a pessoa mais trabalhadora e esforçada do planeta — tem o poder de, de alguma forma, nunca perder a compostura.

Estóica e serena, ela enfrenta tudo que a vida coloca em seu caminho com a aparente segurança e o contentamento de um mestre zen.

Tratando-a ao longo dos anos, muitas vezes me surpreendi com sua absoluta humildade em ser capaz de aceitar e respeitar a ironia de um ocidental desajeitado praticando a medicina oriental e ensinando estratégias de vida orientais. Porém, mais do que isso, eu me surpreendi em como ela admite prontamente sentir-se muito estressada e internamente desequilibrada, quando, o tempo todo, presumi que ela fosse a própria reencarnação do Buda.

Realmente impressionante, no entanto, foi como durante o tratamento ela mergulhava rapidamente no que só pode ser chamado de "modo zen". Com um estímulo mínimo, ela se esvaziava de tudo. Esvaziava-se dela mesma e, portanto, tornava-se disponível e receptiva para o tratamento quase que de forma instantânea, como se houvesse sido treinada para isso desde a infância. Havia poucas camadas de defesa social a serem dissolvidas antes de atingirmos aquele local de necessária quietude em que ocorre a cura.

O mesmo processo ocorreu com todos os japoneses com quem tive o prazer de trabalhar, incluindo o mais nervoso estudante adolescente com seu celular, CD player, cabelo tingido de laranja, roupas de skatista e síndrome do intestino irritável, que misturava os Rs e os Ss e ria quase que o tempo todo entre uma palavra e outra, ou o banqueiro estressado com uma propensão para se curvar o tempo todo, freqüentar festas de karaoke que varavam a madrugada e eram regadas a muita bebida alcoólica, manter amantes menores de idade e uma úlcera de estômago. Parece ser muito mais fácil para eles atingir aquele "espaço zen" do que para nós, ocidentais carregados de bagagens variadas.

Encontrei pela primeira vez o "espaço zen" em Tia Honsai, mestre de aikido, quando eu era apenas um menino. Ele também era terapeuta e havia aprendido o canal *ki*, versão japonesa para o *chi*, ou força da vida. Ele o chamava de "super *ki*" e dizia haver nesse canal o poder para deter uma locomotiva e curar as mais graves doenças, mas, para ter acesso a ele, era necessário aprender a deter completamente os pensamentos e sintonizar a mente vazia na área a ser curada. Depois, era preciso misturar a consciência com a "consciência pura" do Universo, sobrepujando assim a mente local, e pensar no "um ponto", o *tantien*, um ponto pouco abaixo do umbigo que, de acordo com a acupuntura, controla o "mar de respiração", ou *hara*, onde é gerado o *ki*.

De fato, desenvolver o *hara* é considerado fator crucial para ser uma pessoa plena. Na prática zen do arco-e-flecha, por exemplo, o mestre observa o *tantien* do aluno, ignorando inteiramente o alvo, e mesmo assim pode prever uma precisão absoluta de acordo com o grau visível em que o aluno está centrado no *hara* ou no "um ponto".

Nesse modo de mente vazia e centrada no *hara*, Tia Honsai acreditava que somos indestrutíveis. Se há uma "não-mente" como a chamam os zen-budistas, o que ou quem pode haver para destruir?

Para auxiliar o estudante zen a atingir esse imperturbável estado de "não-mente", o mestre ou *roshi* faz uma pergunta não-linear — um *koan* — destinada a fazer a mente entrar em pane momentânea. Alguma coisa como: "Quando uma árvore cai na floresta e não há ninguém lá para ouvir, ela faz algum barulho?", ou aquela velha favorita: "Qual é o som de um aplauso?" O aluno é assim estimulado a contemplar o *koan* e deve oferecer uma resposta. Se a resposta for lógica, linear, o aluno será convidado a reconsiderá-la, talvez até com um golpe da vareta do *roshi* bem no meio de sua testa. Se, por outro lado, o aluno oferecer uma resposta lateral, não-linear, demonstrando uma apreciação para "ser" ou "parecer" inato de uma árvore caindo silenciosamente ou o improvável ruído de uma palma batendo no ar — talvez tocando de maneira brincalhona o nariz do *roshi* ao oferecer sua resposta —, ele será identificado como um dos que "entenderam a essência".

Aficionados zen também falam em desenvolver a "mente de principiante", aquela habilidade de se manter renovado em cada novo momento, livre de preconceitos reunidos em experiências passadas. Cada experiência é nova, por mais que você a tenha vivido inúmeras vezes antes. Como um bebê, você absorve sem julgamento e nunca se deixa iludir ou esgotar.

Olhe para um jardim zen no interior de uma casa japonesa tradicional — a inspiração por trás de nossas idéias ocidentais de estilo minimalista. O espaço aberto e livre deve representar a serenidade de uma mente de principiante vazia e, portanto, tranqüila.

Mas seria engano acreditar que todos os japoneses são adeptos do zen em potencial, como seria errado presumir que todos os ocidentais são potencialmente bons jogadores de futebol. Os japoneses são inventores e consumidores mais prolíficos de toda a parafernália criada para distrair o silêncio interior, comparados com todos os outros povos da Terra. Mas, sob o oceano de robôs de bolso, microcâmeras, bares de karaoke e macarrão instantâneo, o potencial para alcançar o "espaço zen" parece ter sido culturalmente programado desde o nascimento em todos os indivíduos.

Nós, embora tenhamos sido abençoados por muitos outros atributos (como nosso refinado senso de humor, por exemplo), não somos tão bem aparelhados no sentido zen. Enfrentamos dificuldades para nos tornarmos vazios do eu. Se não acredita em mim, tente agora mesmo sentar-se *sazen*, naquele estilo próprio para a meditação, de preferência com as costas retas, mas relaxadas (no chão, com os joelhos flexionados e as nádegas apoiadas nos calcanhares é melhor, mas em uma cadeira também serve), e os olhos abertos em apenas três quartos de sua capacidade. Permita que sua respiração se acalme e se aprofunde, dedique-se a pensar em nada por 20 minutos.

Se descobrir que esse nível de quietude interior é difícil de atingir, não se desespere. Em vez disso, considere uma visita a um massoterapeuta especializado em *shiatsu*, e obtenha seu zen enquanto fica ali deitado, relaxando e desfrutando de uma boa massagem.

Aqui um vagamente confuso (como as ruas de Tóquio) dr. Barefoot deseja a todos um caloroso *sayonara* e até a semana que vem.

Vivendo no "aqui e agora"

Imagine estar isolado de todo contato humano e animal, da natureza, ou da beleza de qualquer tipo, pelo resto de sua vida, estando, portanto, isolado na perpetuidade. Aí está, acabamos de encará-lo — o inimaginável horror que espreita não muito abaixo da superfície de todas as mentes. O medo do isolamento oferece um tema comum a muitos casos de depressão. Esse temor não é lógico ou racional, mas é, talvez, a maior força motivadora por trás do instinto de sobrevivência do ser humano. Ele surge das profundezas de sua mais interna essência existencial e é apenas temporariamente mitigado pelo contato com outras pessoas.

O único antídoto verdadeiro consiste em remover todos os bloqueios internos que, de outra forma, o isolam de você mesmo. Porque assim que a conexão é restabelecida com seu verdadeiro (subjacente) eu (em oposição ao eu que você apresenta ao mundo), a teoria, de acordo com os taoístas, é que você se sentirá instantaneamente conectado com o restante da criação, dissolvendo assim todo o sentimento de isolamento.

Se você olhar para baixo para o seu corpo, talvez se pergunte incrédulo: "Isolado de mim mesmo? Como pode ser? Estou aqui, não estou?" Bem, está? Quando foi a última vez que parou para sentir o que acontece em sua região pélvica, no ventre ou no peito? Quando foi a última vez em que não esteve ponderando o passado ou tentando antever o futuro? Quando, em outras palavras, esteve inteiramente presente, com todas as partes de sua mente como uma só, no "aqui e agora", simplesmente num estado de pura existência?

O fato é que, exceto em momentos de extremo desafio ou durante atividades meditativas de qualquer espécie, passamos nossos dias (e nossas noites) mais ou menos removidos da realidade do momento. Por isso há um consumo tão elevado de álcool e outras substâncias entorpecentes nos dias de hoje. Por estarmos tão desesperados por aquele interruptor que vai desligar a mente local (e ruidosa) com todos os seus julgamentos e críticas, por desejarmos tanto abrir mão do controle e mergulhar na corrente de vida mais profunda que flui abaixo da superfície. Porque, quando fluímos nessa profundidade, estamos nadando na corrente que leva toda a vida e não podemos deixar de nos sentir conectados (e não em isolamento).

Embora não caiba a mim julgar ou criticar o uso, mau uso ou abuso de substâncias de qualquer espécie, é válido lembrar que existem meios mais saudáveis para desinibir-se e entrar nessa corrente mais profunda. O que o álcool e outras "substâncias sociais" — os lubrificantes de personalidade, em outras palavras — têm em comum é a sensação de calor no peito e o relaxamento no abdome que parecem poder promover, e que por sua vez permitem que você supere as faculdades (excessivamente) críticas em sua cabeça. É esse calor — a energia do coração, em terminologia taoísta — que dá a você a coragem para agir.

Assim, em vez de induzi-lo a ingerir alguma coisa para evitar o isolamento, a abordagem oriental consiste em liberar mecânica e sistematicamente essas tensões na cabeça, no peito e no abdome que o impedem de estar em seu estado natural de conectividade. Existem muitas maneiras de se operar tal façanha, mas a que relato a seguir é universalmente aplicável, eficiente e fácil de realizar. Comece colocando seu dedo indicador no encaixe na base de seu pescoço, no topo do esterno — a fossa clavicular —, e pressione delicadamente o esterno para baixo na direção de seu osso púbico. Mantenha a pressão por alguns momentos e solte. Você pode notar que sua cabeça ganha clareza e sua energia se acomoda um pouco no abdome. Ativar esse ponto também ajuda a estimular a energia da garganta, que governa as habilidades de comunicação em geral.

Agora coloque os dedos da mão com a qual escreve no centro de seu esterno e pressione gentilmente para trás, na direção da coluna. Lentamente, descreva um círculo de três centímetros no sentido horário, movendo a carne contra o osso, aproximadamente 18 vezes, e solte. Isso, como você vai notar, aquece a região torácica (peito e porção superior das costas) pela estimulação da energia do coração ou "fogo". Coragem se traduz literalmente como "essência do coração" do francês (*cœur* = coração), de onde, de acordo com os modelos oriental e ocidental, diz-se que esse movimento pode promover coragem.

Agora, coloque seu dedo indicador mais ou menos nove centímetros abaixo do umbigo e pressione até sentir uma dor agradável, e descreva um círculo no sentido horário de dimensões similares por 18 vezes.

Esse ponto é o "mar de energia", e por sua estimulação você se sentirá substancial, como se realmente pertencesse ao planeta, e que é necessário um diálogo saudável e equilibrado com o mundo.

Por fim, coloque seu dedo indicador no centro da testa, três ou quatro centímetros acima da linha das sobrancelhas. Pressione até sentir uma moderada e agradável sensação de formigamento, e descreva 18 círculos de dois centímetros de diâmetro em sentido horário, mantendo pressão constante de cerca de 110 gramas, e solte. Essa região é conhecida como "ponto da felicidade", e por meio dele se estimula a glândula pineal, que promove a liberação de serotonina e confere a visão do "terceiro olho", ou consciência telepática.

Pratique essa rápida rotina diariamente por uma semana e, se não se sentir notavelmente mais conectado, relaxado e em contato com esse milagre que chamamos o mundo, eu comerei minhas meias.

Salvando o mundo com a autocura

Ora, ora, em que encrenca nós estamos. Antes era considerado falta de educação, até mesmo excentricidade, admitir tal coisa, mas agora isso se tornou tão evidente que não penso estar cometendo nenhuma horrível gafe social mencionando que, em todos os níveis, nossa espécie está diante de um gigantesco desafio aqui no planeta. A boa notícia é que as perspectivas são saudáveis e promissoras para as baratas, as aranhas e outros insetos mais resistentes, para os ratos e algumas outras criaturas mais repugnantes.

Para o restante, e isso nos inclui, as perspectivas são mais inquietantes e incertas. Analisando o quadro econômico, as tendências de comportamento social, a ecologia, a comida livre de contaminação e o suprimento de água potável, ou os padrões climáticos, concluímos estar vivendo uma crise sem precedentes na história e, para completar o panorama, estamos perdendo a chamada batalha contra as doenças infecciosas.

Não quero ser alarmista, até porque sou um eterno otimista, mas me pergunto se ainda temos tempo antes de mergulharmos num estado de abjeto caos coletivo para revertermos ou transformarmos as coisas o suficiente a fim de mantermos esse esplêndido show na estrada por mais alguns séculos. Como não estou escrevendo na condição de enlouquecido sobrevivente trancafiado em um *bunker* de concreto em algum ponto isolado do Texas, esperando ansiosamente o "fim", mas como um quase enlouquecido e urbano seguidor do taoísmo em pleno século XXI, deduzi que podia dividir essa visão tão antiga (e igualmente semi-enlouquecida e urbana em pleno século XXI) sobre como lidar de maneira bem-sucedida com a sobrevivência em épocas "interessantes" da história da humanidade.

Isso se baseia na idéia taoísta de que cada um de nós é uma versão microcósmica do todo, um homúnculo do ambiente que nos sustenta.

Na parte mais profunda de seu abdome inferior está o original fogo da vida (a essência da terra). Esse é seu "fogo do rim" — que vai impeli-lo a agir em primeiro lugar e promove o ímpeto de criar, procriar e recriar. Acima dele, uma fina crosta, e depois a água da vida. Essa é a "água de seus rins", aquela que lhe dá a força e a vontade de permanecer vivo. Acima de tudo e misturando-se ao todo, um pouco mais alto em seu abdome, fica o solo que faz crescer as plantas e as árvores. Isso se relaciona ao baço, responsável, de acordo com os orientais, por transformar comida e fluidos em nutrientes úteis. O poder que faz crescer árvores e vida relaciona-se ao fígado. Essas plantas e árvores (em seu peito) relacionam-se aos pulmões, transformando gases essenciais à sobrevivência, exatamente como nas florestas tropicais. E bem no meio de seu peito está o imenso calor gerado pelo "fogo de seu coração", que banha seu planeta interior a partir do plexo solar (centro nervoso "do Sol") em seu abdome superior.

Bela imagem metafórica, mas, mesmo que você aprecie esse tipo de conto romântico oriental, como ele pode ajudar a salvar a raça humana do iminente desastre? De acordo com os taoístas — que, por maior fama que tenham como grandes metafísicos, eram, afinal, apenas humanos o que significa que você deve aceitar tudo com certa cautela —, o que ocorre no microcosmo se repete no macrocosmo e vice-versa. Portanto, se uma única pessoa pode alcançar esse estado de perfeito equilíbrio interior, todo o ecossistema, a economia global, o cenário das doenças infecciosas e a equação social refletirão tal estado. Em outras palavras, se uma só pessoa estiver completamente curada, o todo também estará. Assim, como um valioso homúnculo que é, você pode, em nome da salvação global, considerar a idéia de dedicar algum tempo e alguma atenção à própria cura.

É claro que existem muitas maneiras de operar tal façanha, mas todas se originam com uma imagem mental do todo. Comece agora, talvez, visualizando o fogo da essência da terra queimando de forma agradável em sua região genital, sobre a qual a água clara e despoluída da vida flui, em seu abdome inferior, correndo lentamente para o rico e fértil solo acima dela, promovendo o crescimento de árvores magníficas e saudáveis (e todas as formas de vida, mas vá devagar com as baratas e seus semelhantes), seus galhos buscando o céu brilhante, iluminado e com uma camada de ozônio reparada (dentro de seu peito), transformando alegremente o ar envenenado em ar limpo.

É um pouco maluco, eu sei, mas visualizar esse ecossistema interno harmonioso regularmente vai, depois de alguns dias, começar a operar grandes e benéficas mudanças na maneira como você trata a si mesmo. Seu corpo começará a dizer que alimentos, que exercício e até que ambiente social são necessários para fazê-lo florescer, e essas mensagens serão tão claras e poderosas que você não poderá deixar de ouvi-las. E então, seja pelo *t'ai chi*, pela acupuntura, pela cromoterapia ou por quais métodos julgar mais apropriados, se você puder seguir o caminho até a completa autocura, pode ser que consiga salvar o mundo. Boa sorte, estamos contando com você.

O poder curador do pensamento

Aqui vai uma história interessante. Recebi um chamado de Carlos Fandango: "Johnny Toobad está no hospital. Ele tem um tumor no cérebro do tamanho de um kiwi e os médicos vão operá-lo amanhã. Ele ficaria muito feliz se você telefonasse para combinar o envio de energia durante a cirurgia."

A notícia me surpreendeu. Johnny — um roteirista talentoso e, geralmente, escritor erudito — é, por regra, a imagem da vitalidade e da saúde. Mas, de acordo com o relato, seu lado esquerdo foi se tornando progressivamente entorpecido por semanas e ele começou a sofrer episódios de vertigem. Dois diferentes clínicos gerais garantiram tratar-se de um vírus — onde você já ouviu isso antes? —, mas, por sorte, ele teve o bom senso de procurar um neurologista. O especialista reconheceu os sinais. Perguntei a ele se estava muito assustado, com medo da operação. "Não", ele respondeu num surpreendente (e autêntico) tom positivo. "Passei meses preocupado sem saber o que estava errado, e agora posso me submeter a essa operação e seguir em frente com minha vida. Tenho muito que fazer, doutor!"

Assim, na manhã seguinte, no horário combinado, depois de uma sessão prolongada de *t'ai chi* no jardim, eu me sentei no chão e, mergulhando num estado de meditação profunda, comecei a sintonizar o cérebro de Johnny. Não estava sozinho; havia mais ou menos 20 outras pessoas espalhadas pela cidade realizando o mesmo procedimento. Quando meu eu astral entrou em cena, por assim dizer, foi como se eu entrasse em um local sagrado, e tive consciência clara de uma presença acima dele. Descrevê-la como um anjo, apesar do romantismo, seria a alternativa mais apropriada. Na minha percepção, essa presença é como um grande ser de luz, lançando mais luz em alta velocidade numa larga coluna que penetra pelo topo da cabeça de Johnny. E, apesar de esses seres geralmente não se expressarem por palavras — palavras são um conceito humano —, a mensagem que recebo é: "Obrigado por enviar sua energia para cá, estamos operando um milagre." Depois de alguns minutos, senti que era hora de me retirar e voltei ao meu estado normal de vigília. Naquela noite, recebi a notícia de que a cirurgia havia sido um surpreendente sucesso; era a primeira vez que os médicos a realizavam com o auxílio de um monitor, sem sequer olharem para o paciente, e com um sucesso tão estrondoso que, na manhã seguinte, todos os jornais estampavam a notícia do procedimento. (Imagine só como esse homem contribuiu para as relações públicas!) O tempo habitual para a recuperação depois de uma cirurgia dessa natureza é de dez dias a duas semanas, no mínimo, e os médicos ficaram atônitos quando, dois dias mais tarde, Johnny se mostrou absolutamente recuperado e pronto para ir para casa. Eles decidiram que o caso era um milagre.

E por que contei essa história? Porque ela traz à tona diversos pontos pertinentes. Um: não acredite em tudo que dizem a você. Dois: embora possa ter sido apenas coincidência, enviar boas vibrações a alguém retirando-as do fundo de seu coração confere força real num nível astral de forma a aumentar a capacidade de recuperação do destinatário. Além do mais, quando muitas faixas se unem na mesma sintonia, o efeito é exponencialmente multiplicado. Três (e esse tópico é um desdobramento do anterior): nesse sentido, e em muitos outros, vale a pena ser popular. O motivo da popularidade de Johnny deve ser que, além de ser um velhote simpático e saudável, ele também é uma das pessoas mais positivas que habitam este planeta. Finalmente, e até os médicos concordam com isso, essa mesma positividade foi fator preponderante para sua rápida recuperação. Ele não se deixou tragar pelo drama de estar doente, em outras palavras, e preferiu identificar-se com estar bem novamente.

Antecipo que você vai ouvir muito mais sobre Johnny Toobad no futuro próximo, porque a luz enviada para ele naquele dia buscará expressão por meio de sua brilhante escrita. Mas, enquanto isso não acontece, talvez seja bom você pensar em alguém que ama e que possa estar precisando de alguma ajuda, não só com relação a questões sérias, como tumores no cérebro, mas por qualquer outro tipo de sofrimento, e enviar para ela um jato de energia curativa da seguinte maneira: sente-se com sua coluna bem reta, relaxe os músculos e deixe sua respiração se estabilizar e aprofundar. Como se enxergasse por um olho localizado bem no meio de seu cérebro, imagine seu sujeito diante de você com um grande e angelical ser de luz acima dele, enviando mais luz que vai penetrar em sua cabeça pelo topo. Deixe sua visão ser dominada pela força vital em seu peito e sustentada por baixo pela energia de sua região pélvica. Continue até ficar agitado, e então siga em frente como antes. Embora a idéia desse procedimento possa ir contra quaisquer visões pragmáticas de realidade que você aceite e siga, tudo custa menos que uma ligação local, e, quem sabe, pode funcionar. Além do mais, você vai experimentar um saudável sentimento de adequação que vai abastecê-lo por todo o dia. E, de acordo com a lei imutável do retorno (tudo que você dá, retorna para você), é certo que haverá uma chuva de bênçãos sobre sua cabeça quatro dias depois de você ler isto! Passe adiante!

Sentir-se alegre para sempre

Se eu dissesse que é perfeitamente normal você se sentir alegre e maravilhoso durante o tempo todo de agora em diante, você riria da idéia e me acusaria de ser um idealista? Se eu dissesse que é perfeitamente possível manter esse estado constantemente de agora em diante, mesmo durante as circunstâncias mais dolorosas ou difíceis, você duvidaria e me chamaria de sonhador?

Bem, ria ou duvide quanto quiser, mas escute-me. Tudo é uma questão de estado mental. Um taoísta diria que o sofrimento, por maior que seja a severidade ou as condições físicas externas, é apenas uma escolha que você faz em reação à dor, e que é igualmente fácil escolher a resposta oposta. A dificuldade em fazê-lo é proveniente do fato de, tendo escolhido a resposta do sofrimento (provavelmente ainda como recém-nascido) e a adotado (inconscientemente) como um padrão, é necessário persistência disciplinada para acessar e reter aquela "camada" original da mente onde a escolha foi feita inicialmente.

Por muitos anos, tratei uma jovem que, por causa de uma súbita degeneração das articulações, aos 10 anos tivera os dois pés amputados. No entanto, apesar disso, além de ter uma carreira de sucesso no governo local, um relacionamento feliz e uma forte rede social, ela também era, sem dúvida, uma das pessoas mais entusiasmadas, alegres e animadas que já conheci. E ela não forjava essa atitude com coragem. Nunca revelou uma só gota de autopiedade. Nem ressaltava quanta valentia era necessária para escapar do modo de sofrimento. Ela apenas fez a escolha de sentir-se alegre e entusiasmada o tempo todo, e manteve essa escolha, independentemente das circunstâncias.

Sim, essa é mais uma exortação ao "ser positivo". E, sim, quebrei a regra de ouro e estou escrevendo na primeira pessoa, mas preciso dizer, mergulhei em toda essa conversa de auto-ajuda pela primeira vez há 30 anos, porque estava tão firmemente entrincheirado no modo de sofrimento que aquilo estava me matando. Minha alma acabaria não suportando tanta constrição, e em seu clamor desesperado por alívio conduziu-me a RD Laing, ao estudo da psicoterapia e à subseqüente odisséia com os índios hopi, durante a qual aprendi a disciplina de preferir a alegria e o entusiasmo ao sofrimento.

Só estou contando tudo isso porque, se alguém que esteve compulsivamente entrincheirado no que parecia ser todo o sofrimento da humanidade, como eu, conseguiu mudar o bastante para ganhar a vida falando sobre ser positivo, qualquer pessoa pode fazer o mesmo.

Mas isso não acontece da noite para o dia, ou acontece, mas o processo é sutil, e por isso você pode não notá-lo, a princípio. Alegria e estímulo se desenvolvem em uma série de incrementos assim que você diz as seguintes palavras mágicas (e acredita nelas): "É perfeitamente normal me sentir alegre e animado o tempo todo, aconteça o que acontecer!"

"Idiota egoísta!", diz o cínico. "E quanto a todo o sofrimento no mundo? Como pode se sentir tão alegre e animado diante de tudo isso?" É claro, você tem completa compaixão pelo sofrimento alheio, e pelo seu. Não se trata aqui de pregar a negação, mas, mesmo durante a maior dor, a existência ainda pode ser animadora e cheia de maravilhas, se você puder superar a tendência para a autopiedade. É possível sentir a dor e estar com ela e, mesmo assim, se sentir alegre e maravilhoso, se você assim escolher. Afinal, não se pode ajudar a diminuir o sofrimento alheio acrescentado a ele seu próprio sofrimento.

A maneira mais eficaz de aliviar o sofrimento do mundo, incluindo o seu, é injetando sua alegria e seu ânimo na mistura como um antídoto. De fato, alegria e animação formam o estado natural, e é quase um dever buscá-lo agora pelo bem de todos. Relaxe o corpo, relaxe a mente e, devagar, repita várias vezes: "É perfeitamente normal me sentir alegre e entusiasmado o tempo todo!", até que isso se torne o padrão proeminente no papel de parede de sua mente. Você vai começar a notar mudanças sutis, porém discerníveis, em seu relacionamento com o mundo num prazo de 24 horas, ou terá seu dinheiro de volta.

Enquanto isso, é sempre útil suportar a mente nesse processo fortalecendo a moldura física que a abriga e, com o inverno chegando, que melhor momento para adquirir o hábito de praticar exercícios? Um pouco de Pilates para fortalecer a parte inferior das costas, uma gota de ioga para relaxar as articulações, um toque de cardiovascular para alegrar o coração e os pulmões e uma medida de *t'ai chi* para fazer tudo isso assentar de maneira apropriada. Mas, francamente, qualquer exercício que você desejar fazer é melhor do que nenhum.

Repito, é perfeitamente normal sentir alegria e entusiasmo o tempo todo, e é perfeitamente possível manter esse estado mesmo no meio de circunstâncias dolorosas ou difíceis. Algum voluntário?

Espalhando a bondade humana

Outro dia, caminhando pela rua ainda bem cedo, fiquei impressionado com a imagem de um indiano idoso em pé praticando o *pranayama* (a técnica de respiração iogue) de frente para o Sol que se erguia sobre um campo de futebol.

Sem me deixar "descalçar" demais por conta disso, no ar limpo das colinas do Himalaia ou até nas ruas empoeiradas de Délhi, ver alguém meditando em pé com uma das mãos fechando a narina direita enquanto inspira profundamente pela esquerda seria completamente comum. Mas testemunhar essa mesma prática no meio do tráfego matinal de Londres encheu-me de admiração. Fui levado a pensar na fabulosa fusão de culturas que ocorre entre nós.

Nesses dias de turbulência, a fusão cultural tem sido vista numa luz progressivamente negativa. Mas, embora o processo de fundir duas ou mais culturas com variadas ideologias cause fricção em certos estágios, aquele venerável homem *pranayama* me fez lembrar que todos nós temos muito para compartilhar com os outros. E se a idéia do *pranayama* ou outras formas de ioga não o entusiasma, pense na profusão de artes marciais e técnicas terapêuticas disponíveis em quase todas as ruas da cidade: aulas de dança latina ou sessões de percussão africana, por exemplo. Pessoalmente, adoraria ver uma profusão mais difundida do sofismo (o amistoso e místico aspecto do Islã), porque acho que isso ajudaria a construir a ponte num nível local.

Mas, qualquer que seja a face divina que você prefira encarar, há sempre maior valor em curto, médio e longo prazos em compartilhar com a aspiração do enriquecimento cultural mútuo do que em destruir ou impedir as relações interculturais por conta do medo e da ignorância.

Há pouco que possamos fazer como indivíduos para influenciar diretamente os que apertam os botões dos dois "lados", e isso pode provocar certa impotência e insegurança que vai contaminar nossos pensamentos e lançar nossos "planos de vida" em uma perspectiva de desconforto sem precedentes, às vezes, mas há muito que podemos fazer em um nível pessoal.

Se você acredita na recuperação da paz mundial, comece restabelecendo sua vizinhança imediata por meio da construção de muitas pontes em todas as direções. Quanto mais pontes houver para atravessar, mais escolhas e oportunidades estarão disponíveis. A primeira ponte que necessita ser reconstruída pelo menos uma vez por dia é aquela que o leva para dentro, colocando-o em contato com sua natureza essencial. É muito fácil se deixar destruir por eventos no mundo ou mesmo em seu shopping preferido e perder contato com sua essência, de onde vem o sentimento pessoal de paz interior.

Em algum ponto durante o dia, coloque a palma das mãos sobre o abdome, para fazê-lo relaxar, e deixe sua respiração tornar-se mais lenta e profunda. Imagine-se como um bambu vazio sob uma cachoeira que cai de uma montanha muito alta. A água fria e cristalina escorre para dentro de você e remove todos os pensamentos negativos, prejudiciais ou estagnados de sua cabeça, todo o sentimento de vaidade de seu peito, todo o medo e a angústia de seu abdome, e leva tudo para longe. Como nenhum de nós existe em isolamento (por mais que às vezes nos esforcemos nesse sentido), dedique um momento para visualizar todos os "irmãos e irmãs", pessoas de todos os credos e nacionalidades no planeta, sobretudo aqueles que têm violência em seu coração, sentados como bambus vazios sob suas cachoeiras, sendo limpos de toda negatividade.

Enquanto estiver nessa posição, verifique seu corpo buscando todos os lugares onde o medo inconsciente (de outras pessoas) tenha se alojado em sua musculatura. Isso sempre aparece mais no peito, no abdome e nos glúteos, como tensão física desnecessária, e deve ser "expulso" de seus esconderijos imediatamente. É possível fazer tal coisa simplesmente localizando essas regiões com seus pensamentos e emitindo o comando mental para expulsá-la.

O oposto e antídoto ao medo dos outros é, como confirmará qualquer profeta da Nova Era, o amor pelos outros. Amor nesse contexto significa a disponibilidade para compartilhar a bondade humana com todos, por mais diferentes que sejam. De fato, quanto maior a diferença, mais importante é.

Para abrir o fluxo de energia necessário a fim de praticar o que, para todos os efeitos, pode ser considerado uma santidade menor, os taoístas do antigo Oriente sugeriam segurar uma das mãos com a outra pressionando com firmeza o polegar contra o ponto *stigmata* no centro de sua palma por 30 segundos, uma das mãos de cada vez. Isso ativa a energia no centro de seu peito, que governa a capacidade de amar. Depois de alguns dias praticando essa operação quatro ou cinco vezes por dia você vai sentir generosidade humana (pela humanidade) fluindo através de você como um rio caudaloso.

Como diria Lao tsé, o avô da filosofia taoísta, uma jornada de mil milhas começa com um único passo. Crie uma atmosfera de construção de pontes e paz em sua vizinhança imediata, e deixe-a irradiar em círculos crescentes. Se muitos de nós fizermos o mesmo, poderemos realmente salvar o mundo. E se eu estiver errado, não haverá ninguém para me chamar de sonhador — que a paz e o bom senso prevaleçam!

Controlando seu ímpeto interior e deixando o espírito voar

Você já teve um momento em que um sentimento surge do nada, como uma contração interna no ventre que o faz conectar-se a algo mais profundo, uma espécie de atração mística por um domínio invisível que você recorda parcialmente, mas não sabe como definir?

Estou perguntando por que, enquanto me sento aqui para redigir este texto, de repente me sinto um pouco místico. É um sentimento que eu costumava ter na escola ainda menino quando, por alguma razão, me via sozinho no vestiário depois de deixar os outros no campo de rúgbi. Era a excitação da solidão inesperada, não o ambiente ou o cheiro tão próprio dos vestiários, caso você esteja pensando em coisas estranhas. Continue comigo; garanto que não estou promovendo aqui uma sessão de terapia à sua custa.

Os vários sistemas de ioga da Índia, do Tibete e da China ensinam que esses episódios de ímpeto interno são convites dos domínios invisíveis para entrarmos em um estado de consciência "ampliado" ou alterado.

Eu conduzia uma pesquisa informal no meio da década de 1980, quando "espiritualidade" e introspecção de maneira geral ainda não haviam se tornado passatempos legítimos (ou próprios da moda), e perguntei a todos que tratei ao longo de um ano se eles já haviam experimentado sensação semelhante ao ímpeto interno. Desde que pudesse explicar com clareza o que estava chamando de ímpeto interno, eu descobria que todos, sem exceção, já haviam tido essa sensação e, aprofundando o questionamento, concluí que a inclinação natural em tais circunstâncias é, para a maioria, fazer (ou desejar fazer) algo compulsivo como beber, usar drogas, fazer sexo, ir às compras, trabalhar demais, comer muito ou o que despertar o interesse do indivíduo em questão. No entanto, descobri que, se eu ensinasse àqueles interessados em responder ao ímpeto praticando qualquer uma das inúmeras "técnicas" psicoterapêuticas adotadas pelos sistemas mencionados acima, esse impulso poderia ser dominado e, assim, conferir ao praticante uma chave para a zona espiritual, cujo destrancamento os ajudaria a parar de perpetuar os mesmos velhos padrões de comportamento que antes os mantinham estagnados na vida.

Entrar nessa zona não o distrai do que quer que esteja fazendo aqui "embaixo" na Terra. Pelo contrário, ampliando seu espectro de consciência, você vai aumentar a eficiência no plano local por meio de uma clareza maior, perspectiva mais ampla e mais foco e energia.

Penetrar na zona é como tomar um banho de espuma espiritual, e apenas alguns nanossegundos mergulhado nessa espuma o refrescarão por muitas horas. Um taoísta chamaria essa atitude de flutuar no Tao, o grande absoluto indiferenciado, e consideraria um grande luxo passar horas envolvido em atividades que alteram o estado da mente para atingi-lo (refiro-me aqui à meditação, *t'ai chi*, *chi-gung*, *pa kua*, *hsing i* etc.), imerso nesse banho até sentir a pele enrugada. Um iogue chamaria o mesmo processo de descansar no nirvana, um budista tem-tai, de alcançar o território puro, um místico cristão, de estar em união com Deus e assim por diante. Mas o que as técnicas de todas as disciplinas compartilham é a ênfase em manter os pés no chão enquanto o espírito sobe aos céus.

Isso possibilita que você percorra dois mundos ao mesmo tempo, estar no mundo, mas não se prender a ele, realizando seus desejos no plano local com verdadeira graça, enquanto, internamente, identifica-se com o universal. Em outras palavras, estar iluminado.

Por exemplo, agora mesmo, se você quiser, sente-se em sua poltrona favorita e mantenha a coluna reta do cóccix ao crânio, com os ossos da bacia fazendo contato firme com o assento e os pés plantados com firmeza no chão, os dedos abertos ao máximo. Use o tempo para relaxar todos os músculos, visualizando-os pesando contra o chão, confiando apenas na coluna para mantê-lo ereto. Inspire profundamente e, focalizando a consciência em um ponto sete centímetros acima da coroa de sua cabeça, enquanto imagina uma pequena bola de luz bem ali, cante profundamente e com ressonância o que os iogues descrevem como o som do motor que movimenta o universo: "Om."

Deixe o som brotar do fundo de sua calça, viajar por sua bacia pélvica e subir lentamente pela coluna em direção à coroa, para dentro da bola de luz acima dela. Comece o som com os lábios abertos formando um "au" ou "ou" aberto enquanto ele viaja por sua coluna, preenche o torso e o crânio com suas vibrações, fechando os lábios apenas bem perto do final da respiração, quando o som alcançar aquele ponto acima de sua coroa.

Repita o processo pelo menos três vezes, estendendo a nota um pouco mais a cada repetição.

Quando terminar, sente-se desfrutando do silêncio por alguns minutos e depois continue com o que estava fazendo antes.

Posso fazer aqui uma enorme lista dos efeitos positivos resultantes da prática diária dessa técnica (pelo resto de sua vida), mas seria muito mais gratificante se você a adotasse e descobrisse por si mesmo. Mande um e-mail ou uma carta relatando suas descobertas.

E agora tenho de ir. Ouço o som agudo do apito e o grito furioso do treinador. "Barefoot, pare de enrolar no vestiário. Volte para o campo imediatamente!"

Encontrar a perfeita harmonia com seu ambiente

Outro dia, estava de pé na região onde os Pireneus encontram o Mediterrâneo, como você já deve ter feito (ou deve pensar seriamente em fazer algum dia), e fui tomado de assalto por um desses "momentos zen". Chamo de momento zen uma súbita e involuntária interrupção do falatório interno que preenche nossa consciência aliada a um espontâneo deslocamento dessa consciência, causando um estreitamento da paisagem à sua frente, como se as lentes da câmera estivessem sem foco. E por um momento glorioso, com absoluto esquecimento do eu, você se mistura existencialmente com o ambiente. Já não está mais olhando para a árvore (ou para o poste) diante de você — você é essa árvore (ou poste, mas uma árvore é melhor, se a tiver à mão). Já não observa, mas se mistura, e a ilusão de um eu separado é momentaneamente suspensa, porque agora você é simplesmente, porém misteriosamente, parte do impulso universal de criação.

Mas, como eu disse, é um momento. E antes que você perceba, o falatório interno terá recomeçado, como uma velha "lavadeira" comentando "Oh, olhe só para mim tendo um daqueles momentos zen (não é maravilhoso, e como posso prolongá-lo?)". E assim que isso acontecer, puf! O momento passou, dissipado pela cacofonia de milhares de pensamentos.

De fato, não é estranho para os seguidores dedicados do zen passar mais de duas horas por dia na posição *sazen* (sentados para meditar), completamente destituídos de pensamentos, destituídos até da consciência de não ter pensamentos, e viver muitos desses momentos ao longo de uma única sessão.

Taoísmo e zen compartilham uma raiz comum e são, em muitos sentidos, apenas molduras diferentes, por assim dizer, dentro da qual se vê no mesmo quadro. Os dois sistemas filosóficos tratam da habilidade de notar o momento quando ele surge espontaneamente, reconhecendo a mudança de consciência e sustentando-a, ou permitindo que ela seja sustentada, por tanto tempo quanto for possível, sem a interferência da mente falante. Porque é como resultado desses eventos que se é conduzido à dimensão dos deuses (se me permitem a incongruência da referência cultural) — aquela dimensão de existência que os hindus chamam nirvana, e que você ou eu chamaríamos apenas de tão iluminada que poderíamos devorar a nós mesmos. Enfim, os taoístas desenvolveram todo um conjunto de técnicas pelas quais se atinge esse estado e até se promove sua instalação, e uma delas apresento a seguir.

Isso funciona melhor quando se está olhando para uma paisagem natural, mas, se não tiver nenhuma disponível, qualquer vista diante de seus olhos servirá. Pressione o polegar na base do crânio e no centro, onde ele encontra a coluna, com pressão suave, capaz de provocar uma dor agradável por toda a parte posterior de sua cabeça. Entregue a nuca a essa sensação, relaxando mentalmente todo o tecido macio, e imaginando ter um olho ali. Agora, como se enxergasse por esse olho, suavize o olhar e, em vez de focá-lo em qualquer objeto específico, foque-o na visão periférica, tentando ver além dos limites do que normalmente veria.

Depois de alguns poucos segundos, tudo ficará alterado e nebuloso, como foi descrito. O truque é tentar não fazer comentários sobre a experiência, uma vez que isso a interromperá, mas soltar-se nela como um bêbado se rende à vontade de urinar. Se alguma vez já esteve olhando para uma daquelas imagens de computador que estão sempre mudando de foco até revelarem uma cena inteiramente nova em três dimensões, já conhece a excitação que tal experiência provoca.

E, espero, essa excitação o levará a repetir a experiência uma vez por dia, e em três semanas de prática você vai começar a notar em si mesmo uma positiva elevação do fator de esclarecimento.

Também é possível fazer o mesmo com o som, imaginando que há uma orelha nesse ponto da base do crânio e ouvindo o som ambiente que o cerca por meio desse canal, em vez de utilizar a audição tradicional. A chave é não identificar objetos, mas deixar que eles permaneçam sem rótulos e simplesmente façam parte do campo visual ou sonoro. E eu ainda diria mais, porém estou começando a ter dificuldades para encontrar as teclas na minha frente. Ei, Scotty, mantenha-me no chão, ou vou acabar decolando. O que colocou naquela água mineral dos Pireneus que me serviu há pouco?

Tudo que importa é curar... independentemente do calçado

Certa vez tive o prazer de palestrar para um grupo de distintos médicos neurologistas em Runcorn. O assunto de minha palestra: a experiência do terapeuta. Comecei explicando que não estava ali numa cruzada em prol da medicina alternativa, porque, em primeiro lugar, realizar cruzadas nunca fez parte dos meus planos e, em segundo lugar, porque nunca considerei o que faço uma alternativa viável à tradicional medicina ocidental. Em vez disso, trata-se de algo com que suplemento esta última — algo útil para tratar dos problemas que os médicos ocidentais não entendem, como torcicolos, problemas na lombar, estresse emocional, depressão, insônia, síndrome do intestino irritável, estresse generalizado e todos os tipos de quadro para os quais a farmacêutica ou a cirurgia são ineficazes e impróprias, ou são até apropriadas, mas funcionam melhor associadas à medicina holística.

Não queria criar polaridade, porque, em minha opinião, éramos todos terapeutas de uma forma ou de outra, descalços ou calçados. Não que eu tenha tido o mesmo tipo de treinamento a que se submete um médico ocidental; nunca cortei um cadáver nem passei noites intermináveis como plantonista de hospital. Mas eles, provavelmente, também não passaram uma noite inteira ouvindo música com RD Laing (e todos os outros malucos), vendo-o babar na frente de seu cardigã, sentado, segurando uma moribunda nos braços enquanto ela gritava de dor e terror, falando com ela sobre a abordagem taoísta para fazer a "passagem", e também não devem ter passado a noite em uma cerimônia *peyote* no Novo México para entrar em contato com o espírito curador. Cada um de nós tem muito que levar para a maca de tratamento, digamos assim, e podemos beneficiar nossos pacientes de maneira considerável unindo forças agora e atuando juntos.

De forma interessante, contrastando com a última vez em que dei essa mesma palestra para os neurologistas há cinco anos, ou com aquela noite clássica em que falei para a Real Sociedade de Medicina, há 20 anos (e fui reconhecido por ter proporcionado uma "noite de grande entretenimento"), dessa vez todos os médicos me ouviram. Nenhum deles riu da idéia de que a energia faz as coisas acontecerem. (Há 20 anos, a mera menção do termo energia quase provocou meu linchamento.)

Um cavalheiro particularmente erudito e refinado, que usava sapatos extremamente elegantes, aliás, apontou que poderia obter resultados melhores se utilizasse uma nomenclatura diferente, pois esse termo enfraquecia meu caso aos olhos daqueles cuja mente era cientificamente treinada. Por exemplo, quando me referia à "energia do rim", se queria tratar da energia produzida naquela região do corpo onde ficam os rins, e se estava dizendo que essa energia renal é como uma pilha do corpo, então eu deveria chamá-la de bateria, talvez. E embora concorde inteiramente com ele, em princípio, bateria me faz pensar muito em aves maltratadas, e por isso espero que entendam se eu preferir manter a antiga nomenclatura.

Eles nem protestaram quando solicitei a participação da platéia, um procedimento que tem por objetivo trazer à tona a criança interior e sempre faz as pessoas se sentirem meio tolas. De fato, aquele foi um dos melhores públicos com quem trabalhei em meses, e concluímos a palestra com todos rindo, aplaudindo e se sentindo extremamente relaxados e positivos sobre curar o mundo cada um à sua maneira, apesar do estado em que ele se encontra.

O que pareceu causar o maior impacto foi minha afirmação sobre a eficácia de qualquer tratamento, seja ele tradicional ou holístico, depender inteiramente de como o terapeuta trata (literalmente) o paciente. Se você trata alguém com respeito, se dá a essa pessoa cem por cento de sua atenção durante o tempo em que está com ela, seja esse tempo duas horas ou dois minutos, se realmente a escuta e faz perceber seu interesse, isso vai produzir um forte efeito de cura, e o paciente fará todo o restante por conta própria, provavelmente. Tudo se resume em um ser humano dando amor incondicional a outro, e os médicos aceitaram bem essa colocação, felizmente.

Na verdade, gostaria de aproveitar essa oportunidade para enaltecer o excelente trabalho realizado pelos médicos em um sistema de saúde de recursos muito limitados. Três vivas e todo o poder aos doutores; estaríamos encrencados sem vocês! Imaginem se houvesse apenas gente como eu para cuidar da população! As fábricas e lojas de calçados do país iriam à falência!

Agora, tire alguns momentos para ser seu próprio terapeuta. Feche os olhos (quando acabar de ler isto), imagine que você é o médico e pergunte a si mesmo o que o está incomodando neste momento. Depois ouça atentamente a resposta. Como qualquer terapeuta vai confirmar, é comum que o simples fato de ser ouvido provoque o início de um significativo processo de cura. E é isso que eu desejo para você. Encontrou a cura?

Até a sujeira de um cachorro serve para lembrar a grandeza da vida

Confesso que o conceito que vou relatar a seguir não é inteiramente original. Trata-se de uma noção já conhecida, devido à sua inclusão em meu *Handbook for the Urban Warrior* (Guia do guerreiro urbano) como a "contemplação *adoro sujeira de cachorro no meu sapato*". Embora tenha escrito tudo isso há cinco anos, a idéia ainda está fresca em meu nariz, e por isso pensei em trazê-la novamente à tona.

A premissa básica é que você bloqueia continuamente sua capacidade de desfrutar o momento submetendo de forma inconsciente sua experiência imediata a uma série de filtros, numa tentativa de organizar a "realidade". Esses filtros consistem em um complexo de preconceitos aprendidos ou herdados, idéias que o levam a torcer o nariz para quase tudo que surge em seu caminho, embora, num nível mais profundo, você esteja de fato vivendo a pura alegria de estar vivo.

Notei tudo isso em mim quando, apresentando-me em um festival ao ar livre, caminhando descalço, naturalmente, fui procurar um arbusto para urinar. O Sol brilhava, eu havia feito uma palestra maravilhosa, a platéia estava satisfeita, a equipe trocava congratulações pela produção do evento, e naquele momento, com a bexiga vazia, eu não tinha nenhuma preocupação no mundo.

Então aconteceu... um contato frio e um escorregão. No início, entrei em negação: isso não aconteceu; ou aconteceu, mas é apenas barro. Mas, lentamente, aquele aroma tão familiar começou a estimular o centro olfativo em meu cérebro, e eu tive de admitir que a substância em questão era sujeira de cachorro.

"Merda!", resmunguei, cedendo à minha tendência natural de afirmar o óbvio, imaginando o estado de pária social em que passaria o resto do dia e me dirigindo ao córrego mais próximo. É muito mais fácil limpar um pé descalço do que remover toda aquela substância aderente e malcheirosa da sola de um sapato, mas nem por isso defendo a busca intencional da experiência. A parte esclarecedora da vivência foi que o eco olfativo me perseguiu durante o resto do dia. Cada vez que eu registrava novamente aquele cheiro, percebia profundamente que, como quando passamos por fazendas com seus campos adubados e todos no interior do carro se sentem obrigados a protestar — mas, na realidade, em segredo até para eles mesmos, todos estão gostando eu considerava aquele odor ácido e intenso fascinante, apesar de repugnante. Em sigilo até para mim mesmo, percebi que era o filtro a que submetia minha experiência que me levava a prejulgar aquele odor natural e classificá-lo como ruim.

De fato, quando se compõe um perfume perfeitamente acabado, é necessário incluir ingredientes tão fétidos quanto sujeira de cachorro, ou o perfume flutua demais e não "assenta" adequadamente. Se você isolar esses ingredientes mais mundanos, certamente vai se sentir impelido a gritar "Eca!". Estendo essa mesma teoria para incluir nela as pessoas que gritam bêbadas e incoerentes bem embaixo da minha janela às quatro horas da madrugada, e percebo que são apenas meus filtros que me impedem de aplaudir a exuberância dessas pessoas nas ruas por serem parte do movimento geral da humanidade em um planeta no espaço, mesmo que seja uma manifestação ruidosa demais.

Você pode estender a mesma teoria para qualquer área de estímulo sensorial, e se for honesto de verdade vai descobrir que adora cada aspecto malcheiroso, feio ou de mau gosto da vida, simplesmente porque estar vivo é uma alegria em todas as suas ramificações. Tudo que o impede de relaxar e apreciar plenamente a vida é seu complexo de preconceitos.

Não estou tentando convencer ninguém a buscar sofrimento e desconforto. Trata-se de uma exortação para se permitir a plena apreciação do momento — porque é seu momento, e não deve ser desperdiçado, mesmo que seja um pouco fétido.

Como uma fragrância bem-acabada, permita que sua experiência inclua todos os ingredientes necessários, não apenas o doce e o aromático, mas tome sempre certo cuidado quando estiver andando por aí descalço (foi realmente fedido), com ou sem filtros.

Mãos que curam

Existem algumas pessoas neste planeta que amo profundamente, mas talvez nenhuma tão profundamente quanto minha tia-avó Rae. Era ela quem massageava minhas costas por horas a fio diante da lareira nas noites de inverno quando, ainda menino, eu ia visitá-la em Manchester, e era ela quem me contava histórias maravilhosas com aquela voz delicada, calma e relaxante. Era uma mulher lindíssima, em todos os sentidos. Estou convencido de que foi ela quem me transmitiu o gene da cura, não que com isso queira dizer que sou um homem lindíssimo, mas também não sou de se jogar fora. Enfim, foi um choque quando minha mãe telefonou para dizer que Rae estava morrendo e precisávamos ir visitá-la enquanto ela ainda era viva.

Estou contando esta história porque o cenário foi daqueles que todos têm de enfrentar de vez em quando. Bizarro. Ela estava com mais de 90 anos, e ninguém sabia ao certo quantos, porque Rae nunca revelou sua idade exatamente, pelo menos não nos últimos 50 anos, e os médicos decidiram que a diverticulite que ela aparentemente enfrentava a levaria desse mundo a qualquer momento. Ela não comia nem bebia, sentia dores horríveis, não ia ao banheiro e, considerando esse quadro, os especialistas garantiam que ela não viveria muito mais tempo. Felizmente, minha tia-avó estava em casa, não num hospital, e uma sonda injetava doses constantes de morfina em sua circulação, doses que iam sendo elevadas gradualmente para controlar a dor. O medicamento a enfraquecia ainda mais. Assim, todos estavam ali reunidos esperando que ela morresse quando cheguei com minha mãe, meu pai e minha irmã (como nos velhos tempos, e era uma situação agradável num sentido meio estranho).

Ela estava pálida e magra, e tremia de dor. Eu me ajoelhei ao lado da cama e botei a mão sobre sua testa, sentindo as lágrimas lavarem meu rosto enquanto eu sufocava um soluço. Rae nunca percebeu meu pranto, e por isso sou grato, pois a última coisa que queria era instigar um melodrama. Continuei massageando sua testa com delicadeza, e ela pareceu se acalmar um pouco.

"Os dedos de Stephen são tudo de que necessito para me sentir melhor. Os dedos de Stephen", ela repetiu algumas vezes, com voz fraca. Perguntei se queria que eu tocasse a região da dor para tentar amenizá-la. Ela guiou meus dedos ao epicentro da dor. Ficamos naquela posição por uns 40 minutos, enquanto todos entravam e saíam do quarto, apenas permitindo que o calor da minha mão penetrasse em seu corpo, conversando com seu intestino por meio de minha palma. Não esperava grande coisa do gesto, não tentava curá-la nem contava com a ocorrência de um milagre. Aquela era simplesmente a única coisa que eu podia fazer. Conversar sobre amenidades ou até discutir a morte teria sido impróprio. Nós dois precisávamos do contato.

De vez em quando, as lágrimas voltavam, provocadas por alguma recordação. E, honestamente, estou chorando enquanto escrevo esta história, mas não chorei nem choro por minha causa ou pelo drama pessoal que vivi.

Enfim, chegou o momento de irmos embora, voltarmos a Londres e à minha agenda insana e ininterrupta (porque a vida continua). Foi estranho dizer adeus, pois cada um de nós sabia que nosso próximo encontro provavelmente não seria na Terra, e eu parti com minha mãe, minha irmã e meu pai.

De qualquer maneira, o mais surpreendente — e agora rio enquanto escrevo — foi que naquela noite Rae se levantou da cama sem ajuda e foi ao banheiro. Ela voltou a comer e beber e na manhã seguinte pediu para ser penteada. A dor cedeu sem que a dose de morfina tivesse de ser aumentada, e os médicos receitaram um analgésico muito mais brando que pode ser ingerido por via oral. A equipe concluiu que ela não vai mais morrer, pelo menos por enquanto.

O que serve para mostrar o que uma simples mão e um pouco de amor podem fazer, e também como nunca se deve tirar conclusões precipitadas. Não estou afirmando que foi um milagre, mas eu poderia.

Por melhores que estejam as coisas, nunca estamos satisfeitos

Caminho por uma alameda entre palmeiras e flores, sob um céu muito azul, descendo a colina para o cintilante Mediterrâneo. Esse pode ser um momento perfeito no qual nada me falta. De fato, nada poderia ser mais perfeito.

Então, por que não pode, eu me pergunto, ser muito mais perfeito?

Minha mente não permite que um momento de perfeição dure mais que três segundos antes de interferir na situação e tentar encontrar formas de aperfeiçoá-la. E esse descontentamento é a subseqüente compulsão para reinventar e melhorar a realidade que nos leva a progredir como espécie. Seria tolice lutar contra ele, tão profundamente enraizado está o processo em nossa natureza.

No entanto, o sofrimento alcança um patamar que você identifica com aquele sentimento interior de descontentamento e é compelido a alterar as coisas. Como poderia ter dito Buda, a ligação ao processo (de descontentamento e a subseqüente necessidade de interferir) causa o próprio sofrimento que originariamente instigou e agora perpetua o processo.

Como você sabe quando se tornou ligado a esse ponto? Quando o que quer que esteja ocorrendo em sua mente o leva a se sentir agitado, seu abdome (e o intestino) contraem-se sutilmente e sua respiração torna-se superficial e irregular.

E como você sabe quando está no modo super-humano, quase como o próprio Buda? Quando apenas nota o descontentamento e o estado físico que o acompanha, mas, em vez de se sentir compelido a fazer ou mudar alguma coisa, alivia mentalmente a constrição em seu corpo, regulariza e aprofunda a respiração e permite-se relaxar e ser feliz.

Não estou afirmando que não devemos tentar mudar as coisas nunca, nem quero convencê-lo a negar aquilo que o incomoda. Pelo contrário, trata-se de estar inteiramente consciente daquilo que o incomoda. Mas, em vez de sair correndo tentando mudar as condições externas que estão além de seu controle, você começa alterando a condição interna que é passível de ser controlada e espera graciosamente que o exterior mude por conta própria e a seu tempo. A perfeição do momento, em outras palavras, não provém de como o céu está azul, mas de quanto você está relaxado e disposto a apreciá-lo.

Os taoístas consideram perfeição estar sempre confortável com você mesmo, independentemente das condições externas, uma habilidade que aprendemos a governar por meio de nosso baço. Quando a energia do baço está fraca, você tende a buscar conforto nos aspectos externos da vida, o que só proporciona alívio momentâneo. Quando a energia é ajustada, você se descobre mais abastecido a partir de dentro, mais contente e satisfeito, independentemente de quanto sua mente possa estar considerando imperfeitas todas as coisas.

Você pode ajudar a sustentar a energia de seu baço seguindo um procedimento de alguns momentos todos os dias. Primeiro, desista de manter-se ereto e se deixe encurvar um pouco. Sinta o peso de seus ossos e acomode-se dentro de sua pele. Pare de prender a respiração e deixe-a fluir livremente. Relaxe os globos oculares e deixe-os repousar nas órbitas de forma que não estejam em constante movimento.

Pressione os dedos suavemente sob o lado esquerdo e frontal de suas costelas para produzir uma sensação notável radiando por todo o abdome, mantenha a pressão por alguns momentos e remova-a lentamente. Agora friccione as palmas com vigor até que estejam aquecidas e coloque-as sobre a área, deixando o calor penetrar profundamente em seu corpo. Enquanto isso, visualize o baço recheado de uma brilhante luz amarela e repita palavras como "Estou disposto a florescer neste momento com o que quer que eu esteja sentindo, sem pensar que devo mudar as coisas".

Muito bem, eu pensei. Agora que já escrevi, posso me deitar e desfrutar a praia. Mas, logo disse a mim mesmo, aposto que seria muito melhor estar no convés daquele belo iate ancorado na baía!

A arte terapêutica de... bem, estar em pé

Serei honesto com você — e não me inveje, mas aproveite a inspiração —, estou escrevendo em uma ilha subtropical na costa do Brasil, um lugar que meu amigo Mad J. Riley, produtor cinematográfico, divide com um exército de macacos, papagaios, imensas borboletas azuis, iguanas, uma selva impressionante e ninguém mais. Ele me trouxe até aqui por uma semana para solucionar um problema crônico de dor nas costas e falarmos sobre a possibilidade de montarmos um retiro terapêutico Barefoot aqui nesta ilha idílica, mas decidimos que, sendo um ambiente real, não um cenário montado como o das unidades do Club Med, uma região com cobras venenosas e água encanada apenas depois da chuva, só os mais fortes contemplariam a possibilidade de uma visita, e talvez seja mais sensato manter a ilha em sigilo.

Mesmo assim, enquanto praticava *t'ai chi* com o perfume das flores invadindo meu centro nervoso olfativo e com informações que, por sua variedade, eram quase mais do que eu podia processar, depois de ter dormido sob o céu estrelado para recuperar-me após um acidentado vôo noturno, senti-me compelido a transmitir o sentimento de bem-estar que me domina agora, de forma que você possa captar a vibração e complementar seu domingo com um toque do paraíso natural onde cristais de quartzo em profusão tornam o solo brilhante sob os pés.

Mas depois, enquanto tomava meu café na varanda, bananas saborosas tiradas diretamente da árvore, tive a repentina sensação de que não seria justo. Quero dizer, quantos podem ter empregos como esse?

Assim, preservei a justiça e a praticidade para o bem do hemisfério norte como um todo, e analisei o rápido processo a que me submeti discernindo a técnica crucial que me impediu de mergulhar numa espécie de sobrecarga sensorial.

Descobri que era aquilo que os taoístas valorizaram por milhares de anos, algo que eles afirmam poder equilibrar até mesmo os indivíduos com grandes distorções físicas, mentais, emocionais e espirituais, algo que é utilizado em hospitais na China, e que é simplesmente... estar em pé. Sim, ficar em pé pode fazer maravilhas pela mente, pelo corpo e pela alma se praticado correta e diariamente durante um tempo suficiente. Mas você também pode considerar tal procedimento uma indulgência pessoal que vai fazer seu sangue e sua energia fluírem com maior vigor, sua mente trabalhar com maior clareza e seu relacionamento com o mundo assumir tons mais coloridos e vibrantes.

Para fazê-lo como os taoístas, mantenha os pés posicionados como se estivessem sobre trilhos de trens, os joelhos levemente flexionados, o quadril encaixado, os ombros abertos, a nuca relaxada e a coluna alongada. Respire com liberdade e fluidez, imaginando-se como um anjo com asas de uma envergadura de mais ou menos nove metros. Levante-as (seus braços) lentamente na frente de seu corpo, como se as pontas tocassem um muro (nove metros distante). Mantenha os ombros e o rosto relaxados, toque o céu da boca com a língua e sinta-se mergulhando no centro da Terra a partir da sola de seus pés. Cada vez que inspirar, imagine estar sugando a força da vida, tirando-a do solo através das solas e conduzindo-a ao ventre inferior.

Cada vez que expirar, imagine-se lançando o ar por sua coluna para o alto, na direção da escápula, pela parte externa de seus braços e para baixo, para fora do corpo pelas palmas das mãos em dois raios projetados para o muro invisível.

A prática diária por seis minutos não vai apenas deixar seus braços cheios com a força da vida e sua mente repleta de calma, mas também vai deixá-lo mais equilibrado que nunca e mais magnético do que qualquer outro indivíduo em seu quarteirão.

Experimentei esse último benefício pessoalmente, magnetizando o velho Riley daqui da praia, onde ele se bronzeava, para a cozinha, onde foi preparar mais um pouco de seu fabuloso café.

Somos como um labirinto e o objetivo é chegar ao centro

Minha vida parece ter sido transformada em uma interminável jornada pelo Reino Unido, com um ocasional alargamento da órbita para englobar locais mais distantes, o que permite apenas uma ou outra parada no QG para refazer as malas e usar meu próprio banheiro, o que, uma vez adquirido o hábito, como pode confirmar qualquer mosca doméstica, torna-se extremamente viciante, mas, ainda mais importante, proporciona o tempo necessário para, durante os vôos e as viagens de trem ou de automóvel, ponderar sobre a grande questão que trata da "longa estrada" da vida.

Sou um privilegiado nesse sentido porque, se pudesse decidir, ficaria em casa escrevendo, quieto, desaparecendo em meu próprio intestino sem nunca conhecer e, portanto, poder chamar de "minhas" essas pequenas e impressionantes ilhas que habitamos, sem conhecer e forjar amizade com seus maravilhosos habitantes, sem ter um momento para contemplar os grandes mistérios — e levando em conta que ganho a vida com tal contemplação, logo eu estaria na casa do cachorro.

Mas talvez a pequena ilha que mais causou impacto em minha psique foi a misteriosa e bela ilha de Man, onde recentemente coordenei um workshop sobre "O Tao de ser impressionante em todos os sentidos", um título ambicioso ao qual só pude fazer justiça com muito esforço. A premissa é que você, em todo o seu complexo esplendor, é como um labirinto, sendo o objetivo (se é que ele existe) chegar ao centro. Quando você consegue, tudo que encontra ali, como num labirinto real, é absolutamente nada — nada de concreto além de saber que triunfou em alcançar o centro. No entanto, se você permanece ali, observando serenamente o teatro de sua vida enquanto trata de suas questões diárias, torna-se progressivamente mais identificado com seu espírito interior, em essência semelhante ao Tao, a origem de toda existência e não-existência. Assim identificado, você começa a ser surpreendido pela vida da maneira mais agradável. Não é mais dominado por desejos vorazes, por pensamentos temerosos, por concepções errôneas ou outras formas de ilusão e perturbação da mente. De repente, como se alguém removesse um enorme peso de seus ombros, você se sente espiritualmente leve, ágil e capaz de realizar o que quiser, como uma criança pequena brincando inocentemente.

O Tao, e vamos personificá-lo pelo bem da explanação, adora a imagem de uma criança brincando inocentemente. Ele quer se juntar a ela, naturalmente, decerto mais do que quando o vê envolvido com aqueles tediosos jogos de adultos. O Tao ama a inocência e, sendo generoso por natureza, vai cobri-lo com oportunidades para manifestar a história de vida que você deseja viver — e quanto mais colorida, melhor.

Chuang Tzu, antigo sábio taoísta, disse que, uma vez encontrada a quietude do centro e mantida a consciência de seu esplêndido silêncio enquanto você opera no planeta ruidoso, até os deuses flutuarão em sua órbita. O que dizer, então, dos meros mortais? Tudo isso significa que muitas oportunidades chegarão até você levadas por outras pessoas, daí a importância de ser magnético o bastante para atraí-las para sua órbita.

Mas como chegar a esse centro? Bem, como no labirinto, você deve seguir seu nariz. Literalmente, siga a linha de seu nariz, deixando sua atenção deslizar até a ponta e mergulhar para dentro de seu abdome. Então, enquanto permanece sentado no "aqui e agora", em vez de concentrar-se inteiramente em seu cérebro, permita-se o luxo de expandir-se para todos os cantos do império contido dentro de você. Sinta seu ser preenchendo todo seu corpo a partir do ventre para os limites externos, até tomar posse consciente de todos os dedos das mãos e dos pés, todos os ossos, tendões, músculos, órgãos, vasos sanguíneos e sinapses. É tudo seu. Obviamente, você não os possui, como eu não possuo as ilhas Britânicas e, se as possuísse, eu adotaria uma política de impostos mais baixos, como na ilha de Man, porque acredito que tal prática geraria uma economia melhor do que quando todos estão sendo espremidos até a morte como acontece conosco no chamado continente — enfim, você não os possui, mas você pertence a eles.

Talvez só adquira um vislumbre momentâneo da sensação visceral de estar no centro de tempos em tempos, mas até mesmo um vislumbre promove a magia, e como o tempo, como esse deslizar regular pela linha de seu nariz, sua consciência vai crescer até que os deuses se aproximem flutuando. Imagine os mortais!

Ter fé em alguma coisa — qualquer coisa — o faz seguir em frente

Recebi um e-mail de um leitor perguntando sobre um artigo que escrevi para a *Observer Magazine* no qual mencionei o mito taoísta dos "filhos da luz refletida". Ele me pedia um *weblink;* www.takeallmythwithapinchofsalt.org, talvez?

Mas isso me fez pensar (como acontece ocasionalmente com essas coisas) sobre como todos nós — de maneira consciente ou não — honramos mitos de um tipo ou de outro para conferir autoridade àquilo em que acreditamos, ao que pensamos, dizemos e fazemos.

Tome por exemplo o mito de Deus — e não estou dizendo que Ele não existe, pelo contrário —, mas há uma diferença entre o mito de Deus e o próprio Deus. O jovem Bush filho, por exemplo, invoca a autoridade de Deus e assim sente-se justificado em baixar o limiar nuclear e adquirir todo tipo de jogos de guerra para, como um menino malvado, ameaçar o mundo. Ou tome alguém que acredita no princípio da criação — e não me importo com o que cada pessoa decide aceitar, desde que não queiram impor sua crença aos outros, especialmente a mim. Um criacionista lança mão da autoridade do Velho Testamento para justificar a crença de que o mundo tem apenas 6 mil anos de idade. Sem a autoridade do livro, muitas pessoas ririam deles. Com o livro, muitas pessoas apenas... bem, apenas riem deles.

Até eu mesmo, falando em riso e diversão — seguidor do Tao irreverente "invente sua própria realidade como achar melhor", sem forma —, poderia lançar mão da autoridade daqueles filhos da luz refletida de outrora descritos como criaturas de dois metros de altura, vestidos com roupas estranhas, habitando lugares altos, vindos sabe-se lá de onde, conhecedores de tudo sobre vida, morte, energia, consciência e o Tao e que, generosamente, transmitiram essas informações para os habitantes locais que passaram a ser conhecidos como taoístas, e depois desapareceram, sem deixar vestígio. Mas, eu não sonharia fazer tal coisa. Não porque não reconheça o mérito da idéia ou sua carga romântica. Francamente, a noção é encantadora. Mas, até onde sabemos, é só isso — uma noção —, como todos os outros grandes mitos que conhecemos.

Então, por que se incomodar? Decerto, a idéia é tornar-se menos confuso, não mais confuso. No entanto, não quero privar ninguém de seus mitos — não há nada como um bom mito num dia frio com um prato de sopa quente de tomate. Que cada pessoa acredite no mito que quiser e sinta-se livre para mudar suas crenças sempre que desejar. Afinal, são apenas crenças.

O que é importante e realmente valioso, em oposição ao que é relativo, não é o mito que você possa se sentir tentado a usar para justificar-se, mas sua própria autoridade em termos de ser o único autor de sua própria história de vida.

Você não precisa buscar nenhuma autoridade superior para justificar a história que está criando — sua presença aqui é a justificativa em si mesma.

É só uma questão de reconhecer sua autoridade em gerar sua própria história de vida. Obviamente, a maneira como ela se desenrola é controlada inteiramente pelo fluxo natural dos eventos — o Tao — e como você está em concordância com ele. Quando desiste do controle e se deixa fluir com a maneira de ser de todas as coisas, sempre seguindo o caminho da mínima resistência, como a água, tudo que você sempre quis virá para você em seu tempo, à sua maneira e forma. Como é maravilhoso dançar assim com seu Tao!

Mas, para estar nesse fluxo você precisa manter-se estável, relaxado e equilibrado. Então, aqui vai um exercício taoísta que, se adotado e integrado à sua rotina diária, vai, em alguns dias, não só relaxar e fortalecer seu quadril e a parte inferior das costas, relaxar seus ombros e fortalecer seus braços, mas também equilibrar os dois hemisférios de seu cérebro e, acima de tudo, torná-lo muito mais estável — literalmente —, e ele é chamado "andar do malandro", por ser praticado por taoístas de minha espécie há milênios.

Sente-se no chão com as pernas estendidas. Movimente-se para a frente sobre os glúteos, primeiro um, depois o outro, enquanto desfere socos suaves com o braço oposto ao glúteo que está se adiantando. Execute nove "passos" com o lado esquerdo e oito com o direito para a frente, depois nove para trás. Depois se deite por um momento para saborear a sensação em seus quadris, contemple a história que você quer, e diga: "Não é da conta de ninguém se não da minha", ou simplesmente: "Eu sou capaz disso."

Criatividade

Cultivando sua criatividade

Quando ouve alguém falar em criatividade, você pensa automaticamente em alguma nova estratégia de marketing ou em um conceito de formação de equipe? Ou vê artistas determinados em malhas desfiadas percorrendo a costa? Talvez o termo conjure imagens de sessões de arteterapia ou aulas de fotografia para amadores. Em resumo, a idéia de criatividade provoca uma resposta do tipo "Oh, criatividade, isso é coisa para outras pessoas que não têm nada mais importante para fazer"? Na verdade, todos são artistas ou artistas em potencial, de alguma forma. A faculdade artística ou criativa é inserida no panorama como um traço preexistente em seu DNA. Se você ainda não encontrou o comando relevante para ativá-la, ou conseguiu encontrá-lo, mas o perdeu novamente, isso se deve, provavelmente, ao condicionamento deficitário daqueles que cuidaram de sua educação.

A expressão do impulso criativo como forma de oferta artística a ser apreciada por outras pessoas foi considerada vital para o bem-estar pelos antigos orientais, não só emocional, espiritual e psicológico, mas também físico e energético. Eles aderiram a um conceito conhecido como domínio das "cinco excelências", que compreendem as artes da meditação, da autodefesa, habilidades de cura, composição e apresentação. Um indivíduo completo, bem equipado, era visto como versado nessas cinco capacidades. Os benefícios das três primeiras são auto-evidentes, mas como, você pode se perguntar, as habilidades de composição e apresentação podem ser benéficas à saúde?

Durante o ato de compor uma obra de arte, seja visual, cinematográfica, sonora, literária, performática ou qualquer outra via de expressão de sua escolha, você entra em um estado contemplativo de "quase-meditação". Quando faz uma pintura, por exemplo, você olha para a tela branca até ela revelar uma forma subliminar e, depois, com a mente vazia de preconceitos e com sua energia alcançando a ponta do pincel, você simplesmente interpreta a forma dada, permitindo-se interferir o mínimo possível. Se, digamos, você estiver compondo uma peça musical, deixe o instrumento ou estúdio de gravação revelar essa peça e interprete a informação revelada de acordo com seu gosto, permitindo que a música se toque. Você pode chamar tudo isso de Tao ou Sen de composição.

O necessário processo de esvaziamento de ego envolvido nisso permite que sua mente local tenha preciosos momentos de repouso das pressões das responsabilidades diárias, o que ajuda a reduzir sua pulsação e é geralmente benéfico para o fluxo de energia e, por extensão, para a resposta imunológica.

Esse processo também implica um certo grau de união consciente com a força criativa *a priori*, que tende a aprofundar sua experiência de vida momento a momento, da mesma forma que ocorre com a meditação, a ioga e o *t'ai chi*.

Na execução ou apresentação da peça, você corre o risco de que outras pessoas ridicularizem você ou seu trabalho. É preciso ter coragem para expor-se ao risco da rejeição e da humilhação, o que faz do ato de levar uma produção a esse estágio sutilmente animador e positivo para a elevação da auto-estima. Significa que você ama ou pelo menos gosta de si mesmo o suficiente para passar algum tempo se cuidando. Além do mais, é nesses momentos, em que sua mente sobrecarregada tira umas breves férias, que surgem algumas de suas idéias mais originais, importantes e influentes para alterações significativas em sua vida.

Para aprimorar o fluxo criativo, os antigos taoístas, que primeiro desenvolveram o conceito das "cinco excelências", também criaram certos exercícios de meditação que, se praticados diariamente por 30 dias, surtirão efeitos positivos.

Visualize um tubo ou canal claro começando no centro de sua testa entre as sobrancelhas, percorrendo a linha mediana de seu crânio, descendo para a medula na base do cérebro, onde ela encontra a nuca.

Enquanto inspira, imagine que pode sentir o ar penetrando pelo canal por sua testa e viajando para trás por cima do cérebro, para a parte posterior de sua cabeça. Quando expira, sinta o ar retornar pelo tubo até a testa. Você pode ampliar o exercício acrescentando ao ar uma luz brilhante, clara.

Repita esse ciclo por nove vezes cada vez que realizar o exercício. Não o torne mais difícil do que realmente é. Realize-o enquanto assiste à televisão ou viaja no trem. Além de estimular e aprimorar a criatividade, esse exercício traz grande clareza mental, aumenta sua capacidade de concentração e tende a torná-lo mais alegre.

Se você acredita que a criatividade lhe é dada por sua compenetração ou pelo domínio divino, também é útil visualizar o topo de sua cabeça se abrindo para receber ou baixar informações enviadas do alto.

O maior bloqueio para a expressão criativa terapêutica e saudável é a crença em um crítico interno imaginário, uma entidade que se senta como um macaco sobre seu ombro e está pronto para dizer que o que você faz é errado ou desprovido de valor. É inútil tentar argumentar com esse crítico. A melhor tática é tentar ignorar todas as mensagens negativas que receber. De qualquer maneira, superar o crítico é essencial não só para concluir trabalhos de arte, mas também para garantir paz de espírito de uma maneira geral.

O outro bloqueio que você vai ter de superar é a impaciência. É necessário muito tempo e aplicação consistente para desenvolver um canal criativo confiável e a habilidade de interpretar e dar forma à informação digna de ser compartilhada.

Por fim, lembre-se de que a criatividade pode ser aplicada a qualquer aspecto de sua vida, incluindo a maneira como se relaciona com você mesmo e os outros, a forma como organiza seu tempo e os lugares que escolhe para empregá-lo. No entanto, preste atenção para não ser atropelado pela energia criativa e acabar se tornando um jorro compulsivo de contentamento como este dr. Barefoot.

Se encontrar seu rumo na vida o está deixando maluco, estimule seus lóbulos

Uma proporção significativa da correspondência que recebo é enviada por pessoas de todas as idades e em todas as circunstâncias tentando encontrar clareza e direção na vida. Quando estamos abrindo a própria estrada, é comum não termos idéia do que fazemos. Você sabe que deseja contribuir com algo significativo e sentir-se realizado, seja na carreira ou na vida pessoal, mas está cambaleando às cegas no escuro, tentando esbarrar em pistas. No início você conta apenas com a fé, mas sua confiança cresce na medida em que o caminho se abre diante de seus olhos. Quanto mais arrisca progredindo com ousadia, mais brilhante é a luz que cintila para mostrar o caminho. Como aquelas escadas rolantes que só começam a se mover quando você sobe nelas, é necessário fazer o primeiro movimento antes que o Tao (o misterioso processo de destino) o leve a sério e comece a mandar provas positivas para o mundo material de modo a indicar que você segue na direção certa.

Seguir as pistas é como dirigir por uma cidade desconhecida mantendo um olho nas placas, perguntando-se se os funcionários da Prefeitura local têm um senso de humor pervertido, a julgar por como as placas desaparecem em pontos cruciais, e por mais que você as acompanhe atentamente, acaba virando à esquerda no entroncamento, em vez de seguir pela direita, e percorre mais de 30 quilômetros na direção errada. Ou, talvez, eu seja apenas um idiota. De qualquer maneira, o caso serve como uma boa analogia para a busca da direção certa na vida.

Quando você está abrindo seu caminho no mundo, é sempre útil saber para onde se dirige, embora não seja necessário conhecer os detalhes precisos; apenas a vaga essência já serve. Em outras palavras, você não precisa especificar a mobília e a cor das paredes; basta saber que quer morar em uma casa confortável que atenda a suas necessidades e solicitações. Não precisa especificar Brad Pitt ou Penélope Cruz; é suficiente saber que quer um relacionamento excitante, satisfatório, compatível. Não precisa fantasiar o pacote completo do emprego, os detalhes, os benefícios e a política de convênio médico; é suficiente saber que deseja ter o emprego adequado para satisfazê-lo em todos os níveis.

As direções para chegar lá, os entroncamentos onde deve virar à direita ou à esquerda, a estrada A ou B e assim por diante, surgem na sua frente como placas desde que esteja atento, alerta e pronto para responder. Você vai ver, ouvir ou até cheirar alguma coisa enquanto estiver cuidando de seus assuntos rotineiros; uma frase na lateral de um caminhão que o ultrapassa, o aroma do ar fresco da montanha (sachê desodorizante) ou o trecho de uma canção no carro ao lado, e isso é suficiente para despertar a urgência de tomar essa ou aquela atitude.

E já que estamos falando de ouvidos e esquinas, navegadores do antigo Egito adquiriram o hábito de usar brincos depois de aprenderem com os chineses com quem viajavam que puxar regularmente a argola estimula um ponto da acupuntura no centro preciso de cada lóbulo, o que implementa suas faculdades intuitivas conferindo energia ao "terceiro olho" no centro do cérebro. Se você não usa um brinco que possa ser puxado, sustente cada lóbulo de sua orelha com o polegar e use o canto da unha do dedo indicador para pressionar o centro exato do lóbulo num movimento rápido do tipo "ligar-desligar" 18 vezes, depois repita de cada lado para começar a estimular imediatamente suas faculdades psíquicas. Continue repetindo o processo diariamente por pelo menos três semanas e verá como isso ajudava os navegadores a seguir em frente quando as estrelas se escondiam atrás de nuvens escuras.

De fato, a aplicação diligente pode levá-lo a abrir uma barraquinha na praia em pouco tempo, transformá-lo em forte concorrente para a tenda de madame Rosa ou levá-lo a ser um espião russo, ou, simplesmente, pode ajudá-lo a encontrar uma direção inteiramente nova que você jamais considerou antes. De qualquer maneira, você estará melhor do que eu — sentado aqui estimulando meus lóbulos —, precisando muito de uma boa massagem: estou preso num congestionamento monstruoso a caminho de Manchester, quando deveria estar em Cheshire a essa altura, se não houvesse virado à esquerda no entroncamento, em vez de seguir pela direita.

Dê ouvidos a seus demônios internos e estará bloqueando sua criatividade

Eu conversava com um amigo, um bem-sucedido romancista que se queixava das agruras do chamado "bloqueio de escritor", e pensava em como tenho sorte por não sofrer desse mesmo mal. Depois, quando me sentei para escrever um artigo e me surpreendi tentando decidir o que ia escrever, suspeitei de que o mal poderia ser contagioso. Por um momento, confesso que fiquei preocupado.

Passo por todo um processo antes de me sentar diante do teclado para escrever. Converso com o artigo em minha cabeça enquanto pratico *t'ai chi* ou tomo uma ducha — às vezes por dias —, e então, subitamente, estou escrevendo e o texto surge num fluxo ininterrupto e longo, de uma forma que, espero, possa acrescentar alguma coisa à sua vida. Preocupo-me muito com você, o indivíduo (embora nem saiba como você é), com a humanidade em geral e com a equipe editorial da *Observer Magazine*, a quem sou grato por terem me conduzido a esse patamar. Que privilégio!

No entanto, como meu amigo, que se preocupa tanto com a possibilidade de seu próximo livro ser inferior ao anterior que seus dedos sofrem espasmos sobre as teclas do computador, também me preocupo com o que você pensa (sobre mim). Apesar de enfrentar séria agonia por conta disso em alguns momentos, tenho um jeito de superar tais considerações — caso contrário esta página estaria em branco — e acreditar que meu trabalho é digno de ser compartilhado, pois se aplica a qualquer empreitada que você possa estar realizando em sua vida.

Todos sofremos com o crítico interno, aquele que está sempre dizendo: "Não, isso é bobagem, ninguém vai acreditar, vão pensar que você é isso, vão dizer que você é aquilo...", e isso vale para a redação de um texto, para uma palestra, ou até mesmo para quando se pede um drinque em um bar muito cheio. Tudo que é necessário é confiança, literalmente, a fé em seu eu nu, para ignorar essa opinião negativa e dizer, fazer ou escrever o que você sente que é certo, mesmo correndo o risco de passar por tolo.

A maneira como faço isso — e é muito infantil — é imaginar o crítico sentado naquele grande cinema dentro de mim, assistindo (com um olhar crítico) ao filme de minha vida enquanto ele se desenrola em minha mente. Então, eu o abordo com autoridade e o acompanho até o fundo do estabelecimento, onde, de pé com as costas voltadas para uma parede, eu o esbofeteio ao estilo de um aristocrata francês pré-Revolução provocando um duelo, e depois eu o mando calar a boca. Ele pode entrar novamente e assistir ao filme, mas tem de manter seus pensamentos para ele mesmo. Não é muito democrático, mas funciona. Ele volta ao cinema, senta, assiste ao filme e guarda suas opiniões para si mesmo, deixando-me livre para escrever, ou, em seu caso, para realizar a tarefa que não está cumprindo por medo da infâmia alheia.

Desafiar-se no aspecto físico todos os dias também ajuda nesse sentido. Por exemplo, se você não consegue realizar três flexões de braço, abrace o objetivo de realizar três flexões de braço. Se conseguir, abrace o objetivo de realizar nove flexões e assim por diante. Obviamente, substitua as flexões por qualquer exercício de sua preferência. Mas o que importa é, se puder ir além da resistência mental e enfrentar o desafio físico, você pode enfrentar essa mesma resistência para realizar qualquer coisa.

Hoje em dia, qualquer assunto que você possa pensar em discutir além das manchetes parece trivial. Da mesma forma, é difícil realizar alguma coisa quando se tem a cabeça cheia de manchetes. Mas é inútil deixar as notícias o impedirem de ser tão criativo quanto pode ser. De fato, afirmo que é seu dever ser tão criativo quanto possível em cada momento de seu dia e para sempre, se não, qual é o propósito de estar aqui?

Assim, peça a seus críticos para terem a bondade de afastarem-se, esbofeteie-os com todo o respeito que eles merecem, mande-os se calarem, faça mais algumas flexões — mais do que pensava ser capaz de fazer — e crie alguma coisa estupenda.

Já conhecemos a resposta, só precisamos aprender a formular a pergunta

Na medida em que as coisas se tornam mais frenéticas com mais e mais questões ocupando sua mente, e decisões rápidas são necessárias para resolver todos os tipos de assunto, desde os detalhes mais triviais como, digamos, que camisa usar, ao maior dilema sobre o que fazer com sua vida, por exemplo, torna-se progressivamente mais crucial ser capaz de acessar aquela parte intuitiva de sua mente. Certamente, isso traz a pergunta: você pode mesmo confiar em sua intuição? Não devia usar processos lógicos, racionais, para tomar suas decisões?

Não era essa a opinião de Einstein, que chegou a sua maior contribuição por meio da intuição, nem era o que pensavam os antigos taoístas, que ensinavam que a centelha criativa — aquela que traz as respostas —, que se origina sabe-se lá onde, mas, pelo bem da discussão, digamos que seja do Tao, é acessada a partir daquela camada do eu que se mistura com o Tao, bem no fundo do peito — o chamado centro do coração —, mas só está disponível se você se afastar das maquinações de seu intelecto calculista ou mente racional. No entanto, assim que ocorre a centelha criativa que carrega as respostas, você deve usar o intelecto para decidir a melhor maneira de executar o apropriado plano de ação.

Falei sobre a importância da intuição anteriormente para acessar os dados para uma correta tomada de decisão, mas esse é um tópico importante, apesar de, francamente, hoje eu ter sido inspirado por um telefonema de minha adorada agente, a Sombra Prateada. Ela disse que seu carro havia sido roubado e queria que eu dissesse onde estava o automóvel. Não por desconfiar que eu o tivesse roubado, mas por confiar em minha intuição, já que ela foi metodicamente treinada enquanto eu estudava a medicina taoísta nas montanhas há muitos anos.

Assim, deixei minha mente se esvaziar, relaxei meu peito e, antes que pudesse dizer Christopher Robbins, a resposta surgiu do nada na forma de uma imagem mental. "Está ao sul de sua casa numa estrada cujo nome começa com D." Ela saiu imediatamente, caminhou para o sul e encontrou seu carro duas ruas distante da dela, em uma via pública cujo nome começava com a letra D, sem nenhum arranhão ou sinal de arrombamento. Ela me agradeceu por isso dizendo que eu a havia assustado, mas, mesmo assim, o episódio serviu para reacender meu entusiasmo pela idéia de desenvolver sua intuição. É preciso prática, já que essa é uma faculdade natural que todos nós possuímos. O que falta é aprendermos a reconhecer a informação intuitiva quando ela surge e confiar em si mesmo para segui-la.

Notei que ela também funciona bem com os números. Quando estiver negociando com alguém, por exemplo, pergunte a si mesmo que porcentagem eles procuram, jogue seus pensamentos no lixo, limpe a escrivaninha de sua mente e veja o valor surgir cintilante em seu cérebro. Depois pergunte à parte contrária que porcentagem eles desejam obter, mas responda antes dela, e vai descobrir que acertou com mais freqüência do que imagina. Essas coisas são dadas — elas já existem no universo informe, o domínio latente — e só precisam ser descobertas, mas a habilidade para permitir esse processo exige prática.

Assim, na próxima vez em que seu celular tocar, aquiete seus pensamentos por alguns momentos, relaxe o peito e descubra se um rosto ou um nome surge em sua mente. Depois olhe para a tela para verificar seu grau de precisão. E não desanime se errar nas primeiras vezes. Como um músculo, sua intuição necessita de exercício para ganhar vida plena.

Você pode ajudá-la energeticamente friccionando com vigor e firmeza a metade superior de seus braços, um braço de cada vez, aproximadamente na região côncava onde o músculo que recobre o ombro encontra o bíceps, num movimento de sobe e desce, por tempo necessário para gerar calor palpável, depois pressione com firmeza essa área côncava usando o polegar e mantenha a pressão por alguns segundos. Esse ponto, conhecido nos círculos da acupuntura como l.i.14, é famoso por sua eficiência em promover a intuição. Tome também o cuidado de promover o relaxamento da região de seu peito colocando a palma da mão sobre o esterno e massageando-o lentamente em círculos no sentido horário até sentir a tensão começar a deixar seu corpo. Por fim, pratique a habilidade de esvaziar a mente; feche os olhos e focalize o pensamento em nada de vez em quando. Agora me diga onde deixei minhas chaves. O primeiro que me der a resposta ganha um tratamento!

A vida pode ser como um filme que promove o bem-estar

Quando você assiste a um filme, está, na verdade, assistindo a uma sucessão de imagens estáticas apresentadas numa sucessão rápida para criar a ilusão de ação ininterrupta, numa velocidade de 24 quadros por segundo, rápido o bastante para enganar os olhos (e o cérebro). Se você perguntar, um taoísta vai sugerir que a chamada vida real que todos estamos tão ocupados em viver e defender, se vista de uma perspectiva esclarecida, não é mais sólida ou válida do que um filme. Ela é, na opinião dessas pessoas, um mero truque de luz, uma série de imagens estáticas ou estados mentais momentâneos, passando por você em velocidade suficiente para enganar os olhos (e o cérebro), provocando uma sensação de continuidade em tempo real.

Se você se der ao trabalho de fazer os cálculos básicos (usei meu celular até esgotar a capacidade da memória) para multiplicar 24 quadros por segundo por um tempo médio de vida de, digamos, 70 anos, vai encontrar um total de 53 bilhões de quadros. Pense nisso por um momento: 53 bilhões de quadros, com uma probabilidade de erro de alguns bilhões para mais ou para menos. Imagine isso em libras, em euros até. A idéia não provoca um intenso sentimento de abundância?

Mesmo presumindo que você já tenha esgotado 20 ou 30 bilhões desses quadros, ainda resta uma enorme riqueza a seu dispor, certamente o bastante para sustentá-lo na velhice. E digo riqueza porque, no final, só se pode medir a verdadeira riqueza pela quantidade e a qualidade de quadros de que você dispõe.

Agora que tem esse conhecimento, o que você vai fazer com ele? Que tipo de filme quer fazer? Pense na sintonia, na textura, na cor, na trama, no enredo, na dinâmica, no estilo de co-protagonistas e atores coadjuvantes, nas locações, na iluminação, nos ângulos, na filosofia, nos níveis de tensão, no tipo de final, nos níveis de comédia, suspense, misticismo e violência, nos sapatos, nas roupas, nos penteados e esse tipo de coisa.

Pense em tudo isso, porque, como qualquer Bodhisattva vai confirmar, depende inteiramente de você o tipo de realidade em que vai habitar. Como um indivíduo, você cria sua realidade de acordo com as crenças que escolhe adotar e seguir. Quando puder visualizá-la com força suficiente, ela se manifestará. Esse é o princípio básico de qualquer religião, sistema oculto e caminho espiritual desde o início dos tempos. Com o tempo, o mundo que o cerca vai refletir a visão que você adota em Dolby, com total "sensaround" e todos os artifícios.

Isso inclui até mesmo se o mundo está em paz ou em guerra. A terrível destruição que testemunhamos nos últimos tempos é a manifestação da pior visão de Hollywood. Então, que tal uma visão de toda a raça humana finalmente transcendendo o ciclo de violência e retribuição, evoluindo e ultrapassando essa necessidade infantil de sempre estar e, mais importante, sempre parecer estar certo?

Sim, sei que Bertrand Russell garantiu que nunca atingiríamos tal estágio, mas talvez ele tenha sido só um velho negativista cujo pensamento era produto de um tempo negativo. Assim, vamos superar todas as limitações de nossa imaginação coletiva agora e visualizar um mundo onde todos, de todas as culturas, nações e crenças, tenham ultrapassado o estágio da fúria selvagem. Talvez isso exija que todas as pessoas aprendam *t'ai chi* ou outra arte marcial não-agressiva desde a infância e para sempre. Talvez tenhamos de aspergir MDMA superconcentrado sobre toda a humanidade para que as pessoas se abracem e voltem para suas casas para se acalmarem (a versão hippie da guerra química). Mas, talvez, apenas talvez, se muitos de nós pudermos sustentar uma visão regular e estável de uma raça que não seja governada pela constante necessidade de ser considerada certa, uma raça mais preocupada com a bondade do que com a violência e a ganância, uma raça capaz de negociar e discutir e, acima de tudo, madura o bastante para concordar em discordar daqueles que têm opiniões diferentes, talvez essa visão se materialize aqui no planeta a tempo de impedir que a atual onda de escuridão distorcida que domina a todos ponha um fim prematuro em nosso destino coletivo.

Este é um planeta fascinante. Nossa existência aqui é um milagre. Desperdiçar tudo isso e arruinar vidas alheias em nome de uma mera ideologia representa o mais estúpido movimento que a raça humana já fez desde que aceitou viver em religiões. Vamos deixar o passado e reverenciá-lo pelo local que ocupa agora: no passado. Vamos desistir dessa absurda reverência por palavras de homens que estão mortos há muito tempo, por mais que tenham sido inspiradas há 800 ou 2 mil anos. Desde então, muita água já passou por baixo da ponte. Vamos superar o passado e recomeçar com uma nova história de vida baseada em idéias que criamos por nós mesmos. E que essas idéias incluam a tolerância, a sabedoria, a bondade e a consciência global.

Por favor, me passe a pipoca.

Poder da mente e afirmações

Olhando pelo ângulo positivo

Pensamento neutro é algo que não existe. Em qualquer momento, neste, por exemplo, você tem a escolha — e o direito de exercê-la — entre responder de maneira negativa ou positiva a qualquer novo influxo ou informação, em qualquer formato que ela possa surgir (este livro, por exemplo).

Na infância, internalizamos tanto os aspectos negativos quanto os positivos de nossas impressões recebidas dos pais, pares e professores; em outras palavras, criamos personagens (imaginários) baseados nelas com quem povoamos o mundo interior de nossa psique. Sem perceber, tendemos a nos enganar acreditando que nossos pensamentos estão sob seu comando. Isso funciona a nosso favor quando as qualidades internalizadas são positivas, e em nosso detrimento quando essas qualidades são negativas. Poucas pessoas têm ou tiveram uma infância "perfeita", e assim, se não tomarmos cuidado, nossa mente geralmente adquire a tendência de reagir negativamente quando colocada diante de uma nova informação. De fato, se você está respondendo de maneira negativa há anos, dizer a si mesmo de repente que deve pensar de maneira positiva vai parecer um truque cujo objetivo é treiná-lo para responder positivamente a tudo que a vida oferecer.

E é realmente um truque. Uma peça que você prega em si mesmo, e para seu sucesso é necessário o exercício da autoconfiança: se eu acredito que é assim, é assim.

Esse truque tem sido usado com grande eficiência há muito tempo. É ensinado como conhecimento fundamental para a autopreservação em todos os caminhos espirituais, do budismo à filosofia da Nova Era, passando pelo cristianismo. Jesus usou a força do pensamento positivo para curar, como quando disse: "Levanta-te e anda!", e o paciente, momentaneamente contaminado pela positividade do terapeuta, sentiu-se tão convencido por essa força que se levantou e andou (se você acredita nos sussurros chineses sobre como tudo isso aconteceu).

Você escolhe como sua mente responde à realidade, e a realidade, por sua vez, tende a responder da mesma forma que sua mente reage a ela — "Quando você sorri, o mundo todo sorri com você" etc.

Quando as "coisas" parecem estar contra você, e você se disciplina para focalizar os benefícios da situação, por mais tênues que sejam, sua disponibilidade para ser positivo não só o torna uma companhia mais agradável para si mesmo e para os outros, mas tende a fazer com que os eventos sejam mais favoráveis a você, também.

Obviamente, por maior que seja a disciplina, ninguém pode permanecer sempre no modo positivo, porque isso desafiaria as leis da física. Até Buda teve seus dias de mau humor. De acordo com o princípio fundamental de *yin* e *yang* — tudo que sobe deve descer —, não se pode conhecer a positividade sem conhecer seu oposto. A idéia é encontrar o equilíbrio entre os dois pólos e inclinar a balança pelo menos 51% para o lado positivo na maior parte do tempo. É mais fácil alcançar esse objetivo não se concentrando em eliminar o negativo — porque aquilo em que se concentra tende a expandir-se em influência —, mas aumentando o estímulo e o desenvolvimento do positivo. Então, o negativo vai diminuir naturalmente.

A maneira mais rápida de executar essa reprogramação é fornecendo comandos para si mesmo, procedimento também conhecido como "fazer afirmações", escrevendo cada comando seis vezes. (Sabe-se que são necessárias pelo menos seis repetições para que haja a total penetração do inconsciente.) Obviamente, isso também ajuda deixar essas afirmações rolando pela tela de seu computador ou fixá-las com um ímã na porta da geladeira, repeti-las mentalmente ou em voz alta enquanto está preso no trânsito e até gritá-las do topo de um edifício, se você achar que pode ser útil. O importante é inculcar pensamentos positivos em seu circuito, usando a repetição para superar com sua força os pensamentos negativos.

Você pode usar as palavras que quiser, desde que sejam positivas. A mente inconsciente reconhece apenas a parte positiva de qualquer comando. Se eu dissesse "Não seja feliz agora", sua mente só registraria "seja feliz agora".

Imagine que você tem prazos a cumprir. Está atendendo ao telefone, a outra linha está tocando, e os 80 e-mails que respondeu há pouco já foram respondidos de volta, sem contar os outros 69 enviados por outros remetentes. Se você usar um momento para escrever seis vezes "Relaxando minha mente e meu corpo, respirando e me mantendo focado em uma coisa de cada vez, sou capaz de realizar quantidade sobre-humana de tarefas com facilidade, sem esforço (até milagrosamente)", você vai se surpreender com a facilidade com que o trabalho será realizado.

Livros de auto-ajuda estão repletos de referências sobre o assunto, por isso não vou incomodá-lo com explicações mais detalhadas, exceto para dizer que a afirmação mais poderosa e direta consiste em dizer "sim".

Diga "sim" para a vida e tudo que ela colocar em seu caminho. Diga "sim" para otimizar sua experiência, quaisquer que sejam as circunstâncias.

Como um exercício, experimente fazer isso agora: quando eu perguntar: "Não se sente um pouco mais animado depois de ler isso?", você responde...

Pense positivo

É amplamente aceito que o pensamento positivo não é bom apenas para a saúde e o estado de espírito, mas também ajuda a atingir seus objetivos com maior facilidade. No entanto, sendo os seres carrancudos e destrutivos que somos, pensar positivo é um hábito que temos de ensinar a nós mesmos, e não há maneira melhor do que usar o que se tornou muito conhecido em qualquer "movimento de potencial humano" da Califórnia nos anos 70 como "fazer afirmações positivas".

A afirmação funciona de maneira similar ao efeito de escrever 100 linhas no castigo da escola: "Não vou falar mais durante a aula", por exemplo. A desvantagem nesse caso é que a mente inconsciente registra apenas a porção positiva de qualquer comando e registraria, no exemplo mencionado, apenas "vou falar mais durante a aula", o que serviria para assegurar um volume estável de tráfego no corredor da diretoria.

Fazer afirmações positivas significa que você deve formular o comando apenas como uma frase positiva. (Digo "comando" porque afirmações não são mais do que auto-sugestão — ou seja, fornecer à mente inconsciente um comando positivo.) Não importa como você formula o comando, desde que a parte crucial e ativa seja positiva.

Mas é inútil tentar se enganar. Se você sofre de depressão crônica, não há como fazer sua mente reagir de forma a cooperar com um sentimento do tipo "Agora me sinto feliz o tempo todo", por mais que você o repita. Não se trata de fazer uma lavagem cerebral. Trata-se de aceitar sua posição e lembrar que você tem a opção de mudá-la. Seria muito mais provável que sua mente aceitasse uma afirmação do tipo: "Por meio dessa depressão, aprendo a encarar meu lado sombrio. Encarando e aceitando meu lado sombrio, eu cresço, e em meu processo de crescimento encontro paz de espírito." Ou, colocando mais simplesmente: "Dessa escuridão virá muita luz."

Não é negação. Se você tem problemas de dinheiro — ou está falido, em outras palavras —, não vai enganar sua mente repetindo "Sou rico, sou rico". Em vez disso, afirme: "Não ter dinheiro me ensina que posso sobreviver com pouco. Saber disso me faz sentir mais confortável com toda essa questão da sobrevivência material. Quanto maior meu conforto no plano material, sou mais capaz de operar nele de forma eficiente." Isso faz sua mente enxergar o aspecto positivo em sua atual situação e abrir-se à possibilidade de uma melhoria nas circunstâncias.

Se, no entanto, você prefere uma visão mais mágica da vida, pode afirmar: "O dinheiro vem para mim agora em grandes quantias de todas as direções ao mesmo tempo." (A propósito, isso geralmente funciona, e eu só cobro dez por cento de comissão.)

Porém, mais importantes são as afirmações destinadas a produzir mudanças no modo como você responde à vida desenvolvendo suas qualidades positivas. Se você tentou a afirmação relativa ao dinheiro por três semanas e ainda não viu uma nota de 100 caindo em seu colo, talvez queira afirmar uma elevação nos níveis de paciência e confiança. Você pode repetir: "Sou capaz de exercitar infinita paciência e confiança na benevolência da vida", ou simplesmente: "Tenho infinita paciência e confiança quando decido utilizá-las."

A maneira mais eficiente de plantar essas afirmações na sua mente inconsciente e assim capacitá-la a superar o negativo é escrever cada uma delas pelo menos seis vezes (as seis repetições necessárias para promover a infiltração no circuito mental). Escrever as coisas é a forma mais simples de fixar a idéia. Mas isso não quer dizer que repetir afirmações em voz alta ou até cantá-las não seja eficiente.

O melhor momento para fazer suas afirmações é quando você estaria de outra forma desperdiçando tempo e energia sentado, preocupando-se ou ficando deprimido. Em vez disso, use seu tempo e sua energia para fazer um treinamento de positividade. Outros momentos úteis são quando você está sentado nos trens, ônibus, barcos ou aviões, ou enrolando, mandando e-mails tolos ou jogando no computador em vez de trabalhar. Procrastinando, para ser mais direto.

Geralmente, são necessárias cerca de três semanas de afirmações diárias antes que se comece a ver os resultados. Mas, deixando de lado a capacidade natural de demonstrar descobertas por acaso, quanto maior for aquilo que você está afirmando, mais tempo será necessário. Mas também é possível afirmar: "Quanto maior é aquilo que afirmo, mais depressa se manifesta para mim!"

Você pode, na verdade, alterar por completo e radicalmente toda a estrutura da realidade ao longo do tempo fazendo afirmações (portanto, tenha cuidado com o que afirma). Apesar daquele velho ditado "taoísta" escocês que diz que "O que é seu não passará por você, e o que passa por você não é seu", fazer afirmações só vai esclarecer o que você realmente deseja e, por meio do esclarecimento, acelerar o processo de algum modo.

Quero deixar uma sugestão de afirmação para a próxima semana: "Pelos rigores da vida moderna, escassez de petróleo, padrões imprevisíveis de clima e horários dos trens, percebo que a vida pode ser uma experiência magnífica, e estou entusiasmado!"

Direcionando o poder da mente

De acordo com uma recente descoberta científica feita pelo dr. John Gabrieli da Universidade de Stanford, na Califórnia, o cérebro de certas pessoas não parece ter capacidade física para responder ao estímulo de prazer, o que os torna incapazes de adotar uma atitude positiva (eles não podem fazer nada, em outras palavras, e devem, portanto, desistir de tentar). Considero tal conclusão derrotista, e gostaria de resgatar esses indivíduos com algumas de minhas idéias holísticas.

Acredito que quando você se disciplina a pensar de maneira positiva ou otimista, pode alterar a função cerebral de forma a iluminar os apropriados centros de "emoção" sempre que houver um pensamento positivo, por mais carrancudo que você seja por disposição constitucional natural.

Tanto na teoria quanto na prática, o poder da mente é de grande importância para a medicina holística. Os antigos taoístas desenvolveram as necessárias técnicas para aprimorar e controlar o poder da mente a serviço da cura de si mesmo e de outros. Eles descobriram que se alguém é capaz de colher sua consciência e agrupá-la numa esfera concentrada no centro do cérebro, consegue realizar mudanças profundas e radicais na estrutura física do próprio corpo. De fato, os primeiros tratamentos com acupuntura eram auto-administrados por antigos exploradores da psique numa série de chamados padrões de transe, compreendendo a inserção de 36 agulhas de ouro em vários locais em torno do crânio. De fato, esses padrões de transe agiriam como um inibidor da atividade cerebral, o lugar onde se desenvolve o diálogo interno que, de outra forma, obstruiria a clareza interior que é pré-requisito para a autocura. Desse ponto privilegiado no centro do cérebro, eles se descobriam capazes de comandar as próprias células de seu corpo.

Os taoístas também descobriram que o poder da mente é bastante ampliado quando controlado pelo processo respiratório. Quando mente e respiração estão unidas, ocorre a geração de uma forma de energia fisicamente carregada, o que os taoístas chamam de *chi* ou luz. Quando você envia um pensamento para sua mão direita, mas, ao mesmo tempo, expira imaginando que o ar viaja por seu braço até sua palma, por exemplo, está "enviando" *chi* ou luz para sua mão. Isso pode ser aplicado a qualquer parte do corpo de sua escolha. Mandar *chi* é a origem de todas as práticas de cura orientais, incluindo a acupuntura, o *shiatsu* (acupressão) e o *chi-gung*. Até a fitoterapia busca abrir caminhos para que o *chi* flua.

Quando você envia *chi* para uma parte específica de seu próprio corpo, transformações físicas semimilagrosas podem acontecer (testemunhei muitas delas ao longo de minha prática). Então, quando se trata de rearranjar a estrutura dos centros emocionais de seu cérebro, é certamente possível (de acordo com aqueles taoístas) obter sucesso — se você estiver disposto a dedicar uma pequena parte de seu tempo todos os dias para se concentrar nisso.

Como a mente inconsciente tende a resvalar para o modo negativo, a menos que seja instruída em contrário, também é crucial inserir comandos positivos ao fluxo do *chi*, já que isso aprimora o poder mental. Você pode desejar comandar sentimentos como "Agora estou reestruturando minhas células cerebrais num nível atômico para poder responder mais prontamente ao estímulo positivo". Ou você pode simplesmente dizer alguma coisa como: "Cure-se, seu tonto!" Tudo depende do relacionamento que você mantém consigo mesmo.

De fato, toda a arte do pensamento positivo, especialmente com relação à autocura, depende inteiramente de se formar um relacionamento respeitoso, afetivo e amoroso com sua mente e seu corpo. Com isso em mente, pense em uma parte de seu corpo que necessite de atenção — qualquer uma serve — e, com a consciência reunida no centro de seu cérebro, expire e sinta o ar viajar do centro do cérebro até a parte escolhida, levando com ele o comando para a cura.

Adotar a abordagem holística requer que você escolha entre ver-se como uma vítima das circunstâncias ou como co-criador pró-ativo de sua própria realidade. Como vítima, você diria "Foi assim que eu nasci. A composição de meu cérebro é tal que sou uma pessoa naturalmente negativa, pessimista". Como co-criador pró-ativo você diria: "Tudo que ocorre com meu corpo está sob comando direto de parte de minha mente, mesmo que aparentemente inacessível, e é, portanto, suscetível de sugestão."

Todos já devem ter compreendido que, quando você se treina para enfrentar o mundo com uma atitude positiva, o mundo o trata de um jeito muito mais magnânimo, e naqueles momentos em que isso não acontece, você lida com as circunstâncias de maneira melhor.

De maneira contrária, quando você enfrenta o mundo com uma atitude negativa, obtém um resultado negativo. Por isso é tão importante que, antes mesmo de começar a pensar em sair para ir ao encontro do mundo todas as manhãs, você passe pelo menos o tempo mínimo necessário para reajustar sua atitude para o modo positivo.

Diga à sua mente: "Hoje é meu dia e pretendo aproveitá-lo quaisquer que sejam as condições externas!" (Esse é o espírito.)

Aprendendo seu real valor

Sempre tenho esse pensamento maluco. Se alguém inclinado a tais atitudes erguesse um elefante acima da própria cabeça e lhe oferecesse 5 milhões para permitir que o atirasse em você, você aceitaria? Cinco milhões?
Cinqüenta bilhões? É claro que não. (Eu disse que a idéia era maluca.) Mas com que efetividade (embora seja simplista) ela serve como um indicador de seu verdadeiro senso de autovalor? Afinal, 50 bilhões representam uma quantia grandiosa para se recusar.
Você deve estar se perguntando aonde quero chegar com isso. Bem, tenho a impressão de que a ausência de autovalor está na raiz de todos os males. Não é o dinheiro, nem mesmo a ganância por ele; esse é apenas um efeito.
Porque, certamente, e estou pedindo que mergulhe fundo comigo nisso, se você tem fundamental consciência de que seu valor é maior do que os 50 bilhões (de dólares, euros ou qualquer outra moeda), você se trata de maneira diferente. Ou, para ser mais preciso, quando tem noção de seu real valor, você se trata, e trata aos outros, por extensão, de maneira diferente. Isso vai fazer com que os outros, a vida, em outras palavras, também o tratem de forma diferente.
Se você acredita que cria a realidade que experimenta com as idéias que segue e que a maneira como experimenta a realidade (internamente) afeta de forma direta o jeito como outros o experimentam, segue-se que, quando você conhece seu valor, outros também o considerarão digno de valor. Uma pessoa vista como valorosa ou virtuosa

(como descreviam os antigos taoístas) tem uma vida mais satisfatória de que seus opostos.

De acordo com os taoístas, quando você realmente acredita que vale mais que os 50 bilhões, a riqueza virá até você com facilidade e por si mesma. Não só a riqueza, mas respeito, status, renome, amor e todos os outros bens contidos na bolsa da vida temporal. Isso se dá porque, quando você conhece seu valor, seu ego é completo. Não há nada em você buscando validação. Nenhum gancho publicitário conseguirá fisgar sua carteira. Você é completo como é. Não precisa mais seguir as palavras de outras pessoas (promessas de plenitude) para se sentir inteiro. Seu ego, aquele sentimento de "eu" que deseja alimentação constante, está curado e, portanto, transcendido. A fome interna cessa.

E porque agora você está tão vazio e tranqüilo, até os deuses e espíritos se aproximam, sem mencionar os meros mortais (se algum purista por aí me perdoar por estar parafraseando tão cruamente Chuang Tzu). E com eles virão todas as oportunidades necessárias para seu crescimento saudável e sua total realização.

Não haverá mais necessidade de ambição ou ganância, uma manifestação em si mesma de medo de não ser capaz de obter aquilo de que necessita (caso não mereça). Não haverá mais a necessidade da fúria na estrada, no escritório ou na cama, porque você não vai mais tomar como pessoal a inadvertida falta de consideração das outras pessoas.

Com seu ego completo, não vai mais precisar buscar aprovação, validação ou aceitação, seja na esfera profissional, social ou pessoal. Imagine como seus relacionamentos serão diferentes.

Mas esse estado glorioso acabaria por levar inevitavelmente à complacência e ao ócio, porque, sem a fome interna para gerar o ímpeto de provar-se digno aos olhos do mundo, você estaria totalmente desprovido de motivação, certo?

Errado. Por causa de todos aqueles deuses e espíritos atraídos por seu ambiente interno espaçoso e tranqüilo, você será inundado por impulsos criativos apropriados a seu campo de atuação, impulsos que estarão clamando por liberdade e o levarão a realizar (ou enlouquecer). Assim, não há com que se preocupar nesse sentido.

Até aqui tudo bem, desde que você tenha sido abençoado com pais, irmãos e professores sábios e amorosos que o tenham coberto com os cuidados adequados e necessários. Tudo bem para aquela pequena minoria de seres naturalmente perfeitos em nossa cultura. (E é uma minoria tão pequena que nunca conheci nem ouvi falar de uma dessas criaturas.)

Mas, e quanto à vasta maioria, nós, com todas as nossas idiossincrasias? Como podemos começar o processo de reparação do ego e, assim, aumentar nosso senso de autovalor o suficiente para atingirmos a casa dos 50 bilhões?

Para começar, experimente isso: imagine que no fundo de seu peito há um pequeno ser (Polegarzinha, por exemplo), uma criaturinha perfeita — como você seria, se tivesse sido beneficiado por cuidados perfeitos na infância —, você sem defeitos. Enquanto respira com suavidade, imagine esse ser crescendo. Veja-o se expandir além dos limites de seu corpo, ficar maior do que a sala, o prédio, a cidade, o país, o continente, o planeta, o sistema solar e todo o resto, até que o Universo inteiro caiba na barriga de seu ser. Agora, nesse estado sutil de consciência expandida, sugira a você mesmo sentimentos como "Eu contenho todo o Universo — todo ele é meu — porque sou valioso o bastante para isso". Depois imagine o ser diminuindo de tamanho até caber novamente em seu peito. Então, continue o que estava fazendo antes.

Bem, é um começo, e se a prática diária desse exercício não produzir resultados tangíveis num período de três semanas, mais ou menos, há sempre a opção do elefante. Francamente, eu me sentiria tentado a aceitar os 50 bilhões e sair correndo como um louco.

Lembrar-se de permanecer focado

Todas as manhãs eu vou para o jardim e passo duas horas num ritual de exercícios taoístas de aquecimento, praticando *t'ai chi*, *hsing i* e *pa ku*a (formas taoístas de boxe interno), e depois passo algum tempo em pé ou sentado, meditando.

Quando termino, sinto-me nítido como o tocar de um sino, ágil como uma bailarina e pronto para a ação. Então, volto para dentro de casa. Quando passo pela porta da cozinha, tropeço na vassoura e no escovão, derrubo o balde e espalho água com sabão pelo chão, e também molho minha camiseta quando abro a torneira em excesso para encher a chaleira com água para o café.

Agora, como alguém tão inteiramente centrado e preparado para viver mais um dia transforma-se de repente nesse idiota?

É fácil. Tudo que você precisa fazer é ficar inconsciente por um momento, em algum lugar durante a caminhada do jardim até a porta da cozinha. E nesse momento em que se esquece de permanecer centrado, sua mente se distrai e se deixa levar pelos pensamentos, você sai de seu corpo e entra em sua cabeça, e então, por mais centrado que tenha estado momentos antes, a sujeira é inevitável e você perde um tempo precioso limpando a cozinha, quando devia estar se arrumando para ir trabalhar.

Então, olho para mim mesmo como se assistisse a um palhaço no circo e rio, mas tudo isso me faz pensar em continuidade. Fico me perguntando como manter uma seqüência ininterrupta de consciência "centrada no agora", de forma que tudo que eu faça seja *t'ai chi*, mesmo que esteja lavando louça ou falando em um programa de televisão. Mas, basicamente, acompanho o processo em busca de dicas que eu possa transmitir, já que esse é meu trabalho. Estou sempre procurando por novos ângulos para explicar a antiga sabedoria de maneiras mais claras.

O que notei é que, quando lembro de lembrar que "escolhi manter essa seqüência de consciência ininterrupta durante o dia como um colar de finas pérolas", sou capaz de voltar para casa pela porta da cozinha sem nenhum incidente.

Se você se lembra de permanecer compenetrado, em outras palavras, compenetrado você está. Mas, assim que esquece e se solta, dias podem se passar até que volte a si mesmo, e isso depois de esparramar dezenas de pilhas de roupas para lavar em sua desastrada passagem.

É claro que ofereço esse exemplo de minha desastrosa volta à cozinha como uma metáfora, e tenho certeza de que você deve ter sua própria versão, uma história na qual vassouras e roupas sejam, por exemplo, pessoas que desapontou sem querer ou prazos que deixou de cumprir. Mas, além de lembrar de se lembrar, de que outra forma você pode ancorar a mente em seu corpo, de modo a não perder de vista aquele roteiro mais profundo enquanto segue cuidando de suas tarefas diárias?

A prática diária de qualquer disciplina psicofísica, como *t'ai chi*, ioga, pilates e assim por diante, com o tempo, proporciona um fluxo consistente e automático de consciência que perdura por todo o dia como um bom antiperspirante, e por isso é recomendada com fervor.

Mas, com ou sem essa prática, a fim de implementar o fator antiidiotice, é vital que você reduza a velocidade de sua respiração até atingir um ritmo tranqüilo e regule a extensão das inspirações e expirações.

Não há maneira mais eficiente de controlar seu ritmo mental. Quando o ritmo mental se acelera a ponto de ultrapassar tranqüilos 80 BPM, ele tende a levar a energia e o calor do corpo para a cabeça, estimulando ainda mais a atividade mental e diminuindo a consciência sinestésica (ou noção de corpo). Reduzindo o ritmo respiratório até que cada inalação dure aproximadamente cinco segundos e cada exalação se estenda pelo mesmo período, você vai fazer sua mente funcionar numa velocidade funcional que vai permitir maior consciência do corpo, o que o capacitará a deixar mais vassouras em pé.

Finalmente, vale a pena dedicar um momento de manhã e à noite para a aplicação de certa pressão no centro de cada calcanhar. Esse procedimento tem o efeito de atrair energia e calor para baixo, mas também leva a consciência ao calcanhar, onde você pode visualizar uma pequena abertura por onde se imaginará respirando.

Experimente e, enquanto respirar lentamente, diga a si mesmo: "Respirando assim, por meus calcanhares, eu reforço minha noção de grandeza e sou capaz de cuidar de minhas tarefas diárias sem ser um idiota desastrado como (digamos) o dr. Barefoot. (Mas se me descobrir sendo um idiota desastrado, eu me perdôo por isso.)"

Agora somos seis: evitando a autopiedade

Já notou como a questão do que significa ser um adulto ainda surge com regularidade com o passar dos anos? Uma coisa é certa: isso não tem nada a ver com idade. Tenho 49 anos e ainda me surpreendo entrando no debate como um menino de 6 anos, chocado por todos à mesa de jantar me tratarem com tanta cortesia, sendo eu apenas uma criança. Então me lembro de que, embora possam parecer o antigo diretor da minha escola ou as mães de meus coleguinhas, eles têm pelo menos cinco anos menos que eu.

Uma medida em que estou trabalhando é o fator de autopiedade, ou, mais precisamente, o restante fator de autopiedade. Resmungar para um amigo ou ente querido é uma terapia essencial de vez em quando e, desde que você encerre os resmungos e retome a posição emocionalmente ereta se sentindo fortalecido, sua qualidade de adulto não será diminuída.

Mas sempre que você resvala para o modo da autopiedade, sem ter consciência disso, perde-se no papel de uma criança chorona, por mais que justifique sua atitude ou tente cobri-la com outras vestimentas.

Sempre que você assume suas responsabilidades sem reclamar, tendo atingido um estágio de desenvolvimento pessoal em que já aprendeu o valor da vida e tudo que ela traz, está entrando no "estado de graça". Os taoístas chamam uma pessoa nesse estado de pessoa de verdadeira virtude, ou *te*. Os *te* (e não me refiro a Tetley) são os heróis do mundo.

A arte — e esta é a segunda medida — está em permanecer consciente enquanto transita de um estado a outro. Isso dá a você consistência, tanto em seu diálogo interno quanto em seu diálogo com outras pessoas. Não me refiro à consistência de comportamento, mas à consistência da presença do eu necessária para enfrentar o momento, seja ele qual for e na companhia de quem você esteja.

A autopiedade tende a surgir quando há um enfraquecimento do *chi* (energia) do baço. Da mesma forma que governa a eficiência com que você processa o alimento e sua habilidade de utilizá-lo em vantagem própria, fazendo você se sentir satisfeito quando repleto, o *chi* do baço também governa a eficiência com que seu intelecto processa a informação a fim de alcançar um estado de satisfação psico-emocional.

A autopiedade é insidiosa. Ela se disfarça como um vírus, ligando-se ao corpo hospedeiro, seus pensamentos, colorindo-os com negatividade, sem você sequer perceber, e antes que você saiba o que está acontecendo, já sucumbiu e caiu do estado de graça (mais uma vez).

O principal sinal é perceber que não está contente, embora nada de horrível tenha acontecido e as condições sejam basicamente as mesmas de uma hora antes, quando você se sentia contente. Assim, sempre que se surpreender resmungando ou reclamando, por exemplo, sobre como a vida é dura, como está cansado, quantas coisas tem para fazer e como nunca tem tempo para recarregar suas baterias, reconheça a indicação de que caiu da prancha, perdeu o chão; seu *chi* do baço, que é associado ao elemento "terra", está enfraquecido.

Além do mais, a consistência da consciência (a segunda medida) também é governada pelo *chi* de seu baço, que "abriga" seu eu intelectual e, portanto, suas faculdades discriminatórias.

(Por favor, perceba que, tradicionalmente, a medicina oriental diria que seu baço é responsável por essas funções, mas como isso certamente provocaria uma enxurrada de cartas de protesto enviadas por membros bem-intencionados da profissão médica, prefiro usar o termo "*chi* do baço", porque, como se pode argumentar contra alguma coisa chamada *chi*? Seria como brigar com um panda — ou meio panda, pelo menos.)

De maneira oposta, quando o *chi* do baço está forte, você está mais disposto energeticamente para carregar seu fardo sem reclamar e se manter consciente de si mesmo enquanto o pêndulo oscila entre os modos de autopiedade e heroísmo.

Não que simplesmente enfiar os dedos sob suas costelas na frente e à esquerda até produzir um agradável sentimento de pressão por 30 segundos, três vezes por dia, seja suficiente para, sozinho, curar a autopiedade e assim tornar-se uma pessoa de verdadeira virtude, mas vai servir para ajudar a criar as condições energéticas apropriadas nas quais conduzir sua mente por linhas mais heróicas.

Experimente agora, se quiser, e quando remover a pressão, sugira a sua mente inconsciente: "Nada grandioso jamais foi realizado com autopiedade. Agora escolho tomar meu lugar entre os adultos e carregar meu fardo com graça e elegância."

E agora, como estou cansado, a vida é dura, tenho muito que fazer e nenhum tempo para descansar e recarregar minhas baterias, acho que vou chupar o dedo por algum tempo.

A vida pode ser uma montanha-russa, então, divirta-se

Não sei sobre você, mas odeio esses brinquedos assustadores dos parques de diversão, onde giramos em rodas-gigantes, somos arremessados em curvas acentuadas e descidas íngremes que nos fazem pensar ter deixado o estômago lá em cima, e onde rezamos para que as pessoas pagas para cuidar da manutenção dos brinquedos estejam fazendo bem seu trabalho. Há anos jurei desistir desse tipo de passeio e guardar minha energia para atirar-me com mais vigor ao parque de diversões da vida.

Por isso me surpreendi quando, outro dia, me vi parado sob aquela imensa estátua de Jesus com os braços abertos no topo do Tididabo, a colina sobre Barcelona. Eu me havia afivelado de maneira inexplicável e voluntária a uma espécie de balanço suspenso por 20 metros de correntes em um daqueles carrosséis com eixos telescópicos que se alongam e encurtam com a aceleração da velocidade, causando tamanha intensificação da sensação de força centrífuga que você chega a temer pelo completo deslocamento do estômago da parte superior de seu corpo.

Para aumentar a sensação, quando o giro ganha altitude e velocidade, em três quartos da trajetória orbital você fica suspenso horizontalmente cerca de 500 metros acima de um precipício sobre a cidade lá embaixo, de forma que, se uma daquelas velhas e enferrujadas correntes se rompesse, eu seria lançado para o céu azul como uma belíssima bola de canhão humana e descalça, até finalmente aterrissar entre os artistas de rua e os veranistas na distante Ramblas lá embaixo.

Pode me chamar de idiota por estar exagerando tanto, mas sendo cético quanto aos padrões de manutenção local, e considerando que o tempo e o uso provocam um desgaste considerável no equipamento, agarrei-me às correntes, orei por salvação pedindo clemência à estátua sobre nós, fechei os olhos e fingi que não estava ali.

Enquanto isso, tentava convencer o carrossel a parar e, quando isso finalmente aconteceu, eu desci cambaleando da cadeira suspensa, surpreso por constatar que meu amigo Nico Rhamodda, membro fundador da trupe de trapezistas Flying Dudes, continuava sentado para mais uma volta. Quando o carrossel ganhou velocidade, ele abriu os braços como se imitasse a estátua de Jesus e, literalmente, voou sobre a cidade como uma ave destemida.

"Homem, você é mesmo corajoso", eu disse mais tarde, quando ele foi me encontrar no café. "Não, eu não sou. Apenas adoro aquela sensação", Nico respondeu. "A casa assombrada me aterroriza." Para mim, a casa assombrada era pura bobagem, mesmo com seus atores treinados e todos aqueles efeitos especiais assustadores.

O medo tem sempre uma face diferente, mas, como experimentei visceralmente no carrossel, no momento em que se teme pela própria vida, de acordo com a compreensão taoísta dos energéticos, a energia de seu rim se desloca, causando uma sensação de queda no interior do abdome. De maneira contrária, quando essa mesma energia é deslocada ou enfraquecida por alguma enfermidade, por estresse ou abuso de álcool, por exemplo, você teme de maneira consciente ou inconsciente por sua vida (o que, por sua vez, vai causar maior enfraquecimento da energia do rim).

Como a energia do rim é responsável por prover a base de seu sistema imunológico, da resistência dos ossos, do sistema reprodutor e do impulso de sobrevivência, entre outras coisas, é útil para a saúde e para o bem-estar geral fazer tudo que for possível para fortalecê-la a fim de excluir a possibilidade de futuro deslocamento, caso algum dia se encontre rezando em um parque de diversões ou tremendo num trem-fantasma, por exemplo, mas também para torná-lo menos tímido de modo geral.

Para o favorecimento desse propósito, comece pressionando seu polegar na área imediatamente atrás de cada osso interno do tornozelo, com pressão suficiente para provocar uma dor aguda, mas não desagradável, procurando os pontos mais sensíveis e rendendo-se à sensação por cerca de um minuto em cada pé. Isso estimula os pontos "origem" no meridiano do rim, que estimulam seus rins a buscar mais energia de seus "elementos de origem", a água ou a umidade do ar.

Em seguida, pressionando o centro do peito com as pontas dos dedos das duas mãos, massageie levemente e devagar descendo pela linha mediana até o alto de seu osso púbico, separando as mãos para que as pontas de seus dedos afaguem o ventre inferior. Depois os conduza de volta, subindo por cada lado do torso, por cima do peito, para se encontrarem mais uma vez no centro e começarem um novo ciclo. Repita esse processo 18 vezes, expirando enquanto desce os dedos e inspirando quando os conduz de volta ao alto. Esse procedimento é conhecido como "harmonizar fogo e água", uma técnica com inúmeras aplicações de autocura, variando da prevenção e cura da indigestão ao estímulo do impulso sexual, razão pela qual você, sem dúvida, o verá surgindo de tempos em tempos neste texto. No entanto, para sossegar seu estômago depois de umas voltas no carrossel, ou quando se sentir apenas indisposto, ele é insuperável.

E já que falamos sobre Nico Rhamodda e os Flying Dudes, talvez você aprecie encerrar a sessão (que deve ser repetida diariamente por três semanas para a obtenção de resultados duradouros) com um movimento *chi-gung* taoísta denominado "garça branca". Levante os dois braços para os lados e, com as palmas voltadas para baixo, balançando-os suavemente em movimentos leves como as asas de um enorme pássaro que tomou sedativos, enquanto sugere a si mesmo: "Estou seguro, estou seguro, estou seguro!"

Uma oportunidade para pensar em nada

Há um ar de tensão coletiva por aí, em parte devido ao retumbar do tumulto global. Além disso, sentimos os pratos tectônicos socioeconômicos movendo-se sob nossos pés, e isso, naturalmente, nos faz sentir inseguros. Em momentos como esse, todos precisamos de um lugar para pensar — um lugar para nos reagruparmos internamente — em algum ponto distante da multidão alucinante, longe de todo o barulho da mídia, onde podemos recuperar uma perspectiva equilibrada e assim retornarmos renovados, prontos para tudo que o Tao possa nos trazer... ou tirar.

Agora mesmo estou sentado no local onde venho para pensar. Não é o banheiro, mas um ponto denominado Daisy's Rock, que se debruça discretamente sobre um patamar de uma escarpada cova catalã que tem uma floresta de pinheiros sobre sua cabeça como um desalinhado penteado hippie, um refúgio de onde posso ver as ondas brancas do Mediterrâneo azul batendo contra as rochas.

Venho aqui sempre que posso. Não estou sendo imediatista, e não há realmente nada de imediato em chegar ao aeroporto Luton às cinco e meia da manhã para decolar num jato para Barcelona, um vôo que nunca foi dos mais fáceis, como fiz hoje de manhã. Mas, na verdade, dizer que vim aqui para pensar não corresponde inteiramente à realidade. Vim aqui para não pensar, mais precisamente, e esse é o conceito de que vou tratar hoje.

Imagine ser forçado a correr o tempo todo, até o fim de sua vida. Imagine suas pernas, a dor entre as coxas, a tensão nas articulações dos joelhos, as bolhas nos pés, sem mencionar a indigestão provocada pelo consumo de *kebabs* ou *nori* tarde da noite, bem como o desgaste geral de seu organismo.

Bem, isso é exatamente o que muitos de nós estamos fazendo com nossa mente: pensando, pensando, até nos tornamos mentalmente e, portanto, fisicamente exaustos. Até o mais preparado corredor precisa parar e descansar — não se pode correr uma maratona depois da outra sem entrar em colapso — pelo menos com um breve repouso entre elas (tome por exemplo os recentes e impressionantes feitos de *Sir* Ranulph Fiennes). O mesmo acontece com a mente. Como confirmará qualquer grande pensador, se você deseja produzir pensamentos realmente importantes, vai ter de, como Einstein, deixá-los vir até você com liberdade, por si mesmos — o que eles não podem fazer se sua mente está sempre cheia com os sons e as imagens do habitual falatório interno; não há espaço para que eles se instalem.

Assim, se você pretende ter um bom pensamento de verdade, a primeira coisa que deve fazer é parar de pensar.

Os taoístas chamam esse procedimento de domar sua mente tola ou conter o cavalo desembestado do intelecto, e a maneira como você o faz é levando toda a sua atenção para o centro exato de seu cérebro, como um pequeno Buda se recolhendo e sentando de pernas cruzadas dentro de seu crânio. Observe como pensamentos atravessam sua mente (na frente de seu ponto de consciência), normalmente da direita para a esquerda (mas não há uma regra fixa).

O truque é não seguir nenhum pensamento particular, por mais visualmente atraente que seja, mas simplesmente vê-los passar um a um como mais uma nuvem no céu de sua mente. Continue observando com paciência, e como sempre acontece no final, até mesmo no Reino Unido, todas as nuvens passarão e o deixarão ver porções imaculadas de céu azul se estendendo de forma majestosa diante de seus olhos. Para auxiliar o processo, mantenha sua respiração num ritmo lento, estável, tranqüilo.

Inicialmente, pratique sentando-se bem quieto e com os olhos fechados por três minutos ou mais pelo menos uma vez por dia, descansando assim as pernas de sua mente, e com o tempo você vai se descobrir capaz de fazer o mesmo com os olhos abertos enquanto cuida de suas tarefas, mesmo num dia muito estressante, quando sua energia mental e, por conseqüência, física estarão absolutamente fortalecidas e exacerbadas, tornando-o muito mais hábil para lidar com todas as coisas que a vida puser em seu caminho.

E, eu juro, tudo isso provém de não pensar um único pensamento.

Tudo de que você precisa é um bom mapa para navegar pelo caminho da vida

Notei recentemente um notável aumento de pessoas em minha órbita imediata profundamente envolvidas em conversas ruidosas consigo mesmas, totalmente esquecidas do mundo que as cerca, rosnando, resmungando e gritando com fantasmas. Almas perdidas, talvez, mas considere o contínuo diálogo interno que ocorre em sua mente num dado momento. Considere os momentos mais tensos desse diálogo, os pensamentos mais sombrios que você não compartilha com ninguém além de um bom terapeuta ou padre, e rapidamente compreenderá que a linha divisória entre objeto de cuidado da comunidade e pilar da sociedade é apenas um diáfano véu.

Então, o que separa lúcidos e insanos? Você pode apostar todas as fichas na orientação. Saber onde está — o que requer um bom mapa e extensas habilidades para sua leitura. Isso se aplica tanto à localização geográfica quanto à psico-emocional. Quando tenta encontrar o caminho ao percorrer uma cidade estranha, é muito útil saber onde ficam o norte, o sul, o leste e o oeste das coisas, de forma que assim você saiba como se colocar e, portanto, não tenha de passar pela angústia de ficar perdido em ruas desertas.

O mesmo se aplica a seu mundo interior. Se você deseja evitar perder-se num labirinto interno, precisa de um sólido mapa cosmológico, boas habilidades para a leitura desse mapa (visão) e um sentido de orientação apurado. Muitos crescem com fragmentos e trechos de mapas em quantidade suficiente para percorrerem as ruas de muitas cidades da alma, mas, freqüentemente, quando a paisagem interna muda de repente, como com terremotos, erupções vulcânicas ou ondas gigantes causados por, digamos, morte, separação, doença, redundância ou falência, descobrimos que o mapa é impreciso, ultrapassado e inadequado. Nesse ponto, sem ferramentas para traçar um novo mapa, as opções são enlouquecer, entrar num estado de transe no qual se fala alto com fantasmas, tomar antidepressivos, procurar uma psicoterapia, a religião ou o auto-entorpecimento por desordens compulsivas de comportamento, álcool, drogas, sexo ou consumismo.

Para impedir que você chegue a esse estado, e em alguma medida curá-lo, caso já o tenha atingido, é essencial obter um mapa que funcione, e isso se obtém por meio da meditação. Basicamente, meditar significa aquietar a mente pensante, de forma que, com clareza de consciência, você sinta, visceralmente, onde está e o que está fazendo. Não soa como algo muito grandioso, mas a prática diária o transforma novamente em uma peça única, inabalável em meio aos eventos externos, por mais que eles girem loucamente à sua volta. Existem milhares de escolas de meditação, e encontrar a mais adequada para você é uma questão de tentativa e erro ou destino.

Talvez a forma mais popular de meditação seja a MT, meditação transcendental, tornada famosa pela conexão Maharishi (o guru, não a grife de roupas) e Beatles. Ela envolve repetir internamente seu próprio som sagrado ou mantra, levando-o assim a uma iniciação ritual, por 20 minutos de manhã e à noite. Em estágios avançados, os praticantes são vistos levitando enquanto meditam.

No outro extremo, há a zen, na qual o máximo que você faz com sua mente é contar suas respirações até nove e recomeçar, *ad infinitum*, e ocasionalmente permitir que sua mente seja sacudida por *koans*, abstrações impossíveis como o famoso som do aplauso com uma só mão, mas, basicamente, o que se faz é permanecer sentado pensando em absolutamente nada, sendo atingido nas costas com uma vareta pelo *roshi*, ou mestre, sempre que ele suspeita que você está ficando sonolento.

Espere só mais algumas poucas páginas e prometo descrever muitas outras, mas, enquanto isso, experimente essa pérola do budismo taoísta. É rápido, simples e vai fazer você se sentir lapidado e afiado como um diamante.

Imagine, na caverna escura de seu crânio, um magnífico diamante, magicamente iluminado a partir do interior, girando lentamente no centro de sua mente pelos próximos seis minutos, mais ou menos.

Enquanto você faz isso, vou sair e conversar com os moinhos lá fora.

Você não precisa desnudar o ventre para mudar sua vida

Pode me chamar de espião de umbigos, mas vi muitos ventres por aí recentemente. Você também já os notou? Mulheres por todo o mundo estão orgulhosamente permitindo que o ar atinja suas porções medianas. E não são só aquelas com barriga tanquinho, mas de todos os tipos, incluindo as gestantes.

É reconfortante, e inspirador, perceber que o domínio dos fascistas do corpo pode estar chegando ao fim. Mulheres, algumas volumosas como uma pintura de Rubens, exibem orgulhosas sua parte mais vulnerável sem nenhum cuidado com os ideais convencionais do chamado corpo perfeito. Isso indica, a partir de uma perspectiva sociológica, maior aceitação de si mesmo e, em conseqüência, dos outros. De fato, em um campo de *t'ai chi* onde lecionei em Gales, uma participante, que por admissão própria não era nenhuma modelo, proporcionou uma demonstração tão espontânea, graciosa e desinibida de dança do ventre que me senti inspirado para escrever este texto. Isso sugere que nós no Ocidente estamos mudando lentamente nossa compreensão do relacionamento que temos com o corpo adotando linhas mais orientais.

De acordo com a sabedoria taoísta, seu ventre, e particularmente a porção inferior dele, é o centro não apenas de seu corpo, mas de seu universo físico. No *t'ai chi* e em outras artes marciais, você aprende a manobrar seu corpo a partir do ventre inferior para realizar movimentos que tenham graça e força. Se você mantiver constantemente algum grau de consciência logo abaixo do umbigo — esteja no trabalho, no repouso ou no lazer —, suas palavras soarão mais verdadeiras, você se sentirá mentalmente bem e fisicamente equilibrado, e seu impulso para obter sucesso no que quer que esteja fazendo será maior.

Como manter a consciência dessa maneira ajuda a ativar a energia do rim, que governa a sexualidade, você vai se sentir e vai estar mais sensual, também. No início parece estranho, até um pouco indecente manter-se consciente de seu ventre inferior, porque fomos treinados para nos concentrar na cabeça e no peito, mas, assim que começa a deslocar seu centro para essa região mais inferior do corpo, você percebe que essa é uma atitude natural.

Os taoístas a chamam de *tantien*, que significa, literalmente, o campo do paraíso — aquele ponto em seu corpo pelo qual o espiritual, ou Tao, encontra expressão dentro de você. Mantê-lo relaxado para que a energia flua é considerado fundamental para a saúde, a longevidade e o esclarecimento. Num nível prático, isso ajuda a reduzir o desconforto provocado por todos os tipos de problemas intestinais.

Para ajudar a manter sua mente nessa região, seis ou sete vezes por dia pressione com determinação um dedo cerca de quatro centímetros abaixo do umbigo até produzir uma dor agradável, mas aguda, que irradie por todo o ventre. Mantenha a pressão por um minuto, aproximadamente, respirando com naturalidade, e diga a si mesmo: "Pressionando aqui, eu libero a torrente de *chi* (energia) e me torno dez vezes mais forte, eficaz e absolutamente sensual imediatamente!" (ou palavras com o mesmo efeito).

Agora visualize um canal correndo do topo da coluna pelo alto da cabeça, descendo pela frente de seu corpo para formar uma alça. Inspire suavemente e visualize o ar viajando pelo cano posterior até o topo de sua cabeça. Quando expirar, sinta o ar descendo pela parte anterior do canal e acumulando-se com prazer considerável em torno da região *tantien*. Repita o processo nove vezes.

Pense em você mesmo se movendo a partir desse ponto, falando, fazendo amor, experimentando a vida de um modo geral a partir dele. Deixe o paraíso mover seu ventre. Faça aulas de dança do ventre ou *t'ai chi* para tornar o relacionamento mais sólido. Só tenho um alerta a fazer. Exponha essa área apenas quando estiver calor, ou pode correr o risco de contrair doenças. Muitas mulheres orientais usam lenços de seda em torno da cintura durante o inverno para garantir a retenção do calor. Portanto, devagar com os jeans de cintura baixa quando o frio se aproxima.

Para completar, prevejo uma retomada do visual Rubens em larga escala (desculpe o trocadilho). Você ouviu aqui primeiro.

Drogas não são a única maneira de manter a dor distante

Ali estava eu, me contorcendo na cama, com uma dor lancinante na gengiva, onde um dentista maluco havia realizado um péssimo trabalho de canal 20 anos antes, o que, aparentemente, resultava numa infecção. Na medida em que a noite progredia, a dor piorava, até que, aleluia, finalmente o dia amanheceu e o relógio marcou nove horas. Então me levantei e, cambaleando, fui procurar meu amigo Frederik, o dentista iluminado — você deve lembrar que mencionei o nome dele e o de Janice, a dinâmica dupla de dentistas, há cerca de um ano, e como é sempre agradável ir visitá-los —, e ele não me decepcionou.

O prazer intenso e indiscutível do anestésico entorpecendo minha boca foi indescritível, e a extração foi como ceder ao impulso de coçar uma urticária de proporções apocalípticas.

No entanto, o efeito de um anestésico se esgota com o passar do tempo e, como você sabe se já teve um dente extraído, a dor posterior à extração equivale a um desconforto constante e considerável que se estende por alguns dias — e, estando tão próxima do cérebro, acaba interferindo em tudo que fazemos e causando uma perspectiva distorcida das coisas.

Felizmente, toda essa situação me deu a oportunidade perfeita para testar algumas estratégias taoístas de controle da dor e divulgar aquelas que surtiram efeito, esperando assim ajudar as pessoas que escrevem para mim reclamando de alguma dor crônica.

Entre no centro da dor, usando todo o seu foco intelectual, e se puder permaneça lá por tempo suficiente para fazer a dor desaparecer por completo pelo tempo que conseguir manter o foco.

Empurre a dor para um lado da mente, por assim dizer, o que vai permitir que você continue cuidando de suas tarefas diárias. Ainda haverá a consciência da dor, mas você será mais forte do que é agora.

Diminua a dor respirando, levando ar até ela como uma mulher em trabalho de parto respira para suportar as contrações.

Imagine a dor como um amigo (terrível como, digamos, Átila, o Huno), que veio para ensinar algo importante, talvez lembrá-lo de sua mortalidade e ajudá-lo a ver sua vida a partir de uma perspectiva mais clara. Aceite-a sem autopiedade, usando-a como uma oportunidade para fortalecer sua alma.

Resista ao impulso de ceder ao pânico, porque ele suga a energia do rim, o que enfraquece sua força de vontade e a resposta imunológica. Em vez disso, continue respirando tão suave, lenta e propositalmente quanto for possível.

Resista ao impulso de choramingar, porque isso altera sua respiração, sua energia e estado mental, dissipando assim o foco da mente. Em vez disso, gema, mas faça do som algo musical, começando com uma nota alta e descendo o máximo que puder. Isso ajuda a relaxar, ao passo que o som infeliz do choramingo o faz sentir-se miserável, enfraquecendo-o.

Relaxe todas as partes do corpo que puder relaxar. O ideal é que você relaxe até mesmo a parte onde está sentindo dor. Procure pela tensão localizada em áreas não afetadas pela dor. Se a dor estiver no abdome, digamos, certifique-se de que seus ombros e a nuca não estão ficando tensos em solidariedade. Quanto mais relaxado você estiver, mais o sangue e a energia poderão fluir, e é isso que o acalma e cura.

Massageie regularmente seus rins (na parte macia na porção inferior de suas costas) com os punhos em movimentos circulares, 18 vezes em cada direção. Isso ajuda a fortalecer sua energia renal, que ajuda a elevar os níveis da resposta imunológica e da força de vontade (e você precisa de baldes desses dois itens para superar a dor).

Friccione as palmas das mãos para produzir calor e coloque-as na parte afetada, visualizando o calor penetrando e dissipando a dor.

Não chame a sensação de dor. Chame de sensação.

Se precisar tomar analgésicos para relaxar, saiba que seu alto nível de toxicidade enfraquece a energia renal, reduzindo assim a resposta imunológica e drenando sua força de vontade.

As técnicas aqui descritas não pretendem de maneira nenhuma servir de antídoto loquaz ao horrível sofrimento suportado por milhões, mas, se apenas uma pessoa encontrar alívio momentâneo, eu sentirei que meu antigo dente deixou sua contribuição para o mundo.

Sua consciência desusada sabe o que você está pensando

Vivi uma experiência maravilhosa outra noite, quando conduzi um workshop na Faculdade de Estudos Psíquicos, um imponente estabelecimento em South Kensington, fundada em 1874 e da qual *Sir* Arthur Conan Doyle já foi presidente. Suas sólidas e antigas raízes vitorianas não a tornaram arrogante ou antiquada. Pelo contrário, seria difícil encontrar pessoas mais descontraídas ou atuais.

Eu ensinava a abordagem taoísta para o desenvolvimento do poder psíquico, que ao longo dos anos conduziu-me a todo tipo de premonições interessantes. Para os antigos taoístas, para quem a autocompreensão ou esclarecimento era o impulso central, desenvolver a habilidade psíquica nunca foi um fim em si mesmo, mas um conveniente subproduto da meditação regular. Tal aquisição ajuda a tomar decisões ou auxiliar outras pessoas nesse processo, pode ser um truque interessante para festas e até proporcionar uma fonte de rendimento.

A abordagem é simples: a psique, alma ou inconsciente conhece tudo que foi, é e será. Essa infinita extensão de informação é então filtrada pela mente consciente ou local de modo que você possa seguir com sua agenda diária sem sobrecarga. Desenvolver maior consciência psíquica é só uma questão de ampliar o filtro, enquanto se distancia o suficiente do falatório interno para estar atento ao que é apresentado.

Esse infinito campo de conhecimento pode ser acessado "fisicamente" na parte posterior de seu cérebro, ao passo que o diálogo interno (se devo usar uma camisa diferente, se esse ou aquele indivíduo gosta de mim, se estou com fome etc.) ocorre na parte anterior do cérebro. Assim, a primeira coisa a fazer é mudar-se, digamos, para a parte posterior de sua cabeça.

Você sabe que chegou lá quando a parte posterior do crânio começa a formigar. Para ajudar nesse processo, pressione o polegar na depressão sob a base de seu cérebro, onde a coluna encontra a caixa craniana, com pressão leve, porém determinada, por 30 segundos.

Para paralisar a atividade na parte frontal do cérebro, pressione um dedo em um ponto ligeiramente acima da linha das sobrancelhas, no centro preciso acima de seu nariz.

Para conferir energia à parte posterior de seu cérebro e incentivá-lo a liberar informação livremente, comprima seu períneo, o músculo entre suas pernas, puxando-o para cima a partir de dentro, e mantenha a compressão até sentir uma sensação de tremor subindo por sua coluna para a parte posterior do crânio. Você pode reforçar tal sensação empurrando simultaneamente a língua contra o céu da boca e girando os olhos ligeiramente para cima como se olhasse através do topo de sua cabeça.

Por fim, faça uma postura de fisiculturista, dobrando o braço e pressionando com firmeza aquela depressão onde o deltóide (o músculo sobre seu ombro) encontra o bíceps para produzir uma dor aguda, porém agradável. Descobriu-se que isso aumenta a consciência física em pelo menos 30 por cento se praticado três vezes por dia.

Depois de realizar esse procedimento, os 120 participantes distribuíram-se em duplas, com um indivíduo de cada dupla colocando as mãos na cabeça do parceiro, uma na parte posterior, outra na anterior (sentado ou de pé ao lado dele), e os dois esperaram com as mentes vazias até que uma imagem, cor, cheiro ou palavra tomasse forma.

Mais da metade das duplas reportou sucesso. Por exemplo, um homem viu crianças formando palavras com blocos, muitas delas soletradas de maneira errada. Soubemos então que seu parceiro era professor de crianças portadoras de necessidades especiais, e sua especialidade era a dislexia.

Depois de um mês repetindo essa prática, você ficará tão impressionado com a expansão que ela vai provocar em sua consciência diária e na visão aprofundada do que faz você e outras pessoas se mobilizarem, que sairá correndo para ir alugar uma barraquinha na praia.

Enquanto isso, vou enviar uma mensagem telepática agora mesmo, e você vai ter de me dizer que mensagem é essa. Respostas por e-mail, por favor.

Aprenda a suprimir aquelas urgências primais

Hoje não tenho nada a dizer.

A tentação de deixar o restante da página em branco é muito forte, embora eu saiba que não conseguiria escapar ileso dessa decisão. O material me seria devolvido com palavras gigantescas escritas em vermelho sobre a página vazia. "Escreva um artigo, seu preguiçoso!" E seria justo, uma vez que sou pago para dizer alguma coisa. Mas esse é um motivo justo para que eu escreva palavras vazias de substância? É claro que não. Então, cavei um pouco mais fundo e o que encontrei foi uma camada de resistência, sob a qual existe uma verdadeira enxurrada de conversação esperando para vir à tona numa explosão ruidosa, uma camada espessa de paixões inarticuladas, medos e urgências primais. E quando as vislumbro, reconheço uma compulsão quase incontrolável de comunicar-me com você nesse nível, falar para essa sua parte que, sob sua camada de resistência, clama por ser comunicada.

Normalmente, surge em minha mente um conselho claro e direto, um estratagema para abrir uma conversa e dela passar a uma racionalização neotaoísta, alguma coisa para remover qualquer resquício de depressão dominical que ainda possa incomodá-lo, bem como um ou outro remédio testado e aprovado. Mas não hoje. Hoje nenhum conselho serviria, nenhuma racionalização simples seria suficiente, e nenhum remédio instantâneo de auto-ajuda seria apropriado como antídoto. Porque, para começar, não há nada a ser tratado por um antídoto.

A sopa existencial que ferve nos recessos mais profundos de sua mente não é uma enfermidade, embora suprimi-la ou manejá-la de maneira faltosa possa levar a todos os tipos de doenças, tanto físicas quanto mentais. Pelo contrário, esse pântano primitivo dentro de você é a fonte de toda a sua criatividade, de seu poder gerador e da motivação para alcançar o sucesso na vida.

A questão é como direcionar seu poder sem lançá-lo num caleidoscópio em espiral. Como você canaliza os profundos termos de obliteração, seja por terrorismo ou doença; os dolorosos anseios de amor, romântico ou não; a necessidade de respeito no trabalho ou em casa; o desejo de satisfação em sua carreira e na vida em geral, bem como outros anseios primitivos clamando por reconhecimento em sua alma, como você canaliza tudo isso para uma configuração suficientemente organizada com a qual seja possível lidar?

Agora você me pegou. E por isso eu disse que não tinha nada a dizer. Porque nesse momento, o mais eloqüente e astuto professor de auto-ajuda desse país e um dos mais conhecidos terapeutas alternativos não tem a resposta. Não que eu esteja me deixando consumir pela angústia existencial. Longe disso. Como disse, minha camada de resistência proporciona um escudo bem formado, o que me permite seguir em frente como se nada estivesse acontecendo — como acontece com a maioria das pessoas que seguem cuidando de sua vida atribulada. E, é claro, é tentador dizer que, sempre que você perceber os gritos do pântano ameaçando devorar sua mente em detrimento de sua habilidade de seguir adiante de maneira efetiva, isso indica uma deficiência de energia do coração, o que pode ser reparado pela ingestão abundante de rabanetes, pelo uso oral de tintura de grãos de espinheiro e pela pressão firme exercida na parte interna de seu pulso em linha com a base de seu dedo mínimo, um ponto meridiano conhecido como a "porta do espírito" — e isso não seria mentira. Pelo contrário, são informações muito úteis.

Mas não é isso que estou fazendo aqui. Não quero nem sugerir que você faça alguma coisa para mudar essa situação. Estamos sempre tentando mudar as coisas só porque elas parecem desconfortáveis por um momento. Estou mais interessado, e tenho certeza de que você também, em como conviver com o borbulhante pântano existencial interno com todos os seus piores medos primais, anseios e buscas; como conviver com isso sem prender o fôlego ou ficar tenso, e assim sorver seus sucos, por assim dizer, de forma a se sentir renovado e remotivado por seu poder primitivo, de forma que você possa sair por aí e doar alguma coisa (generosamente) para a semana que começa.

Mas, além de sugerir que você respire, relaxe e deixe acontecer sem tentar tecer comentários, não sei o que acrescentar. Como disse antes, hoje não tenho nada a dizer.

Decida

Escolhas, escolhas, vozes, vozes.

Essa não parece ser a substância de sua realidade atualmente, decisões que você tem sempre de tomar, como se deve ir para lá ou para cá, uma voz dizendo uma coisa, outra voz dizendo o contrário. Olhe sob a superfície de seu diálogo interno e vai ver que a cada nanossegundo está escolhendo alguma coisa de maneira inconsciente — relaxar o músculo da mão ou deixá-lo tenso, olhar para a direita ou para a esquerda, prender o fôlego ou expirar e assim por diante numa escalada até as decisões aparentemente grandiosas envolvendo relacionamentos, carreira, estilo de vida e questões éticas. Quanto maior a decisão, mais consciente ela se torna, é claro, mas o mesmo mecanismo permeia todas elas, desde a escolha inconsciente de relaxar ou enrijecer um músculo até a decisão de dizer a seu parceiro, chefe ou outra pessoa para mergulhar no lago (ou não).

A habilidade de tomar decisões, além de ter um intelecto desenvolvido pela educação e pela experiência e todos os outros aspectos sutis de uma psique bem sintonizada, é sustentada, segundo aqueles antigos doutores taoístas, pela energia de sua vesícula biliar. Quando sua vesícula biliar, aquele recipiente de detergente natural que se localiza sobre o fígado e sob as costelas do lado direito, está funcionando corretamente, escolher isso ou aquilo se torna uma tarefa simples, como se seus pensamentos tivessem asas que os conduzem na direção certa sem nenhum esforço, e você enxerga a paisagem claramente, as vozes dentro de você cantam em harmonia e as escolhas são realizadas sem esforço. Quando sua vesícula biliar superaquece, no entanto, devido ao mau uso ou abuso de comida, bebida ou outras substâncias, você se torna confuso, irritado, enganado e com medo, incapaz, portanto, de compreender qualquer dilema que surja.

Em vez de tentar chegar a qualquer conclusão nesse ponto, é mais sensato desviar-se mentalmente do assunto em questão e focar seus pensamentos em ordenar que o ar quente em sua cabeça diminua.

Ar quente é uma descrição bastante precisa, porque, quando sua vesícula biliar superaquece por ter de trabalhar demais em suas funções digestivas, esse calor surge como uma energia perturbadora e sobe pelo meridiano da vesícula biliar (canal da energia), que corre bilateralmente por seus ombros, pela nuca, pela base do crânio, por cima do cérebro e para sua testa, onde todo o falatório acontece, aquecendo as coisas por ali de forma que você não consegue mais pensar com clareza.

A maneira pela qual você faz esse calor descer novamente é enviando sinais manuais para o meridiano pela pressão delicada de uma série de pontos de acupressão. Comece em sua testa em pontos diretamente alinhados com cada pupila um centímetro acima das sobrancelhas e mantenha a pressão por um momento. Agora pressione da mesma maneira a base do crânio, onde os músculos que sustentam a coluna encontram a caixa craniana. Em seguida pressione, um lado de cada vez, os limites de seus ombros, aqueles pontos de tensão conhecidos como bolas de golfe cármicas. Agora, descendo pelo meridiano para afastar o calor das partes mais altas, pressione a depressão formada entre o osso dos dedinhos dos pés e os dedos vizinhos na base do osso do pé. Por fim, coloque a palma da mão sobre a parte superior de seu abdome, um pouco à direita, imaginando uma névoa azul e fria permeando seu interior, e dirija-se respeitosamente à sua vesícula biliar dizendo: "Esfrie, preguiçosa!".

O efeito deve ser notado mais ou menos uma hora mais tarde, e então você será capaz de retornar a seu dilema com clareza e gosto renovados e, sem dúvida, decidirá que caminho seguir sem nenhuma dificuldade.

Obviamente, é sempre útil manter sua vesícula biliar numa temperatura estável; controle os alimentos gordurosos e o consumo de álcool e drogas. Normalmente, beber um copo de água morna com o suco de meio limão, de manhã e à noite, é todo o tônico de que sua vesícula biliar necessita, e como não consigo mesmo decidir como concluir este artigo, acho que vou beber um copo agora mesmo. Por outro lado...

Se você está cultivando sua confiança, certifique-se de raspar a cabeça

Fui chamado à sala de meu chefe porque alguns de meus maiores fãs manifestaram preocupação por eu ter perdido meu entusiasmo algum tempo atrás, e ele queria ter certeza de que eu ainda dispunha de fogo interno para retomar a fervura. O fato é que existiram algumas semanas nas quais, por mais que eu me esforçasse, simplesmente não conseguia fazer a mágica fluir de meus dedos.

Pode pôr a culpa disso na guerra, que certamente abalou minha confiança; isso sempre acontece quando vejo pessoas se desrespeitando e se agredindo por qualquer motivo. Você também pode atribuir a culpa disso ao fato de eu estar escrevendo um livro enquanto, ao mesmo tempo, chegava ao fim de uma tarefa de 18 meses compondo um álbum e não conseguia mudar para o modo redação de coluna com suficiente rapidez e destreza. Culpe o interminável fluxo de cartas de reclamações que recebo e que, de maneira surpreendente, finalmente começaram a pesar sobre mim, deixando-me inseguro. Você também pode culpar a dolorosa experiência de chegar ao fim de um relacionamento de quatro anos, como acontecia naquele momento. Você pode dizer apenas que isso se deve ao ciclo normal e natural da vida, *yin* e *yang*, luz e sombra. E, sem dúvida, foi uma combinação de todas as coisas e muitos outros fatores além desses.

Mas subjacente estava (e certamente sempre está) a luta comigo mesmo para ser autêntico, aqui e agora, no momento. É muito bom ser capaz de construir frases inteligentes, formular uma ou outra piada para fazer o leitor rir e distraí-lo, e ainda equipá-lo com técnicas antigas e de fácil aplicação para o autodesenvolvimento e o alívio da dor, mas se utilizo tudo isso como uma forma de esconder-me, a transmissão só acontecerá num nível superficial.

Assim, expliquei tudo isso ao chefe e sua resposta foi: "Seja mais confiante, Barefoot!"

Adoro quando alguém desfere um golpe certeiro, como diria meu parceiro Mad J. Riley, e esmaga toda a carapaça que encobre meu cérebro anterior.

Sendo mais confiante quanto ao que você é, você acrescenta maior autenticidade à mistura.

Mas como manifestar mais confiança instantaneamente? Ao final de um processo sempre doloroso, eu diria que você começa notando que áreas do eu carecem de confiança, ou que áreas, utilizando um discurso mais terapêutico, foram cindidas ou negadas por algum sentimento de vergonha. O próximo passo parece ser uma suavidade maior com essas partes, uma aceitação e um perdão que dissolvem a vergonha, uma aceitação maior daquelas porções feias e uma disponibilidade para seguir em frente, talvez não tão belo quanto você imaginava ser até aqui, mas certamente mais completo e, por conseqüência, mais natural e, por conseqüência, mais bonito. Para essa parte da ação, eu me senti compelido a raspar a cabeça dois dias antes de subir num palco num festival de *jazz* em Banyluls-sur-Mer, onde era anunciado, não por mim, como "Dr. Barefoot, terapeuta sensual e famoso, Londres", mas parecia Nosferatu, o Drácula careca, e com um rosto cujo bronzeado era incongruente, muito *yin* e *yang*, e muito feio (acredite em mim). Para ganhar confiança, comprei um chapéu.

O próximo passo é fortalecer-se com pensamentos positivos como "Sou relevante para minha cultura, o que acrescento à mistura é único e importante, e eu sou importante porque acredito nisso e tenho todos os motivos para sentir-me confiante agora", que você deve repetir com grande freqüência por pelo menos um dia.

Finalmente, amplie seu regime diário de exercícios de forma a incluir novos desafios, como nadar 50 voltas, adotar posturas de ioga até então nunca experimentadas ou passar 20 minutos em qualquer postura *chi-gung* de sua escolha. Quanto mais confiança desenvolver em seu corpo, mais confiança terá em seu eu mais profundo.

E o motivo para raspar a cabeça? Quando seu cabelo voltar a crescer, a confiança crescerá com ele. E está funcionando. Tenho uma camada notável de cabelos sobre meu couro cabeludo e me sinto mais confiante e autêntico a cada minuto. Já dá para notar?

Amor, sexo e questões pessoais

A arte de flertar e melhorar a saúde

"Às vezes só é necessário o sorriso de uma mulher para completar seu dia." Era o que cantava Jerry Jeff Walker, cantor *country*. Para satisfazer todos os leitores, sintam-se à vontade para substituir "mulher" por "homem", porque é isso o assunto do intercurso social diário entre nós que desejo discutir aqui hoje, ou pelo menos um aspecto dele tão bem desenvolvido por nossos primos no outro extremo do canal: flertar. Os franceses são mestres nessa (fina) arte, tanto que ela se tornou uma instituição na cultura nacional. Mas, por que, você pode perguntar, no contexto da saúde alternativa, eu mencionaria tal coisa? Se eu estivesse aqui relacionando em vez disso os benefícios de alimentos como o alho e o vinho tinto, você dificilmente estranharia, mas se coloco a idéia do flerte como instrumento valioso para aprimorar sua auto-estima e, portanto, seu bem-estar geral e, por extensão, seu sistema imunológico, posso até ver suas sobrancelhas começando a subir.

Nós, nativos dessas ilhas da Grã-Bretanha, não nos sentimos confortáveis flertando. Talvez a vida na ilha nos proporcione certa estreiteza de horizontes e um desconforto fundamental quanto aos limites pessoais, o que torna o contato visual direto (ocorrência básica do flerte) incômodo para nós. Talvez ainda sejamos reféns do puritanismo vitoriano, ou talvez seja apenas o clima que nos torna tímidos e reticentes em exibir nossa alma para pessoas desconhecidas na rua ou em um café. Porque, vamos admitir, sem o apoio do álcool somos sempre muito tímidos socialmente. Não que eu esteja criticando essa tendência; considero nosso jeito encabulado até atraente e, de fato, adoto-o com certa freqüência.

De maneira intrínseca, todos queremos ser reconhecidos. Terra, ar e trilhos e todas as modernas manias e modas que somos chamados a adotar resultam desse sentimento de nos sentirmos ignorados por pessoas estranhas. Como qualquer instrutor de auto-escola diria, boa parte disso pode ser compensado estabelecendo-se inicialmente o contato visual, porque, uma vez estabelecido esse contato, as almas se conectam e você se sente reconhecido. Uma vez reconhecido, seu senso básico de decência é despertado e é difícil sentir raiva ou ressentimento.

Não quero entrar aqui em território negativo, mas preciso voltar ao meu tema, ou seja, flertar é bom para o sistema imunológico. Como é atestado pelas vastas quantias gastas anualmente no Reino Unido por homens e mulheres em cosméticos, produtos de higiene pessoal, roupas, salões de beleza e até carros, decoração de interiores e outras marcas de estilo de vida, esse aspecto pelo qual tanto desejamos ser reconhecidos, seja de maneira consciente ou não, é nossa essencial capacidade de atração, e, sim, é claro, status... que, mais uma vez, nos remete à capacidade de atrair e despertar desejo.

E que melhor maneira, além de tornar-se uma celebridade ou estrela da mídia, o que consome porções absurdas de valiosa energia, para obter sua dose diária de conhecimento se não de um inocente flerte? Não estou de maneira nenhuma sugerindo promiscuidade ou uma nova revolução sexual, mas a disponibilidade para estabelecer o contato visual e o ocasional sorriso que pode tornar seu dia e o de outras pessoas completo.

Flertar é expressar a parte sensual de sua personalidade. Isso não faz de você um libertino. Há uma distinção clara entre uma breve conexão de almas por meio do olhar, da expressão facial e da linguagem corporal como um todo, e um convite direto. Certamente, até onde você vai levar esse processo é um problema seu, mas não é isso que importa aqui. Tenho consciência dos possíveis perigos de os "sinais de flerte" serem mal interpretados e causarem problemas, e por isso recomendo adequado treinamento em defesa pessoal, mas afirmo que os benefícios compensam os riscos.

A beleza de um bom flerte é que ele não precisa levar a lugar algum. Você não está sendo infiel a seu parceiro nem a seus princípios quando sorri ou pisca os olhos. Está apenas extravasando um pouco de sua inofensiva energia sexual, o que vai fazer você e o outro indivíduo envolvido se sentirem melhor, mais belos, quase obras de arte vivas, se quiser, e mais capazes de dar brilho às relações verdadeiras que estão vivendo. Em relacionamentos monogâmicos longos, também é crucial que se flerte com o parceiro, conectando suas porções eróticas por meio de um momentâneo (e verdadeiro) contato visual sempre que possível.

Os franceses (com quem devemos aprender muito sobre esses assuntos) são sofisticados o bastante para flertarem sem constrangimento, pudores ou falsa timidez, até (e especialmente) na companhia dos parceiros, que nunca parecem demonstrar ciúmes. Eles simplesmente aceitam que, como um bom vinho, alho (e possivelmente cremes para a pele), isso faz bem à saúde.

Agora, se você considera minha sugestão de alguma maneira escandalosa, não leia o que vem a seguir, porque vou descrever um antigo método taoísta oriental para movimentar a energia interna de maneira a torná-lo mais sexualmente atraente. Se praticado todos os dias por 90 dias ou mais, ele elevará seu fator pessoal de flerte a níveis quase parisienses.

Imagine-se capaz de inalar pelas solas de seus pés, levando o ar por suas pernas para dentro do períneo (entre suas pernas), e para cima até seu útero ou pênis, e depois ser capaz de expirar a partir daí, descendo pelo períneo, pelas pernas e até as solas dos pés. Repita esse processo com a mente e a respiração em uníssono por nove vezes. Adicione um pouco de auto-sugestão do tipo "Sou sensual, sou sensual", ou até mesmo "Meu Deus, como sou sensual!".

E, por favor, lembre-se de que se sentir sensual e desejável é para todos, como confirma o contínuo estado de ícone de pessoas como Sean Connery e Catherine Deneuve. Concluindo, sinto-me na obrigação de dizer, no entanto, que, pelo bem da propriedade da estética básica, piscadas ostensivas devem ser evitadas, se possível.

Unir prazer sensual e espiritualidade

A luz lá fora me lembra um dia há muitos anos. Foi em janeiro de 1968. Eu tinha 14 anos, estava apaixonado por uma menina que havia conhecido nas férias, e oferecia a ela uma performance privada de minhas habilidades de DJ utilizando o equipamento de som do meu quarto, como você faz (ou fez).

Para conquistar seu coração comecei com *Interstellar Overdrive*, do Pink Floyd, seguindo com as românticas *Forever Changes, Cream Crossroads*, e por ela gostar muito de *soul*, escolhi também *Cold Sweat*, de James Brown. Foi então que acrescentei o crescendo da "Abertura 1812" de Tchaikovsky à mistura. "Por que diabo você ouve essa porcaria?", ela perguntou com aquela inocência peculiar dos 14 anos, e eu compreendi que a perderia para outros garotos que ouviam Smokey Robinson e Miracles.

Essa foi minha primeira experiência de ser julgado um pouco diferente da maioria, e embora Smokey fosse a moda (de um jeito meio *retro-kitsch*), decidi que ser diferente era o certo para mim e adotei com satisfação algumas correntes culturais alternativas.

Quando conheci o taoísmo e me tornei dependente dele pouco tempo depois, a ocorrência foi só mais uma daquelas esquisitices que o pessoal da minha idade já esperava de mim, e assim você pode imaginar minha surpresa quando, 30 anos mais tarde, descubro-me com uma coluna numa das melhores publicações do planeta, distribuindo textos com conselhos taoístas. Então me ocorreu que muitas pessoas podem não ter a menor idéia do que é o taoísmo, e podem estar imaginando se os estou aliciando de maneira subliminar para um culto secreto, ou pior. Assim, achei melhor esclarecer essa questão.

O taoísmo é uma filosofia que foi desenvolvida na China antes de Buda ou Confúcio deixarem suas marcas na cultura. Ela é tão eficaz como modelo para uma vida bem-sucedida que sobreviveu à transição do Oriente para o Ocidente, da Antiguidade para o pós-modernismo, e agora é quase uma tendência da moda (num sentido filosófico) em toda a Europa, nos Estados Unidos e até em nossas pequenas, bucólicas e frias ilhas.

Não é uma religião, mas provê um sistema operacional pessoal que você instala em seu disco rígido corporemente pela prática regular de exercícios psicofísicos que variam do *t'ai chi* e outras formas de boxe interno, *chi-gung*, meditação e alquimia interna até a observação do *feng shui* em sua casa e no ambiente de trabalho, a limpeza dos meridianos com acupuntura ou *shiatsu* e o modo como você faz amor com seu parceiro.

Religiões, além de prover um mapa cosmológico, ditam padrões morais instituindo regras e ameaças de punição divina ou temporal. O taoísmo não tem regras ou morais impostas. Em vez disso, você aprende que seu corpo é um templo, por isso tem pontos de acesso para os domínios divinos, que você alcança gerando uma versão psiquicamente carregada de sua energia física, ou *chi*. Assim que você faz fluir o *chi* por seu corpo e por seu ambiente, sente-se tanto acalmado quanto vitalizado. Ao mesmo tempo, você se sente equilibrado e sintonizado com a verdadeira natureza e o ambiente. Sua real natureza é de virtude, ou *te*, que, ao ser mobilizada, faz com que você trate os outros e a si mesmo com empatia e respeito, tornando-o menos propenso a agir de maneira a causar sofrimento. Então, regras e morais tornam-se redundantes. Em vez de amarrar-se em nós morais, você simplesmente pratica as técnicas todos os dias.

O *chi*, uma vez ativado, vai curá-lo, vitalizá-lo, capacitá-lo para fazer o mesmo com os outros. Mas ele também é conhecido por torná-lo muito sensual.

Seu corpo pode ser seu templo, mas isso não significa que não possa ser também sua casa noturna. Existem diversas técnicas usadas para ampliar a pressão dos sentidos. Do ponto de vista de um taoísta, o prazer sensual não é errado, nem é certo. Ele apenas é (se você permitir). E quanto mais você o obtém (e dá), melhor, desde que não esteja forçando o fluxo e causando mal. Em geral, é só no Ocidente que pensamos que o prazer sensual e a espiritualidade devem estar separados. No entanto, o modo taoísta consiste em casar os dois, e nesse casamento você encontrará sua iluminação.

Talvez você queira provar a experiência agora. Comece segurando as palmas unidas na altura do peito e movendo-as lentamente de forma a separá-las e uni-las, como se tocasse uma concertina. Depois de umas 18 repetições, você vai começar a sentir um aumento do *chi* entre suas mãos, como se o ar estivesse subitamente mais denso e quente.

Agora coloque as duas mãos sobre o abdome inferior com os dedos apontando para baixo, uma mão de cada lado de sua genitália externa. Seja sensível, e vai experimentar o *chi* permeando sua bacia pélvica como uma mistura morna e fragrante, relaxando, vitalizando e fazendo você se sentir muito sensual.

Talvez você queira até reforçar esse processo afirmando de maneira consciente, com determinação: "Puxa, eu me sinto relaxado, vitalizado e muito sensual!" (Devia ter usado esse procedimento no lugar da "1812".)

Cuide do assento de seu ser

Percorrendo o Reino Unido na campanha de divulgação de um livro, fui transportado por mais de cinco mil quilômetros em aviões, trens e automóveis como um pequeno imperador superdesenvolvido durante três semanas inteiras. Com a missão de espalhar amor incondicional pelas livrarias do país e por diversos centros comerciais de mar a cintilante mar — do mágico limite ocidental de Gales, pelas fronteiras até a atmosfera rica de Glasgow, entre o bom povo de Liverpool, Manchester, Leeds, Birmingham, Southampton, Bristol, Brighton, Canterburry e, finalmente, Londres —, descobri com surpresa e alegria que havia uma palpável disponibilidade de todos para compartilhar esse amor. Acha que isso soa um pouco hippie-romântico? Não. Apresentei-me diante de cada grupo, aberto e vulnerável, sem ter idéia do que sairia de minha boca quando pegasse o microfone. Algumas pessoas praticam pára-quedismo; um esporte radical é palestrar para grandes grupos sem planejar antes o que vou dizer. E apesar de estar ali, como expliquei a eles, ostensivamente para promover um livro, também tinha a intenção de usar minha presença para compartilhar amor. Simplesmente saber disso e exibir tal sentimento como uma intenção faz as palavras jorrarem da maneira exata para tocar o coração das pessoas. (O que faz valer a pena ter sempre esse propósito em mente antes de fazer qualquer discurso público.)

Você pode usar o mesmo procedimento em situações sociais normais. Em vez de se deixar enganar sobre o motivo superficial de um encontro, leia nas entrelinhas do texto, enxergue que as pessoas sempre se reúnem essencialmente pela necessidade de estarem juntas, apesar das desculpas que dão. O motivo é o amor. E nós amamos por meio da informação, a moeda do amor. Se é um amor carnal, a informação é o toque. Se o amor em questão é universal, a informação pode ser qualquer coisa, de música a teatro de variedades.

Como você desenvolve a habilidade de irradiar amor de tal forma que promova a ocorrência de algo maravilhoso em uma multidão? Relaxe e se expresse com afeto, calorosamente, olhando nos olhos das pessoas enquanto fala.

Essa habilidade pode ser aprimorada se pressionar com firmeza os pontos *stigmata* de suas palmas, que ficam no meridiano "protetor do coração". Pressionar cada palma por alguns momentos algumas vezes por dia vai tornar seu espírito mais generoso e mais receptivo à generosidade alheia, e vai conferir a sua aura um brilho extra, como se você viajasse com luz própria.

No entanto, para emanar carisma e irradiar amor de modo que as pessoas o sintam, você deve buscar a energia bem dentro de você. Seus quadris são o assento de seu ser, fisicamente por suportarem seu torso, é claro, mas psicoemocional, existencial e espiritualmente, também. Todo o complexo multidimensional que representa você deve funcionar como uma unidade para garantir uma ótima forma. Um excesso de energia do coração ou do amor fluindo sem que você esteja firmemente ancorado em seus quadris vai drenar sua energia, enfraquecer seu espírito e deixá-lo com a sensação de estar esgotado no final da festa.

Uma maneira bastante eficiente de assegurar que isso não ocorra (e uma que também é bastante eficaz para fortalecer a porção inferior das costas), e que funciona como um bálsamo para acalmá-lo no final de um dia frenético, é deitar-se de bruços no tapete, com a testa apoiada sobre as mãos unidas, de forma que a coluna esteja reta e você possa respirar com facilidade pelo nariz. Afaste os joelhos em mais ou menos 45 centímetros, flexione-os e volte as pontas dos pés para o ar. Cruze as pernas alternadamente como se fossem um par de tesouras cortando o ar, aproximando primeiro o pé esquerdo do glúteo, depois o direito. Mantenha os tornozelos e os pés relaxados de modo que possam balançar com liberdade enquanto executa os movimentos. Depois de algum tempo, o movimento ganha amplitude, como se acontecesse por conta própria, e você se descobre mergulhando num transe relaxante muito parecido com aqueles conhecidos estados alterados do início da infância. Contar ajuda a aquietar a mente enquanto você executa os movimentos, por isso sinta-se à vontade para contar umas 1.008 repetições de ida e volta.

Mil e oito bênçãos para todo o povo do Reino Unido. Que possamos viver muito e com prosperidade!

O Viagra é comercializado como o melhor amigo do homem, mas ele é realmente necessário?

Esse uso tão difundido do Viagra me preocupa. Nunca o experimentei e duvido que o faça. Não por ainda estar na inocente e tenra idade dos 49 anos e ainda ser um sujeito muito vigoroso, se me desculpam a falta de modéstia — na verdade, normalmente estou tão ocupado ensinando ao mundo que não me sobra tempo para relaxar e considerar tais coisas (tenho sido quase um monge nos últimos tempos) —, mas porque me assusta pensar que posso me tornar dependente de um comprimido para fazer sexo.

Mas basta você mencionar essas coisas para qualquer amigo bem-intencionado oferecer um Viagra que, por acaso, ele tem no bolso, tal a endemia do uso dessa droga nos dias de hoje.

Depois de passar anos tratando pessoas com disfunções sexuais pela tradição dos médicos taoístas e da teoria de Wilhelm Reich, para quem a disfunção sexual era a essência de todos os problemas físicos, emocionais e psicológicos, notei que, exceto por impedimento físico, a disfunção erétil e seu equivalente feminino, incluindo problemas que vão desde a falta de interesse ao vaginismo, podem normalmente ser resolvidas por uma combinação de psicoterapia e trabalho energético envolvendo ervas e estimulação de pontos.

Essa conversa pode soar unilateral, com ênfase nos homens, talvez inspirada pela recente abundância de imagens de símbolos fálicos movendo-se rapidamente pela tela de nossas tevês e explodindo em um canto do monitor, mas a questão é de igual importância para os dois sexos. A julgar pelas conversas que tive com muitos homens, parece que o nervosismo relacionado a obter e manter uma ereção completa é amplamente difundido. Com a maior independência financeira das mulheres, e talvez com sua maior confiança social e a conseqüente atitude predatória no campo sexual, os rapazes sentem-se desequilibrados, sem saber que estratégia adotar. Por isso mesmo, mais inseguros no campo sexual. Além do mais, o estresse da incerteza econômica, das guerras e das questões ecológicas pertinentes à vida moderna, bem como as longas horas de trabalho necessárias para manter-se no jogo, esgotam a energia dos rins, que controla seus níveis de libido. Além de tudo isso, ainda há a confusão da porção masculina quanto ao comportamento politicamente correto. Até onde deixar brilhar sua virilidade ou desempenhar o "novo homem", e a pressão de corresponder às expectativas multiorgásmicas da mulher moderna saturada pela mídia.

Assim, Willy está nervoso, mas não tem um Viagra. O que fazer? Embora não exista um atalho para se chegar às razões mais profundamente assentadas para os padrões de baixa auto-estima que minam sua confiança sexual, ou para estudar em profundidade a vergonha sexual que o faz retrair-se — e para isso é preciso contar com um terapeuta competente —, você pode começar usando afirmações. Repita: "Sou um ser sexual saudável e plenamente funcional, capaz de expressar minha mais profunda sexualidade durante o ato sexual e no mais elevado grau todas as vezes!", e note como os pensamentos negativos em sua cabeça respondem: "Não, eu não sou, estou sempre muito cansado" ou "Estou muito gordo", por exemplo. O simples fato de notar as crenças negativas a que você esteve apegado ajuda a deslocar o padrão. Na medida em que se infiltra lentamente em seu inconsciente, a constante repetição da afirmação vai, gradualmente, instilar mais confiança sexual em você. Mantenha essa prática diariamente por três meses para melhores resultados.

Com relação às ervas, embora eu tenha experimentado indicar muitos remédios sexuais bem conhecidos ao longo dos anos, o que parece surtir mais efeito é a casca da catuaba, uma árvore encontrada na floresta tropical brasileira. Duas a seis cápsulas ingeridas diariamente por três meses fortalecem a resposta sexual para homens e mulheres e também ajudam a acalmar seus nervos, porque afetam a energia dos rins, que, além de abastecer sua força vital, também controla os nervos.

Por fim, para ativar apropriadamente a energia dos rins e melhorar sua sexualidade, pressione com os dedos de uma das mãos seu períneo, o músculo entre suas pernas, entre os genitais e o ânus, e massageie delicadamente, porém com firmeza, executando movimentos circulares no sentido horário 81 vezes, duas vezes por dia, durante três meses.

Espero que não considere meu estilo de redação muito formal.

Quando um parceiro vai embora, a primeira pessoa por quem se apaixonar é você

"O que você recomenda para a terrível dor de um coração partido?

"Além da dor emocional, sofro de um sentimento de intensa claustrofobia quando penso que nunca mais voltarei a falar com meu ex-parceiro. Por favor, ajude, Linda."

Milhares de e-mails chegam todas as semanas, mas esse chamou minha atenção, porque tratar corações partidos é uma de minhas especialidades.

Quando era estudante da medicina oriental, lembro-me de ter ficado completamente impressionado ao ver meu professor usar a acupuntura para tratar com grande sucesso alguém com um coração partido.

Aquela foi a prova de que ajustar os níveis de energia em seus vários órgãos vitais pode afetar positivamente seu estado mental e emocional. Mas, como demonstra a expressão "coração partido", esse não é um conceito apenas oriental. No Ocidente falamos, por exemplo, de estarmos lívidos de raiva, como se sofrêssemos um superaquecimento no fígado, a causa da ira, de acordo com os taoístas, ou sobre extravasar o baço, como que para dizer que revelamos nossos pensamentos mais profundos, sendo o baço considerado responsável por prover o poder intelectual, e falamos sobre um coração partido.

Mas, na verdade, seu coração não pode ser quebrado. O que realmente acontece, pelo menos no campo energético, é uma grande perturbação do fluxo da chamada energia "protetora do coração". Para quem segue a visão taoísta, essa é uma camada energética que envolve o coração, como o pericárdio para a medicina ocidental, e ela está ali para proteger seu coração de informações dolorosas, como ocorre quando você é forçado a se separar permanentemente de alguém que ama muito.

É dito que o coração suporta o espírito, ou a consciência, e o mantém em seu corpo. Quando a energia de proteção do coração torna-se momentaneamente interrompida ou prejudicada por trauma ou choque, a própria energia do coração é efetivamente enfraquecida e perde o controle sobre sua consciência, que se move por seu corpo e chega ao cérebro, onde fica retida num laço claustrofóbico de pensamentos autopunitivos.

"Nunca mais conhecerei alguém que me ame ou que eu ame novamente; sou inútil, indesejável e não sirvo para nada; minha vida (que provavelmente ia muito bem antes de eu conhecer essa pessoa) agora vai desmoronar; minha vida não tem significado; a luz se apagou dela; eu preferiria estar morto." Todos esses pensamentos são perfeitamente compreensíveis para alguém cujo espírito, a fonte da vida, se ausentou.

Na verdade, é o afastamento de seu espírito, não da outra pessoa, que causa esses sentimentos, e assim que você restaurar o equilíbrio da energia protetora do coração e seu espírito retornar ao corpo esses horríveis sentimentos e pensamentos desaparecerão.

Uma maneira de conseguir tal coisa é: comece com uma boa massagem, porque isso vai tirá-lo imediatamente de sua cabeça e mandá-lo de volta ao corpo. Depois passe alguns momentos, seis vezes por dia, pressionando com firmeza entre os dois tendões que correm pela linha mediana da parte inferior de cada antebraço aproximadamente três pulseiras de relógio acima do pulso. Quando atingir o ponto exato, você vai sentir sua mão paralisada de maneira agradável. Estimule esse ponto (ou o meridiano protetor do coração) por mais de três dias e a energia será reparada.

De uma maneira mais crucial, use esse episódio como uma oportunidade para se reaproximar de si mesmo. Afinal, você nasceu com você, é sua a experiência de enfrentar os altos e baixos da vida, e é com você que você deixará este planeta quando a história chegar ao fim. Em outras palavras, sua relação principal e primordial é com você mesmo, por mais que se tenha distraído por quaisquer outros relacionamentos secundários com outras pessoas. Assim, aproveite para apaixonar-se por você mais uma vez. Depois se recolha, sacuda a poeira, vista sua melhor roupa de festa, saia e dance (tanto no sentido metafórico quanto no literal), e, antes que perceba, pretendentes estarão batendo em sua porta e toda aquela alucinante viagem na montanha-russa poderá recomeçar.

O corpo

Sente-se e preste atenção

Pare de se encolher e sente-se ereto! Quando eu digo isso, você reage encolhendo a barriga, estufando o peito, retesando a nuca e contraindo a parte inferior das costas numa imitação desconfortável da postura correta?

Poucas pessoas são instruídas desde a infância para obterem um ótimo posicionamento físico em relação ao espaço e à gravidade, isto é, boa postura. Daí não termos a menor idéia do que é isso, como obtê-la ou quais são os benefícios que ela traz. Na verdade, qualquer interesse em alcançá-la normalmente aparece quando sentimos terríveis dores nas costas, na nuca ou nos ombros, provocadas pela má postura.

Nossa cultura, tecnologicamente orientada, nos mantém sentados por longos períodos, debruçados sobre teclados, encolhidos em assentos de carros e deitados em sofás. Se você olhar para a ioga da Índia ou para as artes marciais do Oriente, ou para o trabalho de correção postural dos pioneiros F. M. Alexander, Moshe Feldenkrais e Ida Rolf, vai perceber rapidamente que nossa reação quando somos lembrados para sentar direito não é a melhor maneira de usarmos nossos corpos.

Com a postura adequada, você pode respirar livremente (o primeiro requisito para o relaxamento e o controle do estresse), pensar com maior clareza (sua cabeça fica mais leve sobre o corpo) e sentir maior entusiasmo (seus órgãos vitais dispõem de espaço para funcionar adequadamente). Mas antes devemos desenvolver nosso sentido proprioceptivo — ou a habilidade de sentir de dentro para fora. Alcançar a postura "de verdade e virtude" dos taoístas requer que você pense em si mesmo na forma correta, em vez de forçar seus músculos a produzi-la.

Sentado, tome consciência da região de sua bacia e especialmente dos ossos de "sentar", bem no fundo das nádegas. Enquanto inspira e expira, visualize-os se expandindo lateralmente. Depois de alargar mentalmente sua base, visualize sua coluna vertebral alongando-se para cima a partir dos quadris, criando a sensação de que o topo de sua cabeça busca o céu. Imagine seu crânio como um balão cheio de hélio, alongando sua coluna. Ou imagine um fio de prata preso por uma ponta do topo de sua cabeça e, pela outra, ao teto, puxando-o para cima. Para auxiliar essa sensação de alongamento, incline o sacro, o osso triangular na base de sua coluna, ligeiramente para a frente. Preste atenção especial para (mentalmente) alongar a nuca. Agora imagine seus ombros e a parte superior das costas se alargando. Levante um pouco o esterno e abaixe um pouco o queixo.

Se você conseguiu seguir todos os passos, deve estar sentado numa ótima postura e já pode se sentir mais leve, mais relaxado fisicamente e com os pensamentos mais claros. Note como o estresse é removido dos músculos do trapézio, que trabalham muito sustentando o peso de sua cabeça. Note também que seus pulmões podem operar mais livremente e seus órgãos de digestão estão menos oprimidos.

Além das vantagens óbvias de maior circulação de fluido cérebro-vertebral e sangue e melhoria nas funções cardiovascular, respiratória e digestiva, manter-se numa postura ótima confere também benefícios psicoemocionais não tão óbvios. Com a cabeça erguida, o peito aberto porém relaxado e sentindo-se sustentado por costas amplas, é difícil não se sentir confiante e positivo. Pensamentos negativos o puxam para baixo, literalmente. A baixa auto-estima faz você desejar se encolher (encolher a coluna) e tornar-se invisível. Revertendo o efeito pelo ajuste postural, você também reverte a causa psicoemocional.

Além do mais, quando envelhecemos, nós encolhemos. Sucumbindo à força da gravidade, a coluna se torna comprimida e o torso se dobra. Ajustando sua postura, você recupera algum nível de controle sobre o processo de envelhecimento. Não que isso vá acontecer em uma sentada, por assim dizer. Nenhuma mudança verdadeira e valiosa acontece do dia para a noite. Mudanças duradouras requerem aplicação consistente e diligente dos princípios relacionados anteriormente.

Muitos caminhos fornecem um mapa confiável ou uma boa estrutura para ajudá-lo a obter o que acabei de relatar. A técnica Alexander é, talvez, a abordagem mais abrangente para a correção postural. O *rolfing* (a massagem profunda do tecido conjuntivo) libera fixações na fáscia, ou ligadura da estrutura. O *t'ai chi* (que se baseia no mesmo princípio utilizado pela técnica Alexander) é uma maneira eficaz de traduzir boa postura em movimento, e a ioga, a inquestionável mãe de todos os exercícios, proporciona o meio perfeito para a autocorreção.

Aposto que agora você já está amontoado na cadeira outra vez. Então, vou deixá-lo com algumas palavras bem conhecidas ecoando em seus ouvidos: sente-se direito! (A diferença é que agora você já sabe como fazê-lo.)

Evitando a súbita dor nas costas

Não sei se você já deu um "mau jeito nas costas". Se não, espero que nunca passe por isso. Se já passou por essa experiência, espero que nunca a repita. Não falo sobre a dor crônica, mas sobre aquela variedade repentina, aquele incômodo relacionado à articulação sacro-ilíaca em más condições, o tipo que parece surgir do nada, talvez quando você se debruça sobre a pia, ou até quando está se espreguiçando antes de sair da cama. O tipo que faz você andar completamente torto e inclinado, emitindo uma série de gemidos, grunhidos e gritos abafados enquanto tenta com valentia suportar a dolorosa transição entre uma e outra posição.

Primeiro você entra em negação. Você não fez realmente aquele movimento. Essa dor nem está lá de verdade. É tudo psicológico. Vai passar num momento se você se alongar de um jeito ou de outro. Depois você percebe que não é imaginário, e então começa a pensar em sua agenda para os dias seguintes, tentando conciliá-la com seu atual estado físico. A negação dá lugar à raiva.

"Como isso pôde acontecer comigo agora?"

Você esmurra o objeto mais próximo, fazendo sua mão doer também. Depois de alguns momentos inúteis arremessando os brinquedos de seu cercadinho, a raiva cede espaço à autopiedade. Você se sente impotente e quer chorar (como uma criança). A agenda volta a preocupá-lo e você passa a tomar decisões práticas. Tem tempo para ir ao ortopedista? A dor fica mais forte a cada pequeno movimento e o obriga a modificar rapidamente suas prioridades. Você caminha devagar e inclinado, com o rabo entre as pernas, chega ao telefone e suplica por uma consulta de emergência.

Seja por meio de uma simples consulta, pelo exame manual ou por radiografias, o ortopedista constata que não se trata de um problema de disco, mas é apenas o sacro (o osso triangular na base de sua espinha) se retorcendo num ângulo rebelde, causando espasmo nos músculos que cercam as articulações sacro-ilíacas. Deitado na maca à mercê dos deuses, você entrega seu corpo a uma série de toques que provocam estalos assustadores, depois se veste, paga pela consulta e vai embora, esperando estar recuperado dentro de alguns dias.

No entanto, se olhar para trás, você vai perceber que essa crise não aconteceu do nada. Havia sinais: talvez ombros tensos e dores renitentes no meio das costas, dores de cabeça, de estômago, no intestino ou nos rins na semana anterior. Talvez tenha estado sob intensa pressão no trabalho, ou infeliz e confuso em casa, ou as duas coisas. Talvez esteja preocupado com questões financeiras. É quase certo que tenha estado envolvido com coisas demais para uma só pessoa resolver de uma só vez.

Nesse mundo de movimentos rápidos e excitação constante, é difícil aceitar que você não é super-humano. Às vezes, seu eu interior, se esforçando para acompanhar o ritmo, é obrigado a enviar sinais indicando que é hora de desacelerar, indicações que você não pode ignorar.

No caso de uma crise aguda de dor nas costas, o ortopedista é, provavelmente, o meio mais eficiente para devolver os ossos a seu alinhamento perfeito. Acupuntura ou acupressão (*shiatsu*) pode ser útil para aliviar o espasmo muscular. Massagem normal tende a agravar a condição quando em sua fase mais aguda e só deve ser usada realmente como prevenção, após a remoção dos sintomas. Use analgésicos, se achar necessário — não é crime misturar medicina natural e alopatia —, o efeito relaxante geral pode auxiliar o processo de cura.

Se você não tem plena confiança nos terapeutas alternativos para diagnosticarem o problema corretamente, procure, é claro, um clínico geral e um especialista, mas não se apresse em concordar com cirurgia. Em vez disso, leve o diagnóstico médico para um ortopedista competente ou um quiroprático, cuja arte existe desde as antigas Índia e China, e deixe-o "devolver" suas costas à normalidade da maneira natural.

Acima de tudo, use a experiência como uma oportunidade para examinar como pode estruturar melhor sua vida e sua agenda, mesmo que de forma mínima, para tornar a aventura um pouco mais fácil para você de agora em diante. Você merece.

Envelhecendo graciosamente

Qualquer um com mais de 29 anos deve conhecer a sensação daqueles dias em que a visão de um novo cabelo branco ou uma nova linha facial provoca uma "crise de envelhecimento". Todos sabemos, intelectualmente, que estamos envelhecendo a cada vez que respiramos e que, no final, morreremos, mas felizmente somos capazes de ignorar o processo na maior parte do tempo e seguir em frente com o arriscado negócio de estar vivo. Mas, naqueles dias em que é impossível não enxergar no espelho as provas do envelhecimento, o processo torna-se subitamente urgente.

É claro, a vaidade não é o único gatilho. Dores residuais, desconfortos ou, pior, sobrepeso devido a uma dieta desequilibrada ou descuido, e você deixa de se sentir em sintonia com sua criança interior para se sentir sintonizado com seu velho carrancudo interior. Naturalmente, isso abre espaço para a ansiedade. A ansiedade leva a gastar mais com coloração de cabelos, cremes faciais que também acalmam o emocional, vitaminas e até, ocasionalmente, resolução de mudar hábitos alimentares, fazer ioga, matricular-se na academia ou ir para o trabalho pedalando sua bicicleta.

Mas por que esperar até entrar em crise para só então fazer a mudança? Isso é como deixar sua situação financeira ir piorando sem fazer nada, até que o banco encerre sua linha de crédito. Como com uma saudável conta bancária, nem sempre o que importa é ter dinheiro em caixa, mas manter um estável fluxo de caixa entrando e saindo, e tentar permanecer com crédito na maior parte do tempo. Os gerentes de banco amam uma conta com grande atividade.

O mesmo acontece com sua pessoa que, se não está muito degenerada, estagnada ou totalmente desprovida de fundos, precisa de constante estímulo físico, mental, emocional e espiritual.

Para prevenir a atrofia, estimule a mente diariamente, estudando, e faça isso tão informalmente quanto quiser, optando por um assunto que faça seu cérebro vibrar com excitação intelectual. Não se deixe aborrecer nem se torne aborrecido. Mantenha-se atento às tendências culturais e passe sempre algum tempo interagindo com pessoas mais jovens. Discipline seus padrões de pensamento para buscar sempre escolhas positivas. Mesmo que não acredite que a mente controla o poder auto-regenerador do corpo, vale a pena sugerir para si mesmo: "Eu escolho a saúde. Eu escolho a longevidade. Minha mente reprograma agora todas as minhas células para a saúde e a longevidade."

Estimule seu corpo e todos os seus subsistemas com uma sessão diária de exercício de inteligência, ou um exercício executado de tal forma a permitir que sua inteligência natural viaje por todas as partes e subsistemas do corpo simultaneamente, como *t'ai chi* e ioga, por exemplo, ou como corrida e musculação, também, desde que executados corretamente. Qualquer campeão olímpico vai confirmar que não são os músculos que ganham a medalha, mas a mente que informa esses músculos. Isso envolve respirar de maneira eficiente e relaxar os músculos para permitir que as articulações se abram e o sangue e o *chi* (energia) fluam. De acordo com o pensamento oriental, deixar de fazer seus exercícios diários é o mesmo que não tomar banho. Assim, execute pelo menos 20 minutos de exercício inteligente todos os dias.

Tente dormir sete horas de sono estável e profundo todas as noites. De preferência, indo se deitar antes da meia-noite ou logo depois disso, e faça mais do que se proibir conscientemente de sucumbir ao estresse por qualquer coisa... sempre.

Para impedir que suas emoções se encolham ou enrijeçam com a idade, evite sufocar sentimentos acreditando erroneamente ter todas as respostas.

Mantenha-se aberto, seja vulnerável. Ame aqueles que o cercam como teria feito antes da pré-escola. Ame-os ainda mais, e ame até mesmo e especialmente você. Permita-se sentir a dor do amor; o exercício mantém seu coração jovem. Adote alguma forma de meditação diária, mesmo que só por alguns minutos por dia, para proporcionar acesso instantâneo aos domínios internos mais tranqüilos e dar um banho no espírito, por assim dizer.

Nada do que foi dito até aqui, nem mesmo as intervenções de um terapeuta, médico, geneticista, nutricionista, farmacêutico ou companhia de seguro de vida podem garantir sua liberdade de todas as enfermidades e da morte. Mas, tomando o jogo em suas mãos, você vai conquistar incomensuráveis benefícios em longo prazo.

Enquanto isso, um dos mais protegidos segredos taoístas (chineses) para a longevidade é garantir uma ingestão diária de tomilho que, além de ser um poderoso antioxidante, é considerado por alguns o próprio e místico "elixir da juventude". Vida longa e próspera!

Como lidar com a TPM

Qualquer homem vai concordar em alguma medida que uma compreensão rudimentar da condição comumente conhecida por TPM (tensão pré-menstrual) é essencial. Para o homem, estar prevenido e preparado significa poder entender melhor e até ser de alguma ajuda. Para a mulher, poder justificar por que o céu desaba uma vez por mês pode provocar maior sensação de controle da situação — e o sentimento de perda do controle é o xis do problema.

O processo menstrual é complexo, envolvendo três grandes órgãos interligados. Primeiro, de acordo com os antigos médicos orientais, seu baço (que fica sob as costelas do lado esquerdo) está integralmente ligado à glândula pituitária, interruptor-mestre do sistema endócrino. Ela controla seu apetite (especialmente por doces), sua memória recente, seus sentimentos de satisfação imediata com a vida e, mais importante, a produção geral de sangue. Nos dias que antecedem a menstruação, o baço tem de trabalhar dobrado para formar o sangue que vai substituir aquele que será perdido durante o período. Por isso você sente maior necessidade de ingerir doces, esquece onde deixou as chaves e tudo que dizem ou fazem nunca é bom o bastante.

Segundo, seu fígado, cuja função é estocar, purificar e liberar o sangue em demanda, também comanda sua "alma animal" — a selvagem dentro de você, com todo o seu potencial para o incontrolável caos emocional, inclusive e especialmente as expressões de fúria. Pouco antes do período, quando o fígado tem de trabalhar mais para dar conta da carga extra de sangue, ele se esforça, superaquece e, assim, nesse processo, perde o controle da mulher selvagem. Daí os súbitos ataques de ira e o sentimento de frustração, seja nos relacionamentos ou no trabalho. Quando associado a um baço mal ajustado, tudo isso pode produzir uma mistura inflamável.

Terceiro, os rins, responsáveis pela manutenção geral do útero e do sistema reprodutor, também devem eliminar resíduos (pela urina), regulando os fluidos do corpo, mantendo sua temperatura, estabilizando a paisagem emocional de um modo geral e o fluxo de lágrimas em particular, e mantendo você segura no mundo. Os rins estão, com a ajuda do baço e do fígado, encarregados de prover, fazer circular e regenerar o *yin* ou a energia feminina por todo o sistema, estando, portanto, inextricavelmente ligados a todas as funções internas e, sobretudo, ao processo menstrual.

Pouco antes do período, os rins tendem a sofrer considerável perda de energia por conta do esforço extra, deixando-a potencialmente chorosa, inchada, temperamental, ansiosa, ocasionalmente com manchas na pele, úmida, com frio ou calor, assustada e sentindo-se incapaz de enfrentar a vida. Então, quando você associa o esgotamento da energia renal à equação, obtém o horror tridimensional da TPM plena, incluindo aí a angústia, os pratos arremessados e a guerra nuclear doméstica.

Sugerir um remédio universal é tão impossível quanto sugerir que cor de camiseta você deve vestir para agradar todos os habitantes do Reino Unido. Tudo depende do estado constitucional do fígado, do baço, dos rins, do sistema reprodutor, dos níveis de hormônio e do temperamento de cada indivíduo.

No entanto, é certo dizer que Agnocasto pode realizar verdadeiras maravilhas com relação à redução de retenção de líquidos e, freqüentemente, com relação a outros sintomas também. O complexo B com uma dose extra de vitamina B6 é útil para auxiliar o fígado.

O donquai é eficiente para manter os rins fortes e sustentar a energia *yin* geral do corpo, e beterrabas cruas podem ajudar a sustentar o baço e fortalecer o sangue. A acupuntura funciona bem para algumas pessoas, como a terapia craniossacral e como, na verdade, muitos métodos alternativos voltados para o reequilíbrio do fluxo de energia. Mas, com todas essas sugestões, é importante que você lembre que recuperar o equilíbrio leva algum tempo — talvez muitos ciclos menstruais —, e por isso exige paciência.

Quanto aos homens, é importante reconhecermos logo os sinais e, acima de tudo, não encararmos nada como uma questão pessoal. Como você já deve ter ouvido antes, o melhor que se pode fazer quando em meio ao fogo cruzado hormonal é ignorar todos os mísseis e projéteis e oferecer afeto, como um abraço terno, por exemplo. Só não espere retribuição.

Desfazendo os nós de seu caminho vertebral

Estou prestes a ressaltar as virtudes de se deitar no chão com um bom livro sob a cabeça. Assim, se você tem alguma aversão a chão, a se deitar ou a bons livros, ou aos três em associação, pare de ler agora. Se, no entanto, você puder se interessar pelos enormes benefícios dessas simples atividades recreativas, ou se já sabe tudo sobre elas, mas precisa de uma pequena propaganda para recordar seu valor inestimável, acompanhe-me nesse desembaraço. Porque desembaraçar é o principal objetivo desse exercício. Desembaraçar a progressão do estresse que acompanha toda história de vida. Desembaraçar os conceitos errôneos sobre a vida que acabam por causar sofrimento desnecessário. Mas, acima de tudo, desembaraçar os nós em torno de sua coluna, de forma que você possa andar, sentar-se, correr, dançar e até pular quando desejar, tudo com maior graça e amplitude de movimentos.

Embora tenha sido adotado pelos praticantes da técnica Alexander como um meio de experimentar plenamente as vantagens de uma coluna alongada e de um torso alargado, deitar-se inerte e de barriga para cima foi uma tática desenvolvida originariamente por praticantes da *hatha* ioga na Índia e do *nei kung* (trabalho de desenvolvimento interior) taoísta na China há pelo menos cinco mil anos. Naturalmente, deitar-se de costas em sua forma mais simples existe desde o início da humanidade e não é nada extraordinário em si mesmo. O extraordinário surge quando você o pratica com consciência. Na ioga isso é chamado de pose da "morte" ou do "cadáver" e é praticado com as pernas estendidas, os tornozelos unidos e sem um livro.

No taoísmo é denominado "repouso" e é praticado com os joelhos flexionados, as solas apoiadas no chão, os pés afastados na largura dos ombros e apontando para a frente, como se repousassem sobre trilhos de trem, e a cabeça apoiada em um volume de alguma coisa com o tamanho (físico) de, digamos, *O Capitão Corelli* ou mesmo *Return of the Urban Warrior*, se você suportar a idéia de abandoná-lo por alguns minutos. Esse efeito de levantar a cabeça era proporcionado de início por um apoio de bambu colocado sob a nuca com a intenção de impedir que a nuca se fechasse e prejudicasse a circulação para o cérebro. Os joelhos flexionados imitam a postura em que você permanece quando pratica *chi-gung* ou *t'ai chi*, e permitem que sua coluna lombar se acomode mais adequadamente, como se "afundasse" no chão.

A idéia é permanecer totalmente inerte, como morto, exceto, é claro, pelo subir e descer do ventre enquanto o ar entra e sai (numa respiração lenta, estável).

Assim, tendo arranjado sua forma física apropriadamente, use a mente para estender (desembaraçar) sua coluna desde o sacro (na base) até a parte posterior do crânio. Ao mesmo tempo, alargue mentalmente o torso na altura dos quadris, do meio das costas e dos ombros. Deixe os braços repousarem naturalmente nas laterais do corpo, com as palmas voltadas para cima, e permita que seus genitais, o ventre, o peito, a garganta e o rosto relaxem.

Cada vez que inalar e expirar, sinta-se afundando progressivamente e mais profundamente no chão, como se um ímã o puxasse para o centro da Terra. Concentre sua atenção na coluna e, trabalhando sua mente no sentido ascendente a partir da base da cabeça, imagine que está desfazendo todos os pequenos nós que se acumularam ao longo de sua coluna.

Quando se sentir totalmente relaxado e afundado no chão, comece a se concentrar em sua respiração, que já deve ter desacelerado de maneira considerável fazendo o ar entrar e sair de seu corpo sem nenhum esforço pelas narinas e em absoluto silêncio. Isso aumenta sua natural alegria de viver e liberta sua mente para a apreciação do milagre de sua existência momento a momento.

Mas se você acha que é difícil acreditar nisso, experimente essa meditação taoísta. Enquanto inspira, imagine todo o seu eu se dissolvendo de forma que reste apenas aquela consciência pura sem passado ou futuro que simplesmente observa. Se ela pensa em alguma coisa, pensa "Estou dissolvida". Cada vez que expira, inversamente, imagine-se vertendo a essência única de sua vida, com passado e futuro, para o mundo que o cerca, a fim de infundir nele a energia renovada.

Praticando esse exercício por, digamos, 30 dias, todos os dias, você vai se descobrir respirando em um espaço que pode ser descrito com maior precisão como vida eterna, o que pode ser muito gratificante. E, agora, vamos a uma sessão de "repouso".

Idealizando um regime de exercícios diários

Conversando com Nico Rhamodda, um dos integrantes da trupe Flying Dude, falando sobre o estado do mundo, fiquei impressionado com sua solução para a obtenção de equilíbrio pessoal, coragem, calma e habilidade de "fazer brilhar a luz" durante tempos difíceis e de potencial escuridão na história da humanidade. Sua opinião é que devemos redobrar nossos esforços como um guerreiro para fortalecer e preparar a mente, o corpo e o espírito para enfrentar o dia com graça, haja o que houver, aumentando o que quer que tenhamos escolhido fazer como treinamento diário.

Isso me fez compreender que adotar uma rotina de treinamento diário não é algo que acontece naturalmente para muitas pessoas, e por isso achei que devia lembrá-los de como é importante para a paz de espírito e a saúde do corpo a adoção e a repetição diária de alguma forma de exercício psicofísico.

Antes de começar uma batalha, os temidos guerreiros das hordas mongólicas de Gênghis Khan passavam toda a noite sentados praticando *churka*, uma forma de massagem intensa utilizando um pequeno implemento, aplicado por um companheiro ou pelo próprio guerreiro a todas as partes do corpo, sistematicamente. É uma sensação extrema que normalmente seria descrita como muito dolorosa, mas que confere outro ângulo a essa descrição, uma vez que a dor é só uma opinião e essa dor é bastante benéfica, gerada como é a partir da liberação de energia estagnada e da tensão dos músculos. Suportando essa dor, cada guerreiro tornava-se destemido e, portanto, quase invencível.

Embora não sejamos chamados para entrar em confronto direto com nossos inimigos, felizmente, nossa instalação bioemocional ainda responde aos eventos globais como se tivéssemos de participar pessoalmente da luta, pelo menos em um nível inconsciente. E apesar de ser certo exagero passar a noite toda massageando o próprio corpo até gritar de dor, certamente seria apropriado sairmos da cama uma ou duas horas mais cedo e dedicar esse privilegiado período matinal antes do despertar do mundo a uma sessão de autofortalecimento. O resultado depois de alguns poucos dias será maior prontidão, percepçao, clareza, estabilidade emocional e menor tendência para se preocupar ou angustiar.

O benefício psicológico de sentir-se fisicamente pronto para o dia pode ser tão tangível que justifica o esforço necessário para a aquisição do hábito diário. Como outros hábitos, o do exercício altera o estado da mente, mas diferentemente de substâncias utilizadas com esse propósito, que geralmente acabam sendo mais fortes que você, o exercício, se realizado com bom senso, é um vício que só traz benefícios. Considere-o como sua reunião matinal com as tropas internas, um momento para pensar que tipo de dia você deseja ter.

Seja qual for a forma de exercício que você escolher, existem vários fatores que devem ser lembrados em cada sessão. Mantenha a respiração tão lenta, profunda e estável quanto possível. Mantenha todos os músculos, exceto aqueles que estão sendo diretamente utilizados, relaxados; alongue a coluna, sobretudo a nuca e a região lombar, e concentre sua energia inteiramente no que estiver fazendo, não no que terá de fazer mais tarde (pode ser útil manter um bloco de anotações por perto, caso tenha alguma idéia brilhante enquanto estiver se exercitando).

Pessoalmente, não conheço nenhuma outra forma de treinamento pessoal tão eficiente quanto as artes marciais e aquelas não tão eficazes como as formas internas taoístas de *t'ai chi*, *pa kua* e *hsing i*, mas sou parcial e já ouvi muita gente jurar que obtém os mesmos benefícios praticando caratê, *tae kwon do* ou capoeira. No entanto, se investir tempo, energia e dinheiro para aprender uma dessas técnicas é difícil para você, talvez queira experimentar o exercício taoísta a seguir, que, além de relaxar seus quadris, fortalecer os braços e relaxar os ombros, também gera um aumento na estabilidade emocional. Ele pode ser praticado por qualquer pessoa, forte ou fraca. Se você suspeita de que possa ter algum problema cardiovascular, é melhor consultar um médico antes de começar.

Em pé, com as pernas afastadas, os pés no dobro da largura de seus ombros, incline-se para a frente dobrando o quadril e coloque as palmas no chão 90 centímetros à sua frente.

Inspire. Enquanto isso, flexione os cotovelos e leve o corpo para a frente e para baixo, de forma que seu peito se aproxime do chão entre suas palmas. Agora expire e, estendendo os braços, empurre o tronco para trás e para cima, retornando à posição inicial. Comece com três repetições e vá aumentando gradualmente até chegar a 18, mantendo sempre um relaxamento total.

Esse é um acréscimo útil a qualquer rotina, mas, mesmo sozinho, pode ajudar a aumentar os níveis de força e estabilidade e torná-lo mais flexível para enxergar os eventos do mundo e enxergá-los no plano lateral onde ocorrem os chamados milagres, ou eventos inesperados e vitais, como a súbita declaração de paz e prosperidade universal de que tanto precisamos agora.

É possível transcender a realidade do dia-a-dia

Recentemente, comecei a manhã de maneira maravilhosa visitando Frederick e Janice, o mais divertido dueto odontológico do planeta, para uma sessão de limpeza e polimento. Apesar de sua habilidade com o motorzinho e todos os outros instrumentos do mundo odontológico, Frederick tem também um soberbo senso de humor, que funciona em perfeita sintonia com o de sua enfermeira Janice. Juntos, eles fazem o paciente morrer de rir com suas conversas absurdas e as histórias surreais que contam num tom estridente demais para o protocolo normal dos consultórios dentários. Se fosse possível inserir uma câmera na boca de um paciente, em pouco tempo haveria uma emissora de tevê se oferecendo para produzir e levar ao ar os hilários episódios daquela divertida novela. (*Na boca, com Jan e Fred* seria um bom título!)

Como todos os grandes comediantes, Frederick tem uma sabedoria inata. Ele comenta que permanecer ali deitado, oferecendo a cavidade de sua boca, equivale a abrir mão do controle por cerca de 20 minutos, algo que não gostamos de fazer. Quando você se agarra ao controle, ele sugere (e a região oral é uma de nossas "porções" mais controladas) que você não está disponível para aprender de verdade com os eventos que o cercam. Mas quando você abre mão do controle, é quase sempre brindado com a porção de esclarecimento mais próxima em seu caminho.

Quando ele começou aquela raspagem com os aparelhos de metal que fazem os nervos dos dentes entrarem em colapso, eu pressionei o ponto de "grande eliminador" entre o polegar e o indicador da mão oposta ao lado em que ele trabalhava para causar um entorpecimento (eu explico mais tarde).

Concentrado em minha respiração e rindo um pouco da sugestão de Frederick sobre eu "mexer minha barriguinha e deixar o ar entrar e sair", eu relaxei e expirei com força, como uma mulher em trabalho de parto (mas não com a mesma beleza), e repeti o procedimento sempre que a dor se aproximava do marco vermelho no medidor interno da dor. Depois de três repetições, consegui alterar minha relação com a dor a ponto de fazê-la desaparecer por completo. Auxiliado por outros incontroláveis ataques de riso provocados pela insólita conversa entre Frederick e Janice, eu me senti livre para aproveitar os benefícios da meditação.

Digo meditação porque, quando você cede o controle a uma "força superior", no caso personificada por Frederick, rompendo assim a identificação com seu "eu diário", relaxa a respiração e concentra a consciência em seu crânio (o que você é forçado a fazer sempre que alguma coisa interfere em seus dentes), você entra em um profundo estado de meditação, uma espécie de nirvana odontológico, e grandes revelações surgem em sua mente. Reconheço que essa é uma forma bastante extrema de provocar uma sessão de meditação profunda, ou de assistir a uma boa comédia, mas se você precisa ir ao dentista ou desempenhar atividades que envolvem sensações normalmente associadas a tortura, é melhor mergulhar na experiência e tirar proveito dela, em vez de resistir e perder eventuais jóias que ela possa conter.

Na verdade eu estava participando de uma antiga meditação taoísta que me foi explicada inicialmente num forte sotaque de Pequim (há uns 25 anos) da seguinte maneira: "Primeiro seus ossos — só ossos. Depois seus músculos — só músculos. Em seguida seus fluidos — nada mais. Depois seus nervos. Depois seu *chi* (energia). Finalmente, seu espírito!"

Contemple-se sendo nada mais que um esqueleto — agora mesmo, enquanto está aí sentado lendo. Depois de um momento em contato com essa sensação, contemple-se sendo apenas tecidos macios. Depois "se torne" fluido — sangue, sucos digestivos, secreções hormonais, urina etc. Depois se veja como uma mera rede de nervos, depois um campo de energia e, finalmente, consciência (sem corpo). Se você conseguir um momento disso, está indo muito bem. De fato, está indo muito bem se conseguir ter a simples consciência de qualquer um desses estados. Leva tempo e requer paciência. Para retornar ao estado normal, contemple-se como uma rede bem integrada de ossos, músculos, fluidos, nervos, energia e consciência, concentre-se em sua respiração, grite mentalmente "Viva!" pelo milagre disso, e continue com seu dia normalmente.

Os efeitos dessa prática depois de algumas semanas podem levá-lo a ver tudo de uma posição mais enraizada, resultando numa postura interna menos inabalável.

Quanto ao ponto do "grande eliminador" para entorpecer sua boca no dentista, ele pode ser encontrado no final da fenda de cada mão quando polegar e dedo indicador estão unidos. Pressione-o com o polegar (da outra mão) até produzir uma dor forte, porém agradável, quase paralisante, que irradia pela palma. O meridiano do intestino grosso (do qual esse é o quarto ponto) corre pelos dois braços até a região oral e atravessa a boca no sentido horizontal, por isso pressione a mão esquerda para entorpecer o lado direito e vice-versa. Esse ponto é útil para o alívio de algumas formas de constipação e dores de cabeça associadas, por isso lembre-se disso ao usar a tática no dentista enquanto estiver sofrendo dessa condição — o efeito pode ser imediato e você ainda estar com a boca cheia de instrumentos metálicos. Tenho certeza de que uma situação desse tipo seria motivo de muitas piadas entre Jan e Fred.

Mantenha-se flexível na mente, no corpo e no espírito, e, quanto mais velho, melhor

Estou em um estúdio de gravação em Cheshire trabalhando em meu álbum (sou músico compulsivo, além de escritor), esperando por Justin, o engenheiro, para que ele termine de trabalhar minha voz e eu possa acrescentar alguns trechos de guitarra, e escrevendo este trecho para que o momento não se perca. Tenho visto os momentos passando com grande velocidade nos últimos tempos.

Você tem fases assim, quando está mais consciente de sua ampulheta derramando a areia? Tais fases normalmente duram 72 horas e, para mim, começam sempre com um dia de aparência ruim. Eu me queixaria do cabelo, mas o meu está curto demais para causar alguma flutuação de humor significativa. Olho para o espelho e penso: aqui estou eu com essa aparência horrível, enquanto pensava ter 17 anos. Depois caminho pela rua pensando quanto estou em forma. As pessoas me enxergam como um homem de meia-idade maldisfarçado de jovem inconseqüente; ainda sou atraente ou desejável em algum sentido (não só comercialmente, mas romanticamente); devo me acomodar aos poucos na situação de homem sensual e mais velho ou esperar graciosamente que um de meus filhos tenha um filho para que eu possa brincar de ser avô e encontrar satisfação dessa forma?

Em minha opinião, estou apenas começando e, embora aos 49 anos já tenha visto escorrer metade da areia da minha ampulheta, ainda me sinto apenas no início de uma aventura sem limite. Ou talvez seja apenas o *t'ai chi* que pratico todos os dias criando a ilusão de grandeza mortal.

Mas T. T. Liang, um dos grandes mestres de *t'ai chi* do último século, disse (aos 83 anos) que a vida começa aos 70. Isso porque ele tinha conhecimento do fato de que a prática diária de *t'ai chi* mantém a juventude aprimorando a circulação de sangue e energia, massageando seus órgãos internos e exercitando seus músculos e articulações naquela maneira única de alongar e flexionar o corpo. Assim, quando você atingir os 70 anos, ainda se sentirá jovem como uma rosa e terá, esperamos, a sabedoria da experiência para atribuir-lhe algum peso psicoemocional que servirá de lastro enquanto você finalmente embarca no início de sua vida.

Falando em peso como lastro, outra noite vi Sam Moore num concerto — ele é o Sam de Sam e Dave, a maravilhosa dupla que, além de cantar a clássica *Soul Man* no final da década de 1960, foi a inspiração para *Os irmãos cara-de-pau* de John Belushi. Beirando os 70 anos, e com uma barriga considerável, ele é adorável e ainda pode cantar melhor do que qualquer um que eu já tenha visto na MTV. Esse sujeito é demais. E quando você o vê dançar, percebe como a flexibilidade é a chave para a juventude. Cantar ajuda. As crianças cantam espontaneamente, e por isso cantar o põe novamente em contato com sua natureza infantil, mas também exercita os pulmões e leva mais oxigênio ao cérebro.

Também quero mencionar meu querido amigo e guia, Raja Ram, o indiscutível rei da cena *trance* global. Ele está num continente diferente a cada semana. Desempenhando suas funções de DJ para platéias de milhares de adolescentes do Rio a Tóquio, de Nova York a Ibiza (pense em primeira classe, pense em limusines). Ele também é o comandante do rótulo *trance* em todo o mundo e tem mais energia no dedo mínimo do que muitas estações de energia nuclear. Ele tem 61 anos. Por ele vejo como é importante ter sempre desafios mentais para manter seu cérebro ativo, e para ser desafiado por precisar estar envolvido de maneira criativa com um projeto que desperte e mantenha seu fascínio.

Assim, esqueça a aposentadoria. Seu sonho de vegetar para sempre numa poltrona não vai fazê-lo feliz e, provavelmente, ainda acelerará o fim. Mude seus caminhos quando chegar aos 60 ou 65, certamente, mas não pense em desistir da significativa interação com o mundo. Em vez disso, pense em usar esse tempo para aprender ou desenvolver uma nova arte, seja ela *t'ai chi*, canto, dança, discotecagem, pintura, montanhismo ou o que for, e permita que ela seja o veículo que vai transportá-lo em sua aventura. Nunca desista da aventura, e deixe-a servir de inspiração para outras pessoas. Mantenha o corpo forte e flexível e a mente o seguirá. Mantenha a mente forte e flexível e o corpo a seguirá.

Aqui vai um pensamento forte e flexível que surgiu do nada. De verdade, eu estava apenas sentado aqui, ouvindo minha voz cantando e cantando e, de repente, antes que eu percebesse, este artigo estava escrito. Nem sabia que estava pensando em todas essas coisas. Talvez tenha sido apenas uma idéia indisciplinada, talvez um canal aberto pelos deuses Akai e Rolland. Fico assim internamente anárquico quando estou fazendo música, porque isso desperta o adolescente em mim. Encare como um grito de ânimo para (mim mesmo e) todos que já consideraram mesmo que vagamente seu envelhecimento, para não se deixarem seduzir pela idéia de desistir e sair de cena, mas para abraçarem o pensamento de começar a vida novamente aos 70 e começarem a se preparar para isso agora mesmo. Quanto mais jovem, melhor.

E agora, se me dão licença, Justin está segurando a guitarra e gesticulando para que eu vá registrar algumas notas no disco rígido, porque não sou um velho ultrapassado, afinal. (Em frente, T. T., Sam e Raja Ram!)

Dê a você mesmo um estímulo suave e livre de drogas e a seu médico, um descanso

Consulte seu médico antes de continuar lendo! Digo isso porque já me disseram que raramente introduzo meus conselhos com esta sugestão. Admito que tenho me sentido livre para agir dessa maneira recentemente, sendo da opinião de que a maioria dos leitores sabe quando procurar ou não um clínico geral. Também, tendo mais do que alguns poucos clínicos gerais como amigos, sei que, considerando suas agendas já tão atribuladas, seria contraproducente sugerir que toda vez que alguém for experimentar uma forma de auto-ajuda deva antes visitar o médico. Infelizmente, não temos tantos clínicos disponíveis.

Por isso mesmo tantas pessoas decidiram tomar a ousada decisão de assumir a responsabilidade por seu bem-estar e fazer tudo que estiver a seu alcance para impedir a ocorrência de enfermidades ou seu progresso para estágios incontroláveis. Obviamente, o aspecto negativo disso é que, às vezes, aliviar os sintomas pode cegá-lo para algum problema sério exigindo sua atenção. Mas isso também pode ocorrer quando você faz uso de medicamentos alopáticos. O ponto importante aqui é que, mesmo com os melhores equipamentos e profissionais à sua disposição, há sempre um elemento de adivinhação ou intuição envolvido no diagnóstico e no tratamento de uma doença.

O aspecto positivo é que, adotando a auto-ajuda, você se torna mais intuitivo e sensível ao funcionamento de seu corpo e, portanto, mais propenso a detectar os sinais de atenção.

Além disso, se alguém duvida da própria capacidade para equilibrar-se em um estado particular, existem batalhões de terapeutas holísticos bem treinados em uma variedade de disciplinas sempre prontos para ajudá-lo.

Sim, é verdade, quando a chamada medicina complementar começou a surgir como uma alternativa viável, as pessoas ainda tratavam seus terapeutas como faziam com seus clínicos gerais — como deuses com o poder sobre a vida e a morte, a quem podiam atribuir a responsabilidade por sua saúde. Mas agora a mensagem "assuma a responsabilidade por sua própria saúde", exposta por todo terapeuta holístico na Terra, é de conhecimento comum, e as pessoas estão mais receptivas à idéia de promover o próprio reequilíbrio.

É claro que há um aspecto positivo nisso também: a overdose de vários suplementos ou a mistura errada de ervas e remédios alopáticos, embora raras, podem ser extremamente perigosas. Muitos, entretanto, conseguem conduzir seus experimentos de auto-ajuda sem maiores contratempos e, de fato, com grandes benefícios, inclusive para os sobrecarregados clínicos gerais.

Mas é um experimento. De que outra forma poderia ser? Não somos máquinas, e a cura, de qualquer tipo, é uma arte bem como uma ciência. Conseqüentemente, os resultados são um pouco imprevisíveis. O mesmo vale para todos os tipos de medicina.

No entanto, a segurança está na inteligência de seu próprio corpo, que, se impulsionada na direção certa, tende a operar milagres ou eventos terapêuticos de considerável importância. Tudo consiste em saber como e onde dar esse impulso.

Assim dizendo, experimente esse procedimento como um sutil estímulo generalizado (mas, na dúvida, consulte antes seu clínico geral). Sente-se relativamente ereto, com as costas confortavelmente apoiadas, o corpo relaxado, a respiração lenta, estável e fluida. Coloque um dedo indicador diretamente sobre sua coroa (a parte mais alta da cabeça) e, com o braço e o ombro relaxados, suavemente, usando pouca pressão, faça círculos de 2,5 centímetros de diâmetro, movendo a pele contra o osso, 18 vezes no sentido horário e 18 no sentido anti-horário. Enquanto isso, sinta, ou imagine poder sentir, uma linha de energia subindo por sua coluna desde a base até a coroa de sua cabeça ao comando de seus dedos. Depois baixe o braço lentamente e relaxe, visualizando a energia se colocando na base de sua coluna. Em minutos você se sentirá mais leve e mais otimista sobre manter-se em equilíbrio, em vez de pensar que precisa visitar o médico. (Isso mesmo, dê um descanso ao homem.)

Esqueça a esteira de ioga, tudo de que você precisa é o chão

Durante um momento de profunda introspecção, há pouco, percebi que tenho algo contra... não, trata-se realmente de um preconceito contra, dentre todas as coisas, as esteiras de borracha para ioga.

Quando adotei essa antiga disciplina no início da década de 1970, as pessoas não utilizavam esteiras de borracha para ioga, nem usavam as chamadas roupas para praticar ioga. Os trajes largos típicos do movimento hippie e peculiares a muitos praticantes da ioga naquela época eram suficientes, como o bom e velho chão, fosse ele coberto por um tapete ou apenas um piso de tábuas. As pessoas não usavam acessórios. Sim, a velha faixa de caratê era empregada para amarrar os membros e facilitar a passagem para uma postura particular. Talvez um ou outro até se deitasse sobre um banco coberto por almofadas para alargar o peito, enquanto segurava pesados livros para adicionar torque, mas não havia nenhum equipamento especial para sustentar o arco das costas, nem cordas ou roldanas.

A ioga surgiu na Índia com estetas que se deitavam onde quer que estivessem e adotavam a postura que julgavam mais apropriada, sem pensar em equipamento. Depois, no final da década de 1970, um empresário alemão pensou que se comprasse tapete de alta qualidade num tom bem claro de verde a preços de liquidação e cortasse o material em retângulos, poderia vendê-lo com lucro para o crescente número de alunos de ioga que gostavam de levar seus cobertores de berço para as aulas, pois assim evitavam o contato do rosto com o chão.

Em pouco tempo, nenhuma sala de estar de decoração étnica em toda a Boêmia deixava de ter seu tapete verde enrolado em um canto. E eu não me incomodava com isso, desde que aqueles tapetes permanecessem confinados aos lares ou aos estúdios de ioga.

Mas eu via cada vez mais fotografias nas revistas de celebridades calçadas, bem vestidas e bebendo água mineral com seus tapetes enrolados sob um dos braços como um acessório, e eles não eram mais verdes, mas azuis, também. Foi assim que o preconceito criou raízes em minha alma.

Para mim, as esteiras de ioga têm um cheiro peculiar: não é apenas o cheiro de pés suados, mas, ainda mais sinistro, o cheiro de um adepto do controle.

Ponha seu rosto no chão, pelo amor de Deus! Misture seus traços com o solo humilde, seja ele acarpetado ou de tábuas. Esteja em união com a sujeira da raça humana. Isso ajuda a construir imunidade.

A ioga é uma disciplina psicoespiritual de tal profundidade que não necessita de nenhum equipamento comercializado pelos empresários da ioga. Pelo contrário, seu próprio nome significa união, união com tudo que existe, e isso significa carpetes e tábuas, também.

Mas, para ser justo, as esteiras eram vendidas sob a alegação de que a borracha sob os pés não deixava o praticante escorregar nas posturas em pé, apesar de não ser necessário o uso de um tapete antiderrapante se você permanecer em pé na postura correta, com os pés adequadamente plantados no chão. Se a esteira é necessária, você deve estar se contorcendo. E, é claro, utilizar almofadas para apoiar-se, caso esteja particularmente tenso ou enfraquecido por doença ou incapacidade é, sem dúvida, uma alternativa viável.

Quando comecei a praticar a ioga ainda adolescente, minhas pernas e meu quadril estavam tão rígidos que eu precisava usar almofadas só para me sentar sobre os calcanhares. Mas você nunca deve ir além do que pode fazer naturalmente, mesmo que seja algo limitado. A ioga cresce lentamente dentro de você com a prática. Não é algo que se possa ou deva apressar. É toda essa pressa em cima de nossas esteiras de ioga que está causando a elevação sem precedentes do número de lesões relacionadas a tal prática no Reino Unido, uma tendência que se verifica desde meados da década de 1990.

A mais avançada e difícil postura de ioga, aquela para qual todas as outras são idealizadas para facilitar a prática otimizada, é a "postura do cadáver" — deitar-se de costas no chão como um cadáver, absolutamente quieto a não ser pela respiração, que deve ser lenta, profunda e suave, tão relaxada que é como se você nem estivesse ali.

Então eu digo: deixe seu cobertor em casa e vamos pôr um fim no emborrachamento não apenas da ioga, mas da vida como a conhecemos.

Aquecer pode ser ruim para você

Outro dia vi no jornal uma dessas coisas que pode virar sua visão de mundo do avesso, e que por falta de notícias reais acabou chegando à primeira página na posição de manchete, conquistando assim o status quase divino de fato incontestável, e acredito ser minha responsabilidade, como dr. Barefoot, abordar essa questão aqui, caso alguém ainda esteja confuso ou aturdido com ela.

À luz dos eventos potencialmente tumultuosos do mundo, como a crise ecológica, os perigosos jogos de poder geopolíticos e o cenário de ruína econômica, a notícia não vai parecer particularmente dramática, mas parece que uma equipe de cientistas australianos determinou, depois de anos de cuidadosa e cara pesquisa, que se alongar antes e depois de exercitar-se na academia não causa nenhum bem ao indivíduo.

Você pode até concordar com essa conclusão absurda se alguma vez já observou pessoas se alongando em uma academia, pulando para cima e baixo, bufando, fazendo caretas com a mandíbula tensa e as veias saltadas, porque isso não faz nenhum bem. Bufar e ofegar restringem a circulação sanguínea, estressam e esgotam seus órgãos; as caretas provocam um ar carrancudo e mal-humorado, baixando a resposta imunológica; e pular como um palhaço enlouquecido traumatiza seus músculos, que não conseguem assimilar as mensagens confusas que estão recebendo, algo como: "Relaxe, eu me odeio, relaxe, eu me odeio" e outras coisas parecidas. Seus músculos precisam de mensagens claras, como qualquer outro ser com quem você esteja se relacionando.

O alongamento como o conhecemos originou-se da hatha ioga, que, como deve ser categoricamente afirmado, faz mais bem aos músculos antes ou depois do exercício, ou de qualquer outra atividade, do que qualquer outra coisa no planeta, exceto uma boa massagem aplicada por um profissional depois de um dia inteiro mergulhado em banheira de água mineral quente e sulfurosa com um martíni na mão.

Na ioga, você não alonga os músculos com esforço ou desconforto, mas com graça, usando a mente no lugar da força bruta. De fato, você nunca usa a força bruta, porque isso equivale a trabalhar contra o corpo, não com ele. Você deve convencer seu corpo a cooperar. Mas isso exige paciência, atenção e humildade, três qualidades sempre muito difíceis de se obter num ambiente de academia de ginástica. Então, talvez você deva fazer seu alongamento em casa, onde, imagino, desfruta de um ambiente acolhedor e confortável.

Dedique cinco minutos a cada alongamento, o adequado para acomodar-se lentamente em cada posição, manter-se nela por alguns momentos e sair dela lentamente. E não pule, por nenhuma razão.

A razão para o alongamento, ou para qualquer forma de exercício interno, como *t'ai chi* ou *chi-gung*, por exemplo, é construir um relacionamento progressivamente melhor com seu corpo. As lesões que você sofre praticando exercícios ocorrem porque, em algum recesso oculto de sua mente, você emitiu (inconscientemente, é claro, a menos que seja muito maluco ou esquisito) um comando para a ocorrência da lesão. Assim, quanto maior a conexão consciente que você mantiver com o funcionamento de seu corpo, melhor poderá supervisionar os comandos que são emitidos.

Por exemplo (e só faça isso se não tiver nenhum problema de coluna ou de bacia), fique em pé com os pés afastados pouco mais de um metro, com os dedos apontando para a frente, e muito devagar e suavemente dobre o corpo na altura do quadril, baixando o tronco, sustentando-se com as palmas no chão na sua frente ou segurando a parte inferior de suas pernas, e apenas fique ali, deliciando-se com o alongamento de suas coxas por nove respirações. Então, bem devagar, deixe o tronco subir, começando o movimento pelo quadril e deixando a cabeça por último, mantendo sempre o fluxo de sua respiração.

Quando terminar, repita o exercício, e vai notar que ele acontece com mais facilidade.

Depois saia para dar uma volta rápida e saltitante no quarteirão, com os braços balançando e a cabeça erguida, e se não se sentir com mais energia a cada passo, mais jovem do que de costume na região do quadril e na área dos pés, eu comerei meus sapatos.

Fedidos, suados e escondidos... os dedos dos pés não merecem toda essa má fama

Seja honesto, se eu pedisse para você se imaginar coberto da cabeça aos pés numa mística luz dourada que o torna imune a doenças e dor e enche seus cofres de dinheiro, além de pensar que esse texto vai acabar se tornando hippie demais, que áreas de seu corpo você passaria mais tempo imaginando?

Aposto que não seriam seus dedos dos pés! Na verdade, e não estou dizendo tudo isso apenas como parte de uma campanha de autopropaganda, durante todos os anos trabalhando para reparar corpos e almas, eu diria que a maioria das pessoas despreza, mais que tudo, seus dedos dos pés. As pessoas se envergonham deles.

Tudo começa com os sapatos que esmagam os dedos na infância, progride para o estágio em que nunca se tira os tênis em lugares fechados, caso o odor seja mais forte que sua resistência ou a de sua companhia, e, quando você é um adulto, inteiramente formado, os pobrezinhos estão tão deformados e judiados que olhar para eles é quase insuportável.

Quando jovem, eu costumava molhar o gramado e fazer as compras para uma senhora chamada sra. Stenlake, que mal podia andar por ter sofrido uma amputação de boa parte dos pés. Isso me impressionou muito, tanto que bem antes de começar a prática da ioga ou da terapia, nas quais se coloca muita ênfase nos pés, eu estava sempre muito consciente da importância de meus dedos. Não os temos à toa, afinal.

De fato, os taoístas afirmam que só quando seus pés estão relaxados, livres e flexíveis, sua energia e força da vida encontra plena expressão. Pense em como seus dedos se movimentam para preservar seu equilíbrio quando você caminha descalço sobre as pedras na praia e compreenderá o que estou dizendo.

Mas, de volta ao ponto. Além de serem mais importantes para seu bem-estar do que você imagina, sem mencionar sua utilidade para mantê-lo em pé sobre rochas ou nas ruas da cidade, não há nada que complete melhor a estética dos pés do que dez (se você tiver sorte) dedos bem formados. Mas se, depois de anos de negligência e mau uso, você descobrir que os seus estão um pouco feios, não se desespere. A ajuda está a caminho.

Com um suave alongamento realizado regularmente, uma vez a cada dois ou três dias, por exemplo, seus dedos podem recuperar a beleza original em algumas poucas semanas, e estarão prontos para serem exibidos com orgulho na praia no próximo verão.

Comece segurando o dedinho de seu pé direito entre o polegar e o indicador e puxando-o delicadamente para cima, na direção da perna, até sentir uma poderosa tensão na porção inferior do dedo e do pé. Mantenha a posição por meio minuto, respirando livremente, e solte o dedo devagar, deliciando-se com a sensação de alívio que o inundará. Repita com o dedo seguinte, com outro e outro, mas, quando chegar ao dedão, pressione os outros para baixo com uma das mãos enquanto usa o polegar e o indicador da outra para puxá-lo para cima, gerando assim maior extensão. Depois, use o polegar e o indicador para afastar o máximo possível o dedo mínimo de seu vizinho, que também deverá ser afastado do próximo e assim por diante, aumentando sua capacidade de alargamento. Dedique alguns momentos a uma cuidadosa massagem por toda a extensão de cada dedo usando o polegar e o indicador e, quando terminar, repita o ritual com o outro pé.

Finalmente, olhe para seus dez dedos e, vendo-os agora cheios de energia, movimente-os e diga sinceramente "Eu amo vocês, meus dedos", e então continue o que estava fazendo antes.

Viu? Não é tão hippie quanto você imaginava, é? Então, sugiro agora que você se imagine coberto da cabeça aos pés por uma luz dourada que traz imunidade contra as doenças e grande prosperidade, apesar do momento econômico de grandes tempestades. Aposto que você verá maior preponderância de luz que antes na região inferior ao umbigo. E quando alguém gritar "Ei, dedos brilhantes" no meio da rua, você terá a confiança de saber que os dedos em questão são os seus.

Sintonize-se os sons à sua volta

Como exatamente você ouve o que as pessoas dizem? Você escuta realmente o que está sendo dito? Com que freqüência ouve a infinidade de sons que o cerca? Ouvir é um milagre, mas em que medida você se permite desfrutar da magnífica sinfonia de vida que é executada inteiramente em seu benefício neste exato momento?

Todos empregamos a audição seletiva, e isso é necessário, porque, se focássemos verdadeiramente todos os ruídos que nos cercam, nossa mente provavelmente implodiria. No entanto, se não for controlada, a audição seletiva torna-se progressivamente tão precisa que você deixa de ouvir, desenvolvendo uma espécie de surdez. De acordo com a sabedoria médica taoísta, seus ouvidos são a chamada "flor" ou "expressão" de seus rins, ou seja, sua habilidade de ouvir é diretamente influenciada pela quantidade de energia renal. Daí a redução da audição com a chegada da idade, quando os rins enfraquecem.

A energia dos rins também determina o nível de resistência emocional. Quando suas emoções são perturbadas, como ocorre com uma criança cujos pais estão discutindo, por exemplo, a região renal sofre uma sutil contração, o que reduz o fluxo de energia. Isso provoca um leve estreitamento da audição num nível energético e emocional. Inconscientemente, você escolhe bloqueá-la. Esse processo se instala como um padrão, o que acaba por limitar severamente aquilo que você pode ouvir e levará você a um elevado nível de tensão quando, eventualmente, tiver de pensar em comprar um aparelho auditivo digital cujo preço é absurdo.

Para contrapor essa tendência existe um exercício taoísta de meditação denominado ouvir atrás de você. Feche os olhos e, reunindo sua consciência no exato centro do cérebro, permita que todos os sons atrás de você preencham sua mente. Não analise nem categorize; apenas permita que o som penetre, sem comentários. A expressão atrás de você é só uma metáfora, um truque para enganar a mente e fazê-la buscar um foco, uma vez que você também estará ouvindo o que acontece à sua frente e aos lados. Praticando esse exercício, logo você vai perceber que esteve limitando severamente a amplitude dos sons que o cercam. Se puder dedicar alguns minutos por dia a esse exercício, em uma semana, mais ou menos, sua audição se tornará bem mais precisa.

Abrir-se para essa paisagem panorâmica também ajuda a aperfeiçoar suas habilidades de audição direcional. A audição direcional está se tornando problemática nos dias de hoje, quando nos sentamos para comer em restaurantes barulhentos e percorremos ruas ruidosas. Para auxiliar a audição direcional em tais ambientes, leve uma das mãos, em concha, até um ouvido para bloquear o som periférico e ajude a capturar o som que você deseja da direção apropriada, mesmo que isso o faça parecer um velho surdo.

Você também pode aumentar sua habilidade auditiva estimulando o fluxo de energia topicamente. Massageie cada orelha com o polegar e o indicador suavemente, mas com vigor, por um minuto, dando especial atenção a cada volta e dobra. Depois tampe os ouvidos cobrindo-os com as palmas e, estabelecendo um ritmo, aplique e remova pressão 81 vezes, de forma que os sons externos aumentem e diminuam como ondas no mar. Isso não só é relaxante, mas, praticado diariamente, também vai torná-lo mais resistente ao barulho e ajudará a prevenir, e algumas vezes até curar, a surdez e as infecções do ouvido. Os taoístas dizem: "Cale a boca e ouça apropriadamente e tudo lhe será revelado."

Então, se é isso que você procura, aquiete-se por um momento agora, massageie suas orelhas, faça o exercício de abertura e fechamento, depois relaxe os braços, feche os olhos e permita que a pletora de sons à sua volta preencha sua consciência até que, na essência de todos os sons, você ouça os traços suaves de um som sutil permeando todos os outros. E se isso lhe trouxer alguma séria revelação, não esqueça de me contar. Soa sonoro?

Tire o pé do acelerador e vai descobrir que viaja mais longe

No estúdio onde mixava minhas canções, notei depois de algumas horas de intensa concentração e dedicação que levaram à conclusão da tarefa — obviamente com o valioso auxílio de "Bernie, o Viajante", o especialista em mixagens que havia viajado da Alemanha só para isso e assumia o controle da situação que não havia mais nada para eu fazer, pelo menos por aquele momento. Nenhum telefonema, nenhuma obrigação, nenhuma decisão a ser tomada. Em vez de assumir o comando da situação e descansar um pouco, habituado como estava à correria do trabalho e viciado no constante fluxo de endorfina, surpreendi-me com o corpo tenso, desperdiçando valiosa energia por nenhum motivo. Isso me fez refletir sobre como, de acordo com aqueles sábios taoístas de outrora, a interação entre ação e repouso é governada pelo movimento *yin yang*, e, assim, em vez de descansar, eu me senti compelido a compartilhar minhas reflexões com você.

A dança das duas forças primitivas da existência, o *yin* representando a contração, o repouso, e o *yang* simbolizando a expansão, a ação, ocorre universalmente, afeta todos os fenômenos conhecidos e é intrínseca à condição humana. Você pode tirar proveito dela para otimizar sua energia e resistência e, portanto, torná-lo mais eficiente.

O primeiro passo é observar a si mesmo naqueles momentos ao longo de um dia cheio, de intensa atividade *yang*, em que, por um ou dois segundos, não há nada para fazer — e durante os quais você até agora nunca havia pensado que valeria a pena mudar de atitude para uma pausa *yin* entre-tarefas. Forçar o motor até o limite e manter o pé no acelerador mesmo ao mudar de marcha força demais a máquina — no caso, seus órgãos vitais —, o que, no longo prazo, encurta sua vida útil.

Estar entre tarefas dá a você a possibilidade de desacelerar momentaneamente e deixar-se seguir em baixa velocidade por alguns metros. É muito agradável quando você se habitua — e não é só agradável, mas essencial, se você está interessado em aumentar sua longevidade, já que essa é a única maneira de renovar sua energia em um mundo atribulado como o nosso. Deixar de se renovar aumenta a tensão, aumentando também o calor interno até você entrar em combustão e morrer.

Pare agora, se tiver um momento, e verifique seu corpo. Está relaxado, ou mantém a musculatura desnecessariamente tensa? Sua respiração é superficial ou profunda?

O simples ato de notar esses detalhes tende a desacelerar e aprofundar sua respiração, aumentando, portanto, o nível de relaxamento de forma imediata, embora você possa colaborar emitindo o comando para reduzir a velocidade de sua respiração e aprofundá-la.

Finalmente, ajuste a posição de seu corpo. Quanto mais perfeitamente alinhado estiver em relação ao solo, menor será a tensão e, por conseqüência, todo o restante.

A dança de *yin* e *yang* acontece entre seus aspectos frontais e posteriores, os posteriores sendo *yang* e os frontais sendo *yin*. Estar perfeitamente perpendicular ao solo equilibra *yin* e *yang*, o que faz você se sentir mais leve e mais situado no presente momento.

Apoiar-se mais na região frontal dos pés ou mais sobre os calcanhares coloca tensão desnecessária em seu complexo psicofísico, o que vai acarretar um desperdício da preciosa força da vida.

Tire um momento para ficar em pé com os pés afastados na largura dos ombros e balance o corpo delicadamente sobre as solas dos pés, indo do calcanhar aos dedos até encontrar o melhor ponto de equilíbrio.

Depois verifique o equilíbrio lateral balançando da direita para a esquerda. Mais uma vez, com os pés afastados na largura dos ombros, balance seu peso de um lado para o outro, do pé esquerdo para o direito, até encontrar o melhor ponto de equilíbrio.

Em outras palavras, relaxe e respire, endireite-se e vai se sentir melhor imediatamente. Enquanto isso, tendo removido minha audição do campo de um jeito meio *yin*, tenho a impressão de que "Bernie, o Viajante" e a mixagem podem ter se desviado um pouco do caminho, e por isso vou voltar à mesa agora mesmo e retificar as coisas.

Não temos de carregar o peso do mundo sobre nossos ombros

Enquanto estou aqui sentado vendo o Atlântico sul pela minha janela na Cidade do Cabo, em vez de trabalhar como devia estar fazendo — foram duas semanas de compromissos quase cumpridos, 14 dias de extrema responsabilidade no cumprimento de minhas obrigações —, meus olhos encontram lá embaixo um veículo com a palavra "Atlas" gravada na lateral. Há também uma imagem daquele herói grego maluco segurando o mundo sobre os ombros. Eu verifico meus ombros e me sinto satisfeito e (ainda) surpreso por ver como 40 anos de ioga e *t'ai chi* surtiram efeito, uma vez que eles estão relaxados e alongados como eu.

Rio ao me lembrar de alguém em um workshop essa semana me perguntando se eu tinha algum movimento rápido para liberar a tensão crônica nos ombros. Minha resposta foi direta: 15 anos de ioga! Rir costuma me levar à presunção, e por isso me contenho por medo de descer à complacência e noto que, focando-me, posso até fazer meus ombros descerem mais dois ou três centímetros, o que me faz pensar em você e como posso ser capaz de convencê-lo a fazer o mesmo, tal o refinado sentimento de alívio que tudo isso encoraja em meu ser.

Mas, antes disso, considere quanto peso psicológico você esteve carregando desde ter idade suficiente para pensar por conta própria; o peso de todas aquelas decisões, toda aquela reflexão sobre a vida e a morte, sem mencionar as contas bancárias, o peso da culpa não resolvida por todas as coisas erradas que já fez, o peso de amar, de perder, o peso do medo existencial, da raiva contida, do pesar por coisas que deixou de fazer, dos sonhos que teme jamais realizar, das mentiras, o peso de tentar atender às expectativas de outras pessoas. Sinta tudo isso sobre seus ombros agora e pergunte a você mesmo: preciso realmente continuar carregando esse peso por aí dia e noite? É isso mesmo que eu quero?

Pode ser uma surpresa para você lembrar que pode escolher. Mas, se você não tem esse poder de escolha, quem o tem, então? É claro, se você acha que combina com seu visual carregar o peso do mundo nos ombros, então continue. Mas, se acha que a vida poderá ser melhor quando abandonar essa carga, então não se acanhe.

E assim voltamos ao ponto de partida. Imagine-se como Atlas, com o peso de toda uma vida repousando sobre seus ombros, a massa formada por todas aquelas experiências, sentimentos, pessoas, situações, todos aqueles prédios, todas aquelas vastas paisagens que compreendem a história de sua existência. Sinta esse peso. Agora inspire e, quando expirar, veja-se jogando para trás toda essa carga e afirmando, nas palavras imortais de Ayn Rand: "Atlas encolheu os ombros!"

Repita esse procedimento até seus ombros estarem completamente baixos e você se sentir amplo como se houvesse uma (grande) viga na largura da parte superior de seu corpo.

Como sugeri à pessoa tão ávida por uma solução imediata, não existem atalhos. Tudo é uma questão de treinar pacientemente seu corpo por meio da mente. O verdadeiro treinamento leva anos para penetrar a névoa do complexo corpo-mente com seus anos de maus hábitos posturais. Assim, comece a encolher os ombros de vez em quando todos os dias, repetidamente, pelo resto de sua vida, se quer mesmo adquirir plena e contínua leveza de ser.

E aqui vai um truque taoísta para ajudar: sente-se confortavelmente, com as costas retas e perpendiculares ao solo, respirando lentamente e com regularidade, sustente os braços diante de você, com as palmas voltadas para o peito, como se segurasse um balde grande demais para permitir o encontro de suas mãos. Bem devagar, vire a cabeça de um lado para o outro como se dissesse um não em câmera lenta 18 vezes para cada lado. Evite forçar o movimento; deixe o conjunto de ossos, cérebro e órgãos sensoriais se mover como se fosse montado sobre um suporte esférico. Baixe os braços bem devagar, descanse, delicie-se com o maravilhoso sentimento de alívio em seus ombros provocado pelo fluxo de sangue e energia nessa região e declare com orgulho: "Já não carrego mais o mundo em minhas costas!"

Nesse exato momento, olho para fora e vejo o veículo do Atlas se afastar rumo ao pôr do Sol. É um bom presságio.

Passe alguns minutos a mais no chuveiro e vai caminhar mais alto

Você deve lembrar que recentemente exaltei as virtudes das tarefas diferenciadas no banho, sobretudo nos benefícios de duplicar o processo de ensaboar o corpo como uma rotina de automassagem que cura e revitaliza ao estilo taoísta. Em vez de deixar que seu ritual diário de ensaboar-se seja uma coisa aleatória, use exatamente o mesmo tempo a fim de executar seus movimentos de acordo com uma antiga rotina oriental, que envolve massagear em sentido ascendente a parte interna de cada perna e depois descer pelo lado de fora, descer pelo lado interno de cada braço e subir pelo lado externo, descer pela linha central do peito e do ventre e subir pelas laterais do tronco até as axilas, repetindo cada circuito cerca de nove vezes antes de enxaguar-se. A prática diária não só o deixará absolutamente limpo, mas também vai promover um tangível fluxo de energia interna que, num período de três semanas, vai produzir um notável fortalecimento de seu sistema imunológico, um investimento prudente nos dias de hoje.

A rotina que descrevi acima não cobre todo o seu corpo, mas eu estava guardando as técnicas mais contorcidas, inclusive massagear suas costas e seus ombros, para quando me sentisse verbalmente mais habilidoso e forte. Esse não é um desses momentos, porque acabei de concluir uma rotina de nove dias de workshops, palestras, programas de tevê e rádio na Cidade do Cabo, enfim, um programa que consumiu quase todas as palavras de meu vocabulário. No entanto, enquanto executava a rotina de ensaboar-me no banheiro hoje de manhã, fiquei tão entusiasmado com a técnica do jarrete que decidi usar as palavras que me restam para dividi-la com você.

Você pode pensar neles como almofadas naturais que tornam o ato de se sentar no banheiro mais confortável, mas os tendões são cruciais para mantê-lo ereto. Além disso, a medicina taoísta também atribui diversas funções do domínio psicoemocional aos diferentes grupos musculares e, no caso de seus tendões, a função atribuída é sua habilidade de manter-se em guarda, cravar os pés no chão e dizer NÃO em caso de necessidade. Durante 20 anos de observações enquanto atuava como terapeuta na linha de frente, ficou claro para mim que pessoas com tendões tensos tiveram grande dificuldade para relaxar diante do desconhecido e forte tendência para a teimosia ao longo da vida, ao passo que pessoas com tendões flácidos e fracos enfrentaram dificuldades para ser assertivas ou dizer não para qualquer coisa. De maneira oposta, aqueles com tendões fortalecidos, porém flexíveis, demonstraram com facilidade uma assertividade natural e foram mais propensos a aproveitar as oportunidades que surgiram no caminho.

Tendões fracos são decorrentes de se passar muito tempo sentado ou deitado, sem caminhar, correr ou se exercitar ou surgem depois de uma longa doença, e podem ser rapidamente corrigidos por algumas breves caminhadas no corredor. Tendões tensos resultam do fato de que você não os esteve alongando, o que normalmente acontece em associação ao medo intrínseco de mudanças e, portanto, da inclinação para cravar os pés no chão e dizer não. Sim, é uma afirmação ousada, mas faz sentido se você aceita a idéia taoísta de que o medo inconsciente, não resolvido, causa uma contração gradual da região dos rins. Então, é uma simples questão de mecanismos físicos verificar como essa contração viaja com o passar do tempo pelas duas laterais de sua coluna, pelas nádegas e para os tendões e panturrilhas, onde se aloja numa teimosia rígida.

Porém, o mais breve momento de interação entre sabonete, mãos e tendões diariamente vai instigar um sutil e, ao mesmo tempo, poderoso fluxo de energia promovendo maior mobilização dos tendões rígidos e maior rigidez dos tendões flácidos, ajudando assim a equilibrar seus níveis de assertividade e objetividade.

Funciona assim: coloque a palma da mão direita logo abaixo da nádega direita, pressione com firmeza o músculo, usando vigor ainda maior na parte externa, descendo até a região posterior do joelho, depois subindo da mesma forma do joelho até a nádega, pressionando com maior firmeza a área interna. Complete nove ciclos e repita com a mão esquerda na perna esquerda. Depois de três semanas você vai se sentir mais assertivo e aventureiro, e menos temeroso.

Energia, saúde e o sistema imunológico

Você está sempre cansado por nenhuma razão aparente?

Sua energia desaparece à tarde? Depois de uma boa noite de sono, você ainda encontra dificuldades para pensar com clareza? Visite seu médico e ouvirá conselhos como fazer mais exercício, cortar a cafeína, evitar alimentos gordurosos e viver menos estressado. Todos são conselhos válidos, mas o que eles não dizem é por que os oferecem.

Durante períodos de estresse, talvez devido ao sentimento de sobrecarga, insatisfação ou incapacidade para realizar mudanças necessárias em sua vida, você tende a abusar mais de si mesmo. Um estilo de vida sedentário, aliado a alimentos que oferecem conforto e excessos alcoólicos, exige muito do fígado, tornando-o mais tenso, prejudicando assim seu funcionamento. Isso causa fadiga.

O padrão de contração é uma resposta do tipo ameba a um ambiente percebido como hostil a seus objetivos e representa um fechamento em seus impulsos espontâneos. Com o tempo, se isso não for revertido, pode produzir depressão crônica. Outros possíveis sinais incluem olhos doloridos, enxaquecas, dor de cabeça, pescoço e tensão nos ombros, inchaço, fraqueza, irritabilidade, redução no interesse sexual e repetição do mantra "Estou tão cansado!".

Quando manifestar um desses sintomas, não entre em pânico. É provável que você seja capaz de realizar com segurança sua própria cura explorando a técnica de medicina taoísta a seguir.

Relaxe. Inspire profundamente. Expire profundamente. Com a mão direita voltada para cima, coloque os dedos sob as costelas do lado direito. Usando a mão esquerda para dar algum peso à direita, pressione com delicadeza para dentro e para cima até encontrar resistência. Relaxe mais e mantenha a pressão suave, imaginando sua resistência derretendo como manteiga, até que ela realmente se desfaça. Continue respirando. Ao primeiro toque é comum sentir-se ofegante, mas não de forma desagradável. Esse é o padrão de contração se desfazendo. Depois de um minuto, mais ou menos, retire a mão lentamente. Todo o processo pode ser conduzido enquanto você se dedica a outras atividades.

Para prevenir futuro bloqueio do fígado e aumentar sua energia, resistência e confiança, repita o procedimento três vezes por semana.

Seguindo a via de menor resistência

"Confie no Tao e tudo se resolverá de alguma maneira", diz a antiga canção do médico descalço itinerante, o que significa, seja confiante, confie em você mesmo e confie na benevolência inata da vida, que se desenrola por meio de seu processo seqüencial e ininterrupto de causa e efeito, e seu conto de fadas pessoal terá um final feliz (isto é, se você não se importa em morrer).

Anterior ao budismo e ao confucionismo, o taoísmo se desenvolveu no antigo Oriente como uma filosofia, código e meio de vida há pelo menos cinco mil anos (alguns acreditam que foi há 12 mil). Dizem que ele foi transmitido pelos chamados "filhos da luz refletida". O folclore taoísta conta que esses seres tinham dois metros de altura, usavam roupas incomuns, viviam nas montanhas entre o Tibete e a China e um dia desapareceram, sem deixar rastro. Mas não sem antes dividirem seus segredos com os habitantes da região.

Eles ensinaram como a energia e a consciência fluem e funcionam — tanto no microcosmo do corpo humano quanto no macrocosmo do tempo e do espaço — e como assumir o comando desse processo a fim de desenvolver seu potencial máximo.

O taoísmo não é na verdade um "ismo" e, definitivamente, não é uma religião, embora em séculos mais recentes sua prática tenha sido ligeiramente subvertida por alguns que conseguiram distorcê-la para uma forma neo-religiosa.

A arte em provar e explorar esse rico, porém simples, ouro metafísico está em identificar-se com a mente dos praticantes taoístas do início. Digo "praticantes" porque o taoísmo consiste meramente em uma série de práticas do conjunto mente-corpo-espírito cujo propósito é manter em harmonia todos os aspectos de sua vida e sua relação com os outros e o ambiente. Essas práticas incluem *t'ai chi*, *chi-gung*, *feng shui* e acupuntura, bem como muitas outras artes menos conhecidas.

Utilizar os métodos taoístas em seu proveito não contraria nenhuma crença religiosa ou leiga que você possa ter. Pelo contrário, essa prática até a fortalece. O Tao não é uma alternativa a Deus, a Buda, ou a qualquer outra maneira de rotular o que não é passível de ser rotulado. É só uma grande, amistosa e abrangente idéia que pode ajudar a dar algum sentido à ausência de sentido da vida.

E ela tem uma história limpa. Ninguém que eu tenha conhecimento jamais lutou, matou, conquistou, brutalizou, violentou, saqueou ou praticou qualquer outro ato de crueldade ou ignomínia em seu nome. Que eu saiba, nenhum outro conceito do inconcebível conseguiu prosperar por cinco mil anos com esse registro imaculado.

Talvez isso se deva a um princípio fundamental do taoísmo: o de não provocar contenda entre seus semelhantes. Isso não equivale a sugerir que devemos sempre ceder ou nos deixar esmagar na selva da vida pós-moderna.

Na verdade, o *t'ai chi* e suas irmãs mais velhas, ambas artes taoístas, o *hsing i* e o *pa kua*, são os três mais respeitados sistemas de boxe (e defesa pessoal) no Oriente. O ideal a se buscar é o do boneco inflável com base redonda, que, por mais que se empurre, sempre retorna à posição em pé sem perder o equilíbrio ou a dignidade.

Isso implica sempre seguir o caminho da menor resistência enquanto se permanece centrado e composto internamente. Com uma intenção específica em mente, você flui como a água, facilmente, sem esforço e, quando necessário, poderosamente a partir de seu centro rumo ao objetivo, sem nunca desperdiçar energia se preocupando ou cedendo à frustração, à autopiedade ou ao pânico.

É preciso uma disponibilidade confiante para render-se ao fluxo, abrir mão dos frutos de seu trabalho, extrair toda a sua satisfação da ação em si mesma, não de seus resultados. Os taoístas chamam esse fenômeno de aquisição do *wu wei* sem esforço.

Para tornar-se adepto da prática do *wu wei* você deve antes aprender a relaxar. Primeiro, enrijeça a cabeça por um breve instante, delicadamente, sem muito esforço, depois relaxe. Repita o mesmo procedimento na nuca e nos ombros e continue, descendo por seu corpo em "partes" laterais até ter enrijecido e relaxado mais ou menos todos os grupos musculares. Finalmente, lembrando-se de inspirar e expirar com suavidade durante todo o tempo e manter a ausência de esforço nos movimentos, enrijeça toda a sua rede muscular ao mesmo tempo, da cabeça aos pés, e relaxe. Agora dedique um instante de "qualidade" para se deliciar nesse breve interlúdio de paz interior e consciência de sua virtude intrínseca. Virtude, a qualidade que os taoístas chamam *te*, também significa autenticidade, ou estar no fluxo com o que realmente é.

Isso significa estar disposto a aceitar as condições de sua vida como elas se apresentam e desistir de tentar mudá-las com controle remoto metafórico. Mas, mesmo seguindo essas orientações de maneira diligente, você não colherá frutos sem o determinado exercício da compaixão, sua faculdade de sentir a dor e o sofrimento do eu e dos outros, sabendo que não pode ajudar todas as pessoas, mas ajudando sempre que for possível. Assim sentiremos certo conforto de vez em quando enquanto percorremos esse sempre feroz porém magnífico caminho de sonhos desfeitos.

Temperando a correria com um caminhar regenerador

Com o verão começando a anunciar sua iminente chegada, é hora de pensar em arejar sua energia praticando exercícios. Não resmungue. Além de alimentar-se corretamente, não existe outro agente como o exercício regular para promover a saúde e a longevidade.

Não é só pela vaidade (embora a beleza seja uma aspiração comum a todos nós, e por que não sermos tão belos quanto é possível?), mas para dar a si a oportunidade de passar um tempo realmente construtivo consigo mesmo, a fim de constituir sua visão do mundo e reposicionar-se com relação a este mundo. E não há melhor maneira de fazer tudo isso do que treinando conscientemente seu corpo (em movimento) para seguir os comandos de sua mente. Nada o aproxima tanto de você. E apesar de alguns afirmarem que a ioga é a mãe de todos os exercícios, certamente não há nada mais natural e primitivo do que caminhar.

Embora seja verdade que correr o leva mais longe em termos de liberação de endorfina, essa prática também pode facilmente agravar problemas crônicos de articulação relacionados ao alinhamento errado da coluna ou à fragilidade nos joelhos. Caminhar, por outro lado, proporciona uma perfeita oportunidade para liberar de forma consciente a tensão do corpo e da mente sem violentar suas articulações, e ainda assim engendrando um estado significativamente alterado. Os benefícios da caminhada sobre os sistemas cardiovascular, digestivo e excretor são bem documentados, mas os espirituais, energéticos e construtores de caráter são menos conhecidos.

Existem muitos mitos sobre mestres taoístas terem caminhado mais de 100 quilômetros por dia sem esforço, o que é um exagero, sem dúvida, embora seja verdadeiro afirmar que, quando se adere às regras "do voar", é inevitável surpreender-se com quão alto você pode se lançar com esforço próprio.

Antes de começar, vista roupas apropriadas, calçados que apóiem bem seus pés e sejam fáceis de retirar, e use recipientes adequados para transporte (bolsas ou mochilas) onde for necessário. Antes de seu primeiro pé atravessar a soleira para o mundo das "dez mil coisas" lá fora, no entanto, tenha em mente seu destino e sua chegada bem-sucedida, e faça um pacto consigo mesmo para cumprir essa visão de forma honrada, por mais que muitos ônibus, trens ou táxis disponíveis o tentem a desistir de apoiar-se sobre os pés para apoiar-se sobre o traseiro. Depois diga alguma coisa a si mesmo como "Eu sou capaz disso" ou "Eu vou conseguir", enquanto seu pé atravessa a soleira e a porta se fecha atrás de você.

Na rua, sua mente terá, em primeiro lugar, a tendência de divagar, estimulada como será pela energia dos carros, pela cultura das placas, cartazes e transeuntes, para pensamentos envolvendo agendas, compromissos, ressentimentos, fantasias, esperanças e temores. Você pode direcionar a consciência, em vez disso, para seu corpo, começando com as solas dos pés, que devem estar relaxadas, com os dedos bem abertos dentro dos tênis, os arcos erguidos sem esforço provocando uma sensação de rolar dos calcanhares até os dedos, a cada passo. Para facilitar esse rolamento, deixe os joelhos se dobrarem a cada passo. Para acomodar a postura dos joelhos dobrados, encaixe o quadril e sinta a parte inferior das costas inclinada, perpendicular ao chão. Relaxe completamente as nádegas e deixe-as balançarem. É um grande erro o de pensar que enrijecê-las tonifica a musculatura e torna sua aparência mais sensual. Os músculos realizam mais exercícios e, portanto, obtêm melhor circulação quando balançam, quando se movem com liberdade, em vez de estarem enrijecidos. Ao mesmo tempo, alongue a parte posterior do pescoço (usando a mente, em vez da força), deixando o queixo cair ligeiramente, e imagine um fio invisível puxando o topo de sua cabeça para o céu. Essa é a versão taoísta de caminhar com um livro equilibrado sobre a cabeça, mas, em vez de comprimir a coluna, essa prática a alonga.

Relaxe o abdome, as costas, o peito e os ombros, de forma que seus órgãos tenham espaço para também apreciar a caminhada. Repouse a ponta da língua no palato superior. Isso ajuda a conduzir a energia em sentido descendente pela parte anterior de seu corpo até seu abdome, onde ela é regenerada conforme foi afirmado.

Organize-se em torno de um ponto cinco centímetros abaixo do umbigo, conhecido como *tantien*, e deixe que ele seja o centro do universo dentro de você. Imagine todos os movimentos se originando ali.

Preste atenção na respiração. Isso ajuda a sincronizar o ritmo de sua respiração com os passos, a fim de impedir que ela se torne aleatória. Comece devagar, sem forçar nada. Assim não vai colocar seu corpo em estado de revolta. Com os braços soltos, balançando livremente, e todos os outros itens já mencionados devidamente ordenados, você pode começar a experimentar uma sensação de peso nas palmas das mãos e nos dedos, como se eles se enchessem de sangue e calor. Isso é natural e indica que seu *chi*, ou força da vida, está fluindo com maior velocidade.

Haverá alguma resistência inicial de suas subpersonalidades mais rebeldes, e o encanto dos carros que passam pode ser muito forte. Isso acontece porque seu fígado não liberou a quantidade extra de sangue necessária para um bom "vôo". Mas superar essa resistência normalmente coincide com o estímulo do fígado e vale o esforço.

Quem precisa de tratados de Quioto? Se muitos de nós adotarmos essa prática de "vôo na terra", talvez ainda possamos salvar o planeta.

Recompense-se com regeneração

Exausto? Cada movimento de seu corpo parece ser proporcional do apenas pela força de vontade? Sem fôlego e arrastando os pés colina acima? Notando que sua reação à vida tende para o negativo? Tão cansado que nem consegue se dar ao trabalho de ir para a cama? Você precisa de férias, parceiro!

Mas, falando sério (levando em conta que férias não caem de árvores), podemos tomar a essência de umas boas férias e usá-la como um modelo para um discreto e instantâneo programa de regeneração em 24 horas. O primeiro estágio das férias compreende o processo de relaxar e reduzir o ritmo, ou tirar o pé do acelerador para reduzir completamente a velocidade da inércia.

Isso tende a causar a liberação de centenas de pensamentos diferentes e uma conseqüente desorientação, enquanto seus conhecidos pontos de referência internos se tornam confusos e momentaneamente irrelevantes. Em vez de fixar sua localização no mapa metafísico com referências como, por exemplo, suas relações interpessoais, o que você faz para viver, como o faz, como (em sua opinião) os outros o vêem, seu status social (como você o percebe), seu status financeiro, esperanças, sonhos e expectativas, você pode fixá-la apenas pela referência de estar relaxando. Os taoístas do antigo Oriente, líderes em matéria de aliviar cargas, chamavam esse processo de auto-esvaziamento de "investir na perda", sendo o principal raciocínio o de que é difícil a vida enchê-lo de bens quando você já está completamente cheio (de si mesmo) e cansado demais para agir.

O mais enervante em se soltar dessa maneira é um inevitável sentimento de ter perdido a visão geral. De repente, todos os demônios que foram obscurecidos pela atividade aparecem na superfície. Esse é o segundo estágio: encarar seus demônios. Você enfrenta seus medos do fracasso, da doença e da morte; luta contra seus ressentimentos e inadequações. Você se pergunta se não teria sido melhor simplesmente manter tudo como estava.

Mas você está tão exausto que não tem resistência nem para manter esse padrão por muito mais tempo, e acaba sucumbindo ao sofá diante da tevê, a um bom livro ou à simples gravidade, e adormece rapidamente. Não importa se o Sol está brilhando. Você só quer dormir. E dorme. Dorme e dorme (por uma hora ou mais — lembre-se, só temos um dia). E você sonha, e seus sonhos desencadeiam uma torrente de imagens distorcidas, como a impureza em um depósito de lixo.

Mas, depois de um tempo, quando você acorda — e esse é o terceiro estágio da regeneração —, começa a se perguntar se pode ser agradável sentir o Sol no rosto, e a idéia de interagir com outros seres vivos, seja por telefone ou e-mail, o entusiasma moderadamente, em vez de aterrorizá-lo. Tome cuidado, agora, porque você não deve apressar esse estágio. Lentamente, você se levanta da cama (ou do sofá) e, com a mente renovada, produz um pensamento positivo, como "Agora tenho acesso a uma energia ilimitada", porque todos sabemos que você não pode se auto-regenerar com sucesso adotando uma atitude negativa; isso apenas reforçaria a exaustão.

Em seguida você cuida de seu fígado, porque, apesar de todos os órgãos e sistemas estarem intimamente envolvidos no processo de regeneração e esvaziamento da exaustão, é seu fígado que faz a vida, e é ele que tem a chave para a revitalização de seu ser. Então, segure a parte inferior e frontal de suas costelas dos dois lados (uma em cada mão) e afaste-as suavemente, respirando bem fundo enquanto o faz. Continue afastando-as até sentir que obteve total extensão lateral. Segure por um minuto ou até se cansar disso e solte lentamente. Isso não só vai reduzir o estresse na região do fígado e aumentar a circulação de sangue e energia, mas também vai ajudar o diafragma a relaxar e, assim, aumentar a capacidade respiratória, crucial para a produção de energia.

Finalmente vem a reentrada. Tome algumas gotas de oliva, um dos remédios florais de Bach, e preencha suas entranhas com pensamentos como "Agora estou inteiramente regenerado (embora ainda possa apreciar férias de verdade), e pronto para tudo! Estou tão regenerado que mal posso suportar!" Exagerado, não é? Ah, esqueça. Vamos inventar uma doença e ficar na cama.

Aperfeiçoar o sistema imunológico é algo que começa na mente

Quantas vezes você já esteve no médico com uma lista de sintomas debilitantes e aparentemente desconectados e, depois de um exame detalhado, ouviu um diagnóstico do tipo "deve ser um vírus"?

Para ser justo, deve ser mesmo.

Com a proliferação de pessoas no planeta veio a proliferação dos vírus. Do latim *virus* (que significa a seiva venenosa nas sementes), vírus é a lama primitiva procurando por um hospedeiro amigo para colonizar. Não tome como pessoal — é só a urgência básica da natureza para desabrochar em todos os níveis.

Há, atualmente, um vírus particularmente interessante circulando a Terra em toda a sua extensão. Ele "invade" o fígado, causando súbita e extrema fadiga, dores de cabeça, estômago inchado, indigestão, depressão moderada ou desorientação, mau humor, febre, cólicas intestinais e, às vezes, dor de garganta. Esses sintomas se repetem a cada 15 dias, mais ou menos, por alguns meses, pelo menos. São quase indistintos da febre glandular ou da síndrome de Epstein-Barr e não são diferentes dos da hepatite.

O estresse intenso de enfrentar a rotina diária — trabalho, vida social, viagens e comunicações de tecnologia acelerada — esgota os nervos, o fígado, os rins, o coração e os órgãos digestivos a cada hora. Água, ar e alimentos carregados de poluentes aumentam exponencialmente, obrigando o fígado a trabalhar muito mais para desintoxicar seu sistema. A constante auto-análise necessária ao ajuste diário ao mercado, bem como o insidioso bombardeio dos sentidos pela publicidade de produtos, perturba seu sentimento de auto-estima. Isso consome e desvia vasta quantidade de energia normalmente usada para manter o sistema imunológico. Mais do que nunca, nossas defesas estão esgotadas, deixando-nos muito vulneráveis à invasão dos vírus.

Para fortalecer nosso sistema imunológico é preciso antes começar pela mente, que depois envia a mensagem ao corpo. Faça uma escolha clara e demonstre a intenção de preservar toda saúde e longevidade que estiverem a seu alcance. Isso vai mobilizar a necessária energia para estabilizar seu sistema e protegê-lo contra a "invasão".

Exercícios diários são cruciais para auxiliar na circulação dessa energia reguladora. Deve haver uma combinação de exercícios leves e pesados, internos e externos. Corrida e ioga. Musculação e *t'ai chi*.

Evite alimentos calóricos, gordurosos e sem graça, e evite também os estimulantes, porque isso vai ajudar a remover a sobrecarga de seu fígado.

Relaxe, respire e lembre-se de que você se sente mais forte quando sabe que é amado, então, ame-se ao máximo. Acima de tudo, encontre tempo para sentir alegria incondicional. Vá a uma boa festa e dance. Dance até não agüentar mais. Porque nesse estado desinibido e quase infantil sua verdadeira força será revelada.

Alcançando a altura máxima

Qual é a altura máxima? E por que tantas pessoas dedicam tanto tempo, energia e dinheiro procurando por isso? Ser lançado no ar no assento dianteiro de um planador, pular de *bungee jumping* de uma ponte ou escalar um paredão são metáforas para a altura máxima. Qualquer situação externa que o empurre para perto da morte para provocar uma descarga de adrenalina, a substância química produzida pelo corpo humano que mais se assemelha ao ponto máximo de uma experiência extrema.

Outros se sentem mais inclinados a promover essa aproximação da morte de uma forma menos dramática, ingerindo substâncias psicotrópicas ou meditando. *Le petit mort*, ou a pequena morte experimentada durante o orgasmo, é uma das grandes favoritas, como a momentânea perda de controle que se experimenta dançando ou tocando uma música agitada. Até uma difícil discussão de negócios pode produzir um efeito estático.

Mas, a menos que você tenha aprendido a desafiar a lei básica da gravidade, o problema com a altura máxima é que ela é, inevitavelmente, seguida pelo ponto mais baixo. O que não é ruim, desde que você tenha tempo e vontade para processar esse ciclo.

Os antigos taoístas, bem como todos os praticantes de caminhos espirituais autênticos, observaram a perpétua interação entre pico e fundo, chamando-a de *yin* e *yang*. Depois decidiram que melhor do que perseguir os grandes picos era aspirar a um estado de platô no alto da montanha, afetando mente, corpo e espírito simultaneamente. A altura sustentável foi denominada *t'ai chi*, ou, literalmente, "o supremo fundamental".

Como todos estamos sujeitos a estilos pressurizados, podemos considerar desejável aspirar a esse platô, que incorpora todas as nossas atividades diárias.

Tudo se resume em treinar para relaxar o corpo e a respiração. Depois recue os pensamentos em sua mente de forma a poder presidi-los, como um general observando as tropas.

Ao mesmo tempo, relaxe o peito. Isso vai capacitá-lo a sentir amor pelos outros: não um amor aéreo e mágico no qual você idealiza as pessoas, ignorando seus espinhos e mísseis, mas uma compaixão enraizada pelo ser essencial dentro de cada um de nós, por trás de todos os variados disfarces (gerente de banco, artista, especialista em alguma coisa etc.).

Nesse estado de amor, você se sente conectado e unido a todos os aspectos de seu ambiente. Com a prática você vai aprender a sustentar um estado constante de "elevação" manejável.

Examine seu comportamento recente. Se tem sido muito cínico, pessimista ou realmente maldoso, talvez queira experimentar a técnica de reforma da moldura perceptiva a seguir.

Cumprimente todos que você conhece com o pensamento: "Estou disposto a olhar além do papel que essa pessoa está desempenhando e amá-la mais do que temê-la."

É um experimento e requer que você suspenda temporariamente seu sistema de crenças. Não julgue os resultados antes do final do terceiro dia. Apenas repita o pensamento sempre que puder lembrar, independentemente de pensar se acredita nele ou não. O resultado provável será uma prova do sabor da realidade *t'ai chi*, o suficiente para inspirá-lo a prosseguir nela.

Em louvor ao resfriado comum

É raro falarmos em louvar o resfriado — uma das pragas da vida com aquecimento central —, mas, com a fantástica nova ordem mundial do agitado e rápido século XXI, creio que esse momento chegou.

Os primeiros sinais de que você foi acometido podem começar a aparecer um mês antes, como uma súbita dor aguda entre suas costelas, no meio das costas, um ponto dolorido na parte de trás da cabeça, perto da orelha, maior produção de secreção ao acordar, joelhos doloridos, ombros doloridos, pescoço enrijecido, cansaço inesperado à tarde ou uma combinação de todos esses sintomas, não em seqüência cronológica. No final, você se pega resmungando: "Droga, peguei um resfriado!", até que esse pensamento se torna uma realidade inegável.

A essa altura, a tendência "ocidental" é entrar em pânico por conta de possíveis perturbações na programação diária e pela probabilidade de alguns dias de cabelo horrível e rímel borrado, e fazer todas as tentativas de sufocar o resfriado com várias combinações de "remédios" alopáticos e alternativos, de acordo com sua inclinação. Mas o vírus comum do resfriado, de acordo com a filosofia médica taoísta (chinesa), não é necessariamente ruim. De fato, se puder seguir seu curso sem interferência, um resfriado pode até fazer bem.

Tentar resistir a um resfriado que já se instalou é inútil; você estará apenas gastando energia valiosa. Não tenha medo dele, porque o medo faz seus rins se contraírem, o que enfraquece o sistema imunológico. Em vez disso, renda-se com graça e deixe o resfriado levá-lo àquele maravilhoso e suave estado alterado no qual, com os ouvidos e as trompas de Eustáquio semibloqueados, você tem a sensação de estar envolvido em algodão. Esse é o estado *yin* ou feminino, que o leva a se retrair.

Se tiver o luxo do tempo (e aí reside um grande se), tire uns dois dias para ficar em casa extraindo todo o proveito das revelações que sempre acompanham esse retraimento. Se tiver de sair e comparecer ao local de trabalho, espalhando assim todos os germes de sua bênção com os colegas, faça tudo que for possível para preservar o sentimento de suavidade interna, de modo a não gastar energia de que não pode dispor. Os taoístas acreditam que a força para enfrentar todos os problemas só surge desse estado de "suavidade". Especificamente, o resfriado comum é um dos meios mais eficientes de que a natureza dispõe para exercitar seu sistema imunológico e torná-lo mais forte. Receba o resfriado como uma força benéfica e, como qualquer hóspede que é bem recebido e se sente confortável em sua casa, o resfriado retribuirá o tratamento.

Negar ao resfriado o respeito que ele merece esforçando-se além do que é conveniente ou recorrendo a supressores químicos sempre causa condições inflamatórias posteriores mais complicadas no trato respiratório. É claro, com o enfraquecimento do trato respiratório essas complicações podem surgir mesmo que você se renda ao resfriado, porque cada um é diferente, e se manifesta de uma forma em um determinado indivíduo, e generalizações são limitadas nesse sentido. Mas existem alguns passos básicos que você pode dar sem alterar toda a sua vida, e assim tornar a passagem de seu resfriado mais sutil e apreciável.

Para limpar as trompas de Eustáquio, a garganta e os seios da face, coma uma ou duas fatias de gengibre cru ou coloque uma gota de mostarda na língua. A reação explosiva, embora surpreendente, causa grande alívio e gera um calor útil para elevar a energia dos rins e melhorar o sistema imunológico.

Use descongestionantes naturais (eucalipto e mentol) à noite para não aspirar poeira pela boca enquanto dorme. Para limpar as passagens de ar e impedir que o resfriado atinja seu peito, beba chá de verbasco e respire o vapor de bálsamo de frade em água fervente. Para remover o sangue e a energia "impuros" de seu peito e assim fortalecer os pulmões, faça muitos movimentos com os braços e flexões, se conseguir. Faça o que puder para manter constante a temperatura de seu corpo e aliviar a sobrecarga dos rins e, acima de tudo, relaxe.

Os pulmões correspondem tradicionalmente à emoção do luto ou ao ato de agarrar-se de forma patológica a pessoas e situações do passado. Os resfriados sempre aparecem quando você está em transição de uma fase significativa para outra e precisa abrir mão de alguma coisa ou alguém para seguir em frente. Alguns dizem que um resfriado aparece quando você precisa chorar, mas não teve tempo ou inclinação para isso. Aproveite o tempo para examinar o que deve ser abandonado e decida fazer as mudanças necessárias. Se isso for muito assustador, apenas sugira para si mesmo diversas vezes até começar a experimentar um sentimento de equilíbrio: "Toda mudança é boa!" Muito bem!

Ansiedade, estresse e tensão extravasada

Mitigando a ansiedade

Você tem um prazo a cumprir. Está sendo esmagado pela pressão de um fluxo de caixa. Sua companheira ameaça ir embora com outro, a menos que você se torne mais sensual. O negócio que você esperava fechar pode não se concretizar. A promoção com que contava pode não acontecer. Seus filhos estão indo mal na escola e dando sinais de comportamento delinqüente. As flutuações cambiais podem destruir seu sonho de comprar sua segunda casa. E, sim, você pode morrer antes de realizar o grande sonho de sua vida.

A ansiedade o domina. Sua respiração é ofegante. Você não consegue ou não quer se focar na tarefa do momento, o que poderia arrancá-lo desse ciclone, o que colabora para aumentar sua ansiedade.

Então você bebe um drinque, fuma um cigarro, gasta mais dinheiro que não tem em caprichos frívolos ou regride para o estado vegetativo, alimentando a ansiedade. E isso tem de parar.

A ansiedade é endêmica. Crescemos habituados a cumprir nossa rotina diária num estado de ansiedade em baixo grau, como se esse fosse o estado natural.

Originalmente, a ansiedade é uma resposta escolhida ou aprendida, um mecanismo de defesa adulterado normalmente adotado na infância por um pai ansioso. A resposta ansiosa logo se instala em sua psique como um padrão, assumindo assim o status de uma verdade *a priori*: é claro que fico ansioso — tenho prazos para cumprir, contas para pagar etc. Soa plausível, até maduro, para ser mais preciso.

Mas como qualquer praticante de arte marcial, trapezista ou piloto comercial vai confirmar, sua mente e seu corpo funcionam em níveis de excelência apenas quando você está relaxado.

A ansiedade causa a contração das áreas que cercam seus rins e suas glândulas adrenais, prejudicando suas funções. Isso provoca sintomas como dor na parte inferior das costas, cistite, dor de cabeça, zumbido no ouvido, estômago nervoso, digestão ruim, significativa queda no interesse ou no desempenho sexual e mais ansiedade.

Agora você poderia correr para o consultório de seu médico e tentar sufocar o sentimento com diversas químicas, ou poderia adotar a alternativa da auto-ajuda: reduza o ritmo de sua respiração até a metade do tempo. Isso implica relaxar seu ventre de forma que o diafragma possa puxar os pulmões para baixo com eficiência.

Inspire plenamente. Exale plenamente. Se quiser, diga a si mesmo que está exalando a ansiedade e inspirando calma e clareza.

Usando os punhos, massageie em movimentos circulares a área macia de suas costas, na parte inferior e no meio, até senti-las ainda mais suaves.

Beba pequenas quantidades de chá de valeriana.

Tome mimulus, uma das essências dos florais de Bach.

Evite cafeína e outros estimulantes da adrenalina.

Em longo prazo, adote a prática do *chi-gung* ou do *t'ai chi*, que funcionam intensamente no fortalecimento dos rins e das adrenais.

Se está sofrendo de ansiedade extrema, visite um acupunturista em uma semana, um homeopata na semana seguinte e um especialista em *shiatsu* na outra, repetindo o rodízio durante um período de seis semanas. O investimento vai ser mais do que compensado.

Por fim, mantenha-se atento a seu corpo, no trabalho, no repouso e no lazer. Sempre que se descobrir num estado de desnecessária tensão muscular, refreie a mente e pergunte: "Não mereço me sentir melhor do que isso?"

Vencendo a tristeza

A depressão é endêmica. Crescemos habituados a acreditar que ela é uma doença, o que de certa forma é verdade. Mas ela é mais um desconforto. De fato, o termo "depressão" é exatamente isso, um termo: de certa forma preciso, porque indica que o eu do indivíduo está sendo empurrado para baixo (de-primido), vago demais em outro sentido, porque não descreve com exatidão a infinidade de aspectos da angustiada experiência existencial que se esconde sob a superfície, a aparência que apresentamos ao mundo.

Não estou sugerindo que somos todos "depressivos" (outro termo muito restritivo), mas afirmo, de forma herege, talvez, que o que denominamos depressão não é uma doença, mas um estado natural, dada a imensa dor (inevitável e inextricavelmente ligada à imensa alegria) de viver a vida. Ou pelo menos um estado natural para o qual nossos sistemas resvalam sempre que a pressão da vida supera nossa efervescência natural e não conseguimos enxergar caminho à nossa frente, ou, se o vemos, não nos sentimos fortes ou determinados o bastante para percorrê-lo.

Todos os dias, somos solicitados a administrar todas as pressões da sobrevivência no moderno local de trabalho. Nossos corpos têm de responder a, entre outras coisas, rápidas mudanças climáticas, poluição, microondas, vírus, infecções, dietas desequilibradas, possível abuso de substâncias e sobrecarga de mídia. Tudo isso enquanto lida com um complexo equilíbrio de tendências constitucionais genéticas e inerentes.

O estresse gerado por tudo isso é grande e, embora muitos pareçam enfrentar a situação com alegria quase constante, se fôssemos nos reunir num enorme auditório para um encontro mundial, não levaríamos muito tempo para declarar que todos, por trás de nossas corajosas aparências, estamos sofrendo.

Alguns, espero que seja a maioria, encontraram estratégias eficientes para superar essa tendência natural para resvalar para o modo depressivo. De alguma maneira, eles criam dentro de si mesmos um espaço adequado para expressar suas "personalidades alegres e naturais", a ponto de, na maior parte do tempo, se sentirem basicamente satisfeitos com a vida.

Outros, no entanto, descobrem-se temporariamente, e às vezes permanentemente, sem a apropriada "tecnologia" interna para enfrentar a pressão, e são diagnosticados como "deprimidos".

Tentar determinar com precisão a causa para a depressão de qualquer indivíduo é como procurar uma agulha em um palheiro. No entanto, a medicina oriental sempre reconheceu que a depressão, qualquer que seja sua causa, é sempre perpetuada pelo chamado achatamento da energia do fígado ou por funções hepáticas deprimidas. Isso pode nem aparecer em exames clínicos, mas certamente será aparente para qualquer um com treinamento em formas orientais de diagnóstico por medida de pulso e inspeção de língua.

O que isso sugere, tanto na teoria quanto na prática clínica, é que, seja qual for a causa da depressão, tratar o fígado com acupuntura, ervas, massagem, dieta e várias formas de exercício vai, com o tempo, aliviar todos os sintomas e facilitar um estado mental positivo o bastante para a realização das mudanças necessárias à recuperação da saúde do paciente. Ao mesmo tempo, deve-se dar também atenção ao fortalecimento dos rins (considerado o gerador da vontade) e do coração (que fortalece a intenção).

Obviamente, não é suficiente apenas corrigir a energia do fígado e esperar que a causa da depressão seja banida para sempre. O estresse e as tensões da vida ainda estarão presentes, e uma estratégia funcional deve ser desenvolvida para lidar com elas. Os taoístas reconhecem a perpétua alternância entre forças opostas (*yin* e *yang*) e, de acordo com esse princípio, um período de escuridão, se deixarmos os eventos seguirem seu curso natural, será seguido por um período de luz. Os budistas disciplinam-se para pensar sempre de maneira positiva sobre todas as situações. Em outras palavras, quando estiver vivendo uma fase de depressão, seja ela crônica ou aguda, acredite que a condição pode ser revertida. Aplique toda a atenção que puder reunir o treinamento da mente para que ela comece a pensar de maneira positiva. Aprender a meditar é sempre o meio mais efetivo de desenvolver esse estado mental positivo. Por fim, lembre-se de que não existem pensamentos neutros. Tudo é como você acredita que é. Faça uma lista mental ou escrita de tudo que quer mudar em sua vida, depois comece a repetir para si mesmo: "Eu tenho a intenção, a vontade e o poder de me erguer e superar toda a negatividade. Estou disposto a acreditar que posso conquistar a paz interior."

E se nada disso funcionar, vamos à erva-de-são-joão.

Removendo o estresse da vida

Mesmo no final da década de 1950, o povo do Reino Unido ainda se guiava por uma ordem social deixada pelos vitorianos. Era nesse tempo que tia Ethel desaparecia misteriosamente por duas semanas, porque ia ao "hospital" de tempos em tempos para tratar um suposto esgotamento, medicado com sedação forte o bastante para fazê-la mergulhar no esquecimento. Tio Arthur simplesmente se contentava com uma dose reforçada de uísque e um cigarro que retirava de uma daquelas caixas prateadas deixadas sobre o console da lareira. Enquanto fumava, ele enrijecia e relaxava a mandíbula num ritmo cadenciado, como faziam os "homens de verdade" naqueles dias, imitando um herói estereotipado de Jack Hawkins na atuação de um capitão do navio que, navegando, mantinha-se atento à tempestade.

Ninguém questionava a ordem estabelecida, exceto os poetas e os excêntricos. Você ia trabalhar num emprego com o qual podia contar até o fim da vida. A escala de promoções era definida claramente, o turismo em massa, as peras e o perfume de grife ainda não haviam chegado às ruas do centro da cidade, e todos sabiam quais eram seus lugares. E, com exceção da palavra guerra, não havia muito que pudesse surgir no horizonte para sacudir a macieira.

Então, Bing Crosby deu lugar a Bill Haley e o céu desabou. O rock'n'roll desencadeou a angústia adolescente de toda uma geração transformando-a num furacão de revolta social. Depois, Elvis deu lugar aos Beatles, os Beatles cederam espaço a Maharishi e as jaquetas de couro preto e os corações cor de púrpura deram lugar à maconha e ao ácido, bem na época em que os leitores dissidentes de Kerouac passaram a ler Leary e o movimento hippie começou.

Enquanto os hippies surgiram, chegaram ao auge e desapareceram, uma onda de novas terapias emergiu (na área da baía de São Francisco) e foi batizada coletivamente como "o movimento do potencial humano". "Ponha isso para fora!" Era o que se devia fazer com a angústia. Esgotamentos nervosos passaram a ser coisa do passado, ao passo que a inflação e a americanização da cultura trabalhista, com seus contratos de curta duração e sua insegurança no emprego, iam rapidamente se tornando coisa do presente.

Então o reinado de Thatcher reforçou a cultura do "eu, eu, eu", e repentinamente qualquer louvor prestado ao altruísmo, à religião ou à rainha e ao país deixou de existir. Nessa época, o movimento do potencial humano da área da baía havia se transformado em uma indústria global de auto-ajuda conhecida pelo eufemismo de *New Age*, ou Nova Era. A *New Age* se casou com a informática, e agora você pode obter esclarecimento e iluminação conectando-se a vários sites. É simples assim. Então, resolvemos o problema. Nada mais de esgotamentos nervosos (tia Ethel, você está por fora), nada mais de lábios superiores enrijecidos (a menos que você tenha exagerado na injeção de colágeno), nada mais de passar a noite inteira usando drogas e submetendo seu tronco cerebral superior à tortura das marretas digitais. Agora, a resposta para a vida em um planeta de recursos minguantes que logo não serão mais suficientes para nosso sustento e onde não há mais novas fronteiras a serem exploradas (exceto locais secos e áridos como Marte e a Lua) pode ser encontrada em um site. Pronto.

Mas não resolvemos nada. Caso contrário, por que tantos ainda estariam tão furiosos, prontos para recorrer à violência num piscar de olhos? Por que consumimos em um final de semana uma quantidade de álcool suficiente para encher as crateras da Lua? O fato é que ninguém jamais nos ensinou a nos comunicar — conosco e com os outros — e não temos mais a lembrança do protocolo social da velha escola para manter o mundo colado e inteiro como na era de Ethel e Arthur.

À luz da vasta riqueza de conhecimento voltado para o autodesenvolvimento prontamente disponível, seria fácil para qualquer criança ser instruída nas habilidades rudimentares da comunicação e das artes marciais (para sublimar o impulso violento). Como seria maravilhoso se cada pai ou mãe fosse obrigado a receber treinamento em ética básica e induzido por deduções nas taxas de impostos a transmitir um simples código de decência humana ou pelo menos de boas maneiras para seus filhos.

Enquanto isso, no entanto, temos de lidar com nossas facetas más, batendo os pés porque queremos mais e queremos agora. Toda essa fúria causa problemas com nossa energia do fígado e precisa de uma expressão segura antes de todos começarmos a perder de vista o enredo coletivo. O estresse da vida externa agora só vai aumentar, sobretudo quando essa horrível recessão já começa a nos seguir. É, portanto, crucial, se desejamos manter uma aparência de propriedade social que nos permita entender uns aos outros, aprendermos a relaxar mais internamente, como indivíduos e também com os outros.

Uma maneira de extravasar a tensão de maneira segura e promover a paz interior é sair para uma caminhada todos os dias e procurar o parque mais próximo ou um espaço aberto, respirando profundamente e deixando sua mente usufruir um breve intervalo. Se você não tem amigos caninos próximos que possam acompanhá-lo, leve um amigo imaginário e, quando chegar ao parque, grite o nome dele algumas vezes com toda a força de seus pulmões. Ninguém jamais saberá que você não tem um cachorro de verdade, e por isso não precisa ficar constrangido. Se você é muito vaidoso, leve uma coleira de cachorro para conferir maior autenticidade à cena. A propósito, o nome do meu cachorro imaginário é Rowley. Eu o considero bastante sonoro, e o trecho "ow" ajuda a liberar qualquer sofrimento emocional que possa estar me incomodando. Assim, se você vir algum sujeito de aparência engraçada e sem sapatos gritando "Rowley", não conte nada a ninguém.

Respire fundo para acalmar o espírito

Como você clareia os pensamentos quando está ocupado, tão ocupado que não consegue pensar de modo linear nem mesmo para cuidar da próxima tarefa importante? Como, nesse bravo mundo de comunicações sempre ativadas, você consegue ter um tempo significativo só para você? E como, no meio dessa loucura em constante aceleração, você consegue dividir com justiça o tempo que resta entre parceiros, filhos, amigos e ainda ajudar desconhecidos na rua?

Aposto que você está esperando que eu ofereça a resposta, não é? Não. Eu estava fazendo a pergunta! Por que não tenho a menor idéia!

No entanto, enquanto estou aqui sentado em meu local de trabalho apertando estas teclas, percebo que estou sentado em meu local de trabalho. Não faço disso uma afirmação existencial óbvia, mas uma afirmação de surpresa. Surpreso por, mesmo com todas as células de meu cérebro girando em seus eixos a sabe-se lá quantos quilômetros por hora enquanto desafiam a lógica e o constante processo de inserção de informações que as ataca a cada momento, fazendo minha cabeça parecer o interior de uma máquina de lavar no enxágüe rápido, ainda ser capaz de pensar, que dirá de me manter sentado em um local de trabalho.

Assim, no evento mais do que provável de você se descobrir similarmente afetado (de tempos em tempos), decidi que seria justo compartilhar com você os poucos métodos de manutenção de clareza e sanidade que tenho e pratico.

Como eu dizia, estou sentado em meu local de trabalho. Portanto, estou vivo. Esse é o primeiro ponto. E o óbvio, talvez. Mas, como qualquer hipnoterapeuta acostumado a tratar depressão pode confirmar, pensar em sua própria condição de ser vivente é um dos mais eficientes gatilhos para liberar qualquer forma de autopiedade que possa estar bloqueando você.

Porque, seguramente, sucumbir a esse sentimento estressante de se sentir soterrado pelas exigências da vida a ponto de fazer sua cabeça girar é uma manifestação bem disfarçada de autopiedade. Há, em outras palavras, muitas pessoas mortas que provavelmente teriam adorado ainda estar sentadas (com o coração batendo) num local de trabalho. Então, o primeiro passo é executar qualquer acrobacia mental que você conheça para superar a autopiedade. Se não conseguir pensar em nada melhor, continue repetindo "Estou vivo!" até acreditar nisso.

O segundo passo, e sei que utilizo essa plataforma para promover bastante esse tema, mas é um tema vital para o que estamos discutindo, é você lembrar de continuar respirando. E, sim, o mecanismo básico é autônomo, mas a qualidade da respiração — e é a qualidade, de acordo com os mestres taoístas dos bons tempos, que determina a qualidade de sua experiência de vida em qualquer momento — está inteiramente sob seu comando. Deixe a respiração fluir suave, profunda e estável, e assim você sentirá a vida.

Paradoxalmente, durante momentos estressantes, temos a tendência de respirar superficialmente e conter a expiração, embora isso exacerbe o estresse. No entanto, enfrente a situação e reduza o ritmo de sua respiração, assegurando a expiração plena, e o estresse começará a se dissolver como que por magia. Mas não acredite em minha palavra. Expire completamente agora, desacelere inteiramente o ritmo de sua respiração e descubra como isso traz um relaxamento instantâneo e clareia sua mente um pouco mais.

Em terceiro lugar, quando estiver quase sufocado pela força das responsabilidades rotineiras, tenha o entusiasmo comportamental de simplesmente rir com um sincero "Ha Haaaaah" e afaste-se de tudo para um breve intervalo. Saia e, com a confiança de alguém que comanda o mundo, embora o mundo gire tão depressa que você mal possa vê-lo, abra os braços num amplo abraço e declare: "Tudo isso é meu mundo, minha vida, e por mais difícil que seja acompanhá-lo em alguns momentos, eu escolho apreciá-lo ao máximo."

Mas se você realmente deseja realizar uma magia transformadora em si mesmo, há um ponto de acupuntura no centro de sua testa, dois centímetros acima da linha das sobrancelhas e diretamente acima de seu nariz, conhecido como "o ponto feliz", assim denominado porque sua estimulação manual regular causa explosões de incontrolável alegria mesmo quando não a desejamos. Por isso use-a com cautela! Pressione a ponta do indicador nesse ponto com aproximadamente 100g de pressão até sentir uma moderada sensação de formigamento. Continue pressionando por cerca de 30 segundos, depois a remova lentamente, tão devagar que não poderá realmente dizer quando o contato foi interrompido, e passe um breve momento apreciando sua testa.

E isso nos leva ao aspecto final do "tratamento" de hoje: lembrar-se de tomar algum tempo pelo menos uma vez a cada hora para apreciar apenas as sensações de seu corpo, porque, como todos aqueles sujeitos mortos que adorariam estar em seus locais de trabalho, você provavelmente vai sentir saudades da oportunidade quando não estiver mais aqui. Combinado? Muito bem, o que eu devia estar fazendo...

Encarando a condição moderna

Há muita conversa hoje em dia sobre optar por se retirar da "corrida de ratos", sobre reduzir o ritmo, sobre como a pressão da vida nunca foi tão grande e como o estresse está nos matando. Pobrezinhos, não? Os desafeiçoados, desencantados do mundo desenvolvido sofrendo o terrível estresse da privação, cercados por tantos aparatos de redução de esforço no trabalho que um escritor de ficção científica do século XIX se arrepiaria se os visse.

Não sendo mais capazes de lavar nossas roupas na beira do rio, temos de usar máquinas de lavar em nossa casa. Não podendo mais percorrer as planícies, fugindo de predadores selvagens, somos obrigados a dirigir carros, fugindo dos radares de velocidade. Não podendo mais enfrentar as privações da fome quando os grãos não brotam, somos agora forçados a dirigir até o supermercado e enfrentar a preocupação com as modificações genéticas e a necessidade de consumirmos mais alimentos orgânicos.

Privados de nossos direitos de experimentar os rigores das viagens marítimas assombradas pelo escorbuto, somos forçados a sofrer a indignidade dos prolongados vôos de 14 horas ou mais, e depois nos erguemos num clamor nacional contra os horrores dos coágulos causados por esses longos períodos no ar. Privados da laboriosa tarefa de treinar pombos-correio ou cavalgar durante dias para entregar uma mensagem, nós nos queixamos do estresse provocado pela necessidade de lidar com alguns e-mails e mensagens de texto todos os dias.

Alguém já notou que nos tornamos bebês mimados e chorões? Não estou sugerindo que precisamos de uma boa guerra ou outra catástrofe do tipo para nos fazer crescer e encarar a realidade, mas não é hora de pararmos de gemer e resmungar e começarmos a apreciar o mundo que criamos?

Você não prefere lidar com um pouco de estresse a voltar aos dias e métodos da era pré-industrial? Sim, existem alguns românticos sociais iludidos que afirmam que estaríamos melhor assim, mas quantos poderiam sobreviver sem as conveniências da vida pós-moderna?

Destruir todos os computadores e telefones celulares e voltar ao básico para pôr um fim nesse horrível estresse?

Com licença, mas vou chutar meu escriba por ele não anotar minhas idéias com a rapidez desejável, porque ainda tenho de montar em meu cavalo para ir entregar esse material dentro do prazo.

Mas nosso estresse não é causado pelas maravilhas tecnológicas de nosso tempo. Nosso estresse surge por que ainda rodamos os mesmos programas internos que usávamos quando vivíamos nas cavernas. Andamos pela rua a caminho do trabalho com o mesmo estômago oprimido pelo medo e as nádegas contraídas de nossos antepassados, quando era necessário estar atento à presença de tigres-dentes-de-sabre. Ninguém nos disse para atualizar o programa a fim de colocá-lo em concordância com nossas novas e mais confortáveis condições. Não precisamos mais dos mesmos níveis de estresse de antigamente. Criamos a possibilidade para todos serem abrigados e alimentados em maior ou menor medida, temos a habilidade de lidar com as doenças de forma que a maioria viva mais de 60 anos, e temos lazer em nossa casa em quantidade suficiente para impedir o tédio mesmo na noite mais escura. No entanto, ainda vivemos o mesmo nível de estresse de antes.

O estresse é gerado dentro de nós, não do lado de fora, e é hora de parar de gerá-lo. Em resumo, é hora de evoluirmos para um nível proporcional a nossa tecnologia.

Preocupação e estresse são escolhas que fazemos. Não se preocupar e relaxar a respeito de tudo também são escolhas que fazemos. Os antigos taoístas são especialistas na administração do estresse. Eles resumiram o método para lidar com o estresse em duas palavras: aceitação e respiração.

Primeiro vem a aceitação das condições do indivíduo no momento. Descobrir-se com mil e-mails na caixa de entrada, por exemplo, não é motivo para ceder ao pânico. Não resista a estar diante do computador. Em vez disso, receba esse fato como o que deve estar acontecendo nesse momento. Celebre o que está acontecendo no momento como se fosse sua festa de aniversário, por maior que seja o desafio. Renda-se ao momento. Isso requer que você pare de se queixar do estresse de tudo isso, tome um momento para apreciar o fato de que nenhum asteróide errante caiu sobre sua cabeça hoje, e render-se com gratidão ao fluxo da ação. Porque, no presente momento, isso é tudo que há em sua vida. O resto é apenas sua imaginação.

A aceitação requer relaxamento, por isso verifique seu corpo agora, não para se certificar de que ele corresponde aos padrões de beleza ditados pela mídia (ah, o estresse), mas para identificar qualquer tensão desnecessária de tecidos moles. Isso exige o desenvolvimento do sentido sinestésico para identificar a tensão e do senso comum para interrompê-la.

Inicialmente, isso se desenvolve dedicando-se dez minutos, mais ou menos, a se deitar, sentir seu corpo com a mente, começando pelos pés e subindo lentamente até a cabeça, levando o tempo que for necessário para identificar e dispersar. Em questão de dias, você vai poder abreviar o processo de forma a realizá-lo enquanto estiver envolvido com outras tarefas mais corriqueiras.

Mas a chave para tudo isso é a respiração, especialmente a expiração, que o ajuda a liberar a toxidade tanto de seu corpo quanto de seus pensamentos. Então, não mantenha esse estresse desnecessário nem por mais um momento. Expire completamente agora e, quando inspirar, pense: "Sou um ser evoluído, capaz de lidar com tudo que a vida puser em meu caminho."

Encarando o abismo

Você está navegando, cantando uma canção, sem nenhuma preocupação. É uma dessas raras confluências de eventos no tempo e no espaço em que todos os elementos externos estão em boa ordem para não se tornarem um aborrecimento, e você se sente muito satisfeito com tudo. Você se congratula por estar lidando tão bem com as coisas atualmente. Opa, não devia ter feito isso (como você sabe). Porque de repente, como se fosse atropelado por um ônibus que nem viu, você depara com uma crise.

Pode ser sua saúde, ou sua situação financeira, ou sua vida amorosa, pode ser uma associação de problemas não resolvidos que surge como uma tempestade de verão em seu céu azul e limpo. Não importa: crise é crise.

Como tenho certeza de que você já ouviu milhares de vezes nos círculos *New Age*, o caractere chinês para a crise significa perigo e oportunidade. A palavra inglesa significa, literalmente, cruzamento ou cruzamento de estradas, um ponto de escolha, em outras palavras. E a escolha é entre o perigo de cair no abismo ou se erguer como uma fênix das cinzas do passado.

Mas antes que eu nos arraste pela lama da metáfora excessiva, vamos examinar a visão taoísta de crise e a maneira como nos comportarmos enquanto ela acontece.

O primeiro estágio é a negação. Eu não acabei de riscar meu disco, não me importo se meu parceiro acabou de me deixar (vou ficar bem), e não me importa se acabei de notar que todo o meu mapa cosmológico estava completamente errado, e agora me descobri completamente desajustado para a sociedade civilizada etc.

Quanto mais rápido você constatar a realidade, menos tempo poderá manter a farsa, e isso logo abre espaço para a raiva; como fui estúpido por me meter nessa encrenca, vida estúpida por fazer isso comigo, droga, vou tentar reorganizar toda a minha agenda etc. Quanto menos mimado você for, no entanto, mais depressa vai parar de jogar seus brinquedos pelo quarto, e a raiva abrirá espaço para a humilhação, a vergonha e o remorso por não ser a criatura infalível que teria sido capaz de evitar o desastre.

Quanto mais resistente você for, porém, mais depressa vai deixar de se censurar, e o remorso abrirá espaço para o terror. Terror porque de repente você percebe como é frágil sua construção da realidade em meio ao Universo ferozmente infinito. É o medo de não conseguir escapar dessa vez.

Quanto menos adepto do drama você for, mais cedo deixará de tremer e seu terror existencial (aquela horrível coisa recorrente e subjacente) abrirá espaço para a aceitação — o momento de graça no qual existem apenas você e seu criador. É então que você escolhe se vai se deitar no fundo de tudo que é velho e morrer (de um jeito ou de outro, mais cedo ou mais tarde), ou subir nas costas do novo e criar-se novamente. Desistir ou insistir.

Embora seja sua decisão do início ao fim, um taoísta sempre o aconselharia a optar pela segunda alternativa, ou seja, render-se à história, deixar de resistir ao fluxo de eventos e se perguntar o que pode ser aprendido ou ganho com isso, e o que poderá servir para você se fortalecer a fim de começar o próximo capítulo do livro.

De acordo com o mesmo taoísta, o mais valioso bem adquirido nesse estágio é a maior capacidade de distanciamento compassivo, que o permite a observar e até apreciar essa observação de como está lidando com as vicissitudes da vida, como se assistisse a seu herói favorito em um filme de ação. O suspense e o drama só estão ali para temperar o enredo, para mantê-lo alerta, mas você sabe que o herói (ou heroína) vai vencer no final e voltará a estrelar um novo filme num piscar de olhos. Isso dá a você espaço para relaxar na cadeira e não se tornar desnecessariamente tenso. Isso dá aos detalhes espaço para se resolverem.

Mas para empregar corretamente esse truque regulador do enredo é essencial passar um mínimo de 12 minutos por dia (número arbitrário) conforme explicado a seguir, a fim de desfrutar de algum tempo de qualidade de auto-observação.

Sente-se confortavelmente com as costas razoavelmente retas, o coração aberto e o ventre cheio de vida, desacelere e regule o ritmo de sua respiração e relaxe conscientemente os músculos.

Agora, note o diálogo interno que se desenrola em seu cérebro, toda a conversa que você tem consigo mesmo sobre sua atual posição e possíveis estratégias, e coloque-se atrás dela até estar sentado como um pequeno Bodhisattva acomodado no centro de seu cérebro. O centro do cérebro é conhecido pelos taoístas como "a original caverna do espírito", e aprender a localizar-se ali permanentemente é uma das chaves para a iluminação.

Uma vez observando de lá, toda a conversa na parte anterior do cérebro transforma-se em bobagem, e tudo que você faz é respirar e observar. Esteja alerta, porque ela vai tentar sugá-lo, como areia movediça. Permaneça posicionado no centro, consciente de sua respiração e de seu corpo, e não se deixe envolver. Continue recuando até estabelecer pelo menos um momento de consciência absolutamente pura sem nenhuma interferência de seu eu local.

Alcançar esse estágio não é fácil, mas a perseverança será recompensada, não a ponto de você evitar todas as crises futuras — e isso é impossível e indesejável, porque, sem elas, não há crescimento —, mas de maneira que elas passem mais suavemente e sem causar tanto sofrimento. E além do mais, na próxima vez em que for a um jantar e alguém perguntar se você medita, você vai poder dizer que sim.

Reescrevendo o roteiro de seu drama interior

Quando você vê um desconhecido caminhando pela rua, você vê um corpo (em movimento) vestido de acordo com a vontade de seu habitante, traços faciais animados de acordo com a disposição de seu proprietário. A visão não causa maior impacto do que passar por uma flor no jardim, porque você não vê todo o universo pessoal que a pessoa acomoda no interior de seu crânio, completo com todos os seus mitos, suas histórias, seus fracassos e suas glórias. Isso ocorre porque o universo que transportamos no crânio é invisível e imaginário, mas nos tornamos tão ligados a ele que o confundimos com a realidade objetiva — ao passo que, de fato, o mais próximo que qualquer um de nós chega da realidade objetiva é aos olhos de outra pessoa, quando desempenhamos o papel do estranho caminhando pela rua. E se fôssemos capazes de estar tão desligados de nós mesmos quanto dos estranhos que passam pela rua, estaríamos tão tranqüilos e livres de sofrimento que não teríamos do que reclamar, e teríamos de inventar motivos (porque adoramos reclamar). O que é, de fato, exatamente o que fazemos.

No fundo, todos conhecemos a verdade: nosso universo pessoal — aquele que defendemos até a morte — é mera ilusão. Na essência de nossa consciência, sabemos que nossas esperanças, medos e lembranças são meramente artifícios, pontos de referência arbitrários que usamos para dar a nós mesmos um sentimento de lugar no universo caótico — algo a partir do qual podemos criar um drama pessoal. O drama nos dá alguma coisa com que se inquietar, se entusiasmar, algo do que reclamar ou contra o que gritar. Em resumo, o drama que construímos internamente dá significado a nossa vida. Ou é isso que pensamos.

Mas como lhe diria qualquer antigo sábio taoísta ou budista, nada disso está acontecendo realmente. É tudo invisível e imaginário. E se você não acredita em mim, olhe para qualquer desconhecido que passa pela rua e me diga onde está seu drama. Os taoístas chamam essa realidade diária que cada um de nós constrói mentalmente de "mundo das dez mil coisas" e, embora isso seja próprio — como em qualquer jogo de charadas — para honrar a existência ilusória de cada uma das dez mil coisas, o caminho para o esclarecimento (incluindo os lampejos de clareza, sabedoria e paz interior) reside em agarrar-se à essência imutável interior, seu "Tao".

Buda disse que todo sofrimento vem do apego: Lao-tsé (grosseiramente parafraseado) disse "Cale a boca e observe". Jesus disse "Esteja no mundo, mas não seja dele", e Jack Benny disse "O dinheiro ou a vida". Mas todos eles falavam sobre diferenciar o interior constante e a efêmera e passageira "existência diária".

Belas palavras, talvez. Uma clara distinção existencial, certamente, mas inútil sem o fator da observação silenciosa. Porque esse retraimento para a consciência essencial interna não é mero conceito intelectual e, portanto, uma dose de taoísmo pragmático. Na antiga China, as pessoas que seguiam o taoísmo arranjavam seus afazeres temporais de modo a se permitirem visitas regulares às montanhas, onde podiam se afastar da cacofonia da vida das ruas e recapturar suas perspectivas. Para acelerar o processo, eles costumavam estimular uma série de pontos de acupuntura em torno da própria cabeça, na nuca, nos ombros e na parte superior dos braços, usando a ponta dos dedos, agulhas ou instrumentos de pressão. Essa coleção de pontos é poeticamente denominada "janelas do céu". Trabalhar esses pontos em várias seqüências prescritas os colocava imediatamente num modo distanciado, de forma que podiam entrar diretamente no indiferenciado interior absoluto — a constante na equação — sem perder um só momento.

Praticando a seguinte versão agora, e uma vez por dia depois disso, você pode se descobrir vivendo imprevisíveis, incontroláveis, embora pequenos, lampejos de paz e esclarecimento interior — por isso só realize o procedimento se sua agenda e seu interesse permitirem. Estimule esses pontos pressionando-os com aproximadamente 110 gramas de pressão usando a ponta do dedo ou uma pequenina e arredondada pedra de cristal, três vezes cada ponto numa sucessão rápida, e siga sempre a ordem estabelecida para obter resultados melhores: centro da testa bem acima da linha do nariz, coroa da cabeça, sob a base do crânio (no meio), três centímetros diretamente acima da ponta de cada orelha, atrás dos processos mastóides (osso saliente atrás de cada orelha) e na ponta de cada deltóide (músculo que recobre o ombro onde ele encontra o bíceps e forma uma cavidade na parte superior do braço). Isso vai auxiliar a reposição momentânea de sua consciência de forma que ela se identifique com o Tao imutável, não com o mundo descartável de formas.

Você pode reforçar o efeito escolhendo desapegar-se conscientemente de seu drama interior a cada expiração, retornando renovado e desembaraçado do mito pessoal para o mistério da (sua) vida a cada vez que inspirar. "Olá, estranho" agora assume um novo significado, não é?

A vida está ficando frenética? Alguns minutos de massagem manual o manterão no ritmo

Que manhã! É um milagre eu ainda estar respondendo. Falando em responder, no meio de todo esse caos e da aceleração constante, com e-mails "urgentes" invadindo minha caixa de entrada e uma lista interminável de telefonemas para retornar, mais uma entrevista em uma emissora de rádio marcada para daqui a pouco, minha linha telefônica fixa decidiu fazer uma piada e ficar muda.

E apesar de as companhias telefônicas gastarem fortunas para divulgar seus pacotes especiais, elas não parecem ter contratado ninguém para atender a linha de auxílio ao usuário, que continua repetindo a mesma irritante mensagem gravada há 50 minutos. Finalmente, desligo o celular e mando um e-mail para a empresa. E, é claro, nesse momento meu telefone celular perde o sinal a cada dois segundos para implementar a mistura dessa divertida manhã.

E sim, eu sei que para uma vitoriana tudo isso não seria causa de preocupação. Na verdade, se tivesse um breve segundo de cobertura num telefone celular, ela se sentiria abençoada por um milagre. E levando em consideração o fato de que o petróleo de que dependem nossas vidas deve se esgotar em 40 anos, e os terroristas estudam a Terra tentando decidir qual o melhor lugar para detonarem seus explosivos atômicos, meus problemas imediatos perdem a relevância.

Mesmo assim, como você, eu me deparo com inúmeros testes de sanidade todos os dias, e tenho de enfrentá-los com um mínimo de destreza só para me manter no jogo.

De acordo com os taoístas, sua habilidade de lidar com os eventos, sejam eles grandes ou pequenos, é em grande parte controlada pela quantidade de informações que chega em suas mãos. Se seu cérebro mapeou o que é importante para ele, como, por exemplo, onde gastar sua energia todos os dias, suas mãos estarão de posse de aproximadamente 90% desse mapa.

Exercitando as mãos de forma apropriada, você não só vai ajudar a renovar a energia do cérebro, como também aumentará sua capacidade de lidar com a vida, metaforicamente falando, mas com resultados bastante palpáveis.

Comece agora, olhando para sua palma esquerda, com os dedos apontando para o céu e, segurando o dedo mínimo com a outra mão, exerça uma delicada pressão para baixo, puxando o dedo para cima e para a palma até senti-la alongada e estender também toda a extensão desse dedo. Respire lenta e regularmente por, digamos, três círculos, e devolva o dedo à posição original bem devagar. Agora pressione no sentido oposto para fechá-lo sobre a palma esquerda, e depois o endireite lentamente. Repita o mesmo exercício com todos os dedos da mão esquerda.

Agora volte a palma da mão esquerda para longe de você e deixe-a cair flexionando o pulso na antiga postura taoísta de "deixar as unhas secar" e, usando a mão direita, force delicadamente o polegar esquerdo na direção da palma, aproximando-o do antebraço até que eles quase se toquem. Você vai sentir uma agradável distensão sobre a área superior do pulso. Devagar, leve o polegar até a posição perpendicular à palma da mão. Finalmente, junte-o à palma, como que para atravessá-la, empurrando o osso na base o dedo.

Repita todo esse procedimento com a mão direita. Em seguida, segurando a base do dedo mínimo da mão esquerda entre o polegar e o indicador da direita, massageie-o em sentido ascendente como se ordenhasse uma vaca. Mais uma vez, repita o movimento com os outros dedos e com a mão direita.

Agora suas mãos devem estar cheias de energia, mais vivas e felizes que nunca. Dentro de dez minutos, se estiver sensível a isso, você vai experimentar uma súbita elevação da energia em todo o seu corpo, um moderado lampejo de clareza no cérebro e uma elevação da calma.

O que é muito bom, mas se eu tivesse estudado o módulo de telefonia enquanto me aprimorava nos estudos taoístas, agora estaria realmente rindo.

Quando os sentimentos de desafeto o dominam, é hora de chamar o dr. Ruuu

Um rapaz de aparência pouco afetuosa e pálida, própria da tradição pós-gótica, atravessou a rua na frente de meu carro enquanto eu esperava que o semáforo abrisse. Em sua cabeça quase inteiramente raspada havia o que parecia ser um pequeno boné preto com uma pena de mais ou menos 20 centímetros plantada no centro, mas que, olhando de perto, era apenas parte de seu corte de cabelo. Pouco impressionante nesses tempos de estética aleatória, seu ar de insatisfação generalizada tocou um acorde dissonante em minha alma. Eu também enfrentava um certo sentimento de insatisfação enquanto dirigia, notando como ela não se relacionava com as condições externas, porque não tinha, ao menos naquele momento, nenhuma razão para sentir senão paz interior.

Mas a fricção interna era quase palpável. Sim, havia estado dentro de um avião por 12 horas e pusera meus pés em terra firme havia pouco tempo, um evento significativo, como qualquer um pode compreender, mas, ainda assim, não tinha motivos reais para me sentir desgostoso com a vida.

A insatisfação é intrínseca à condição humana. De fato, ela é a maior força propulsora para o progresso. No entanto, à luz dos recursos rapidamente minguantes, é evidente que temos de abordar a questão e aprender a conter nossa ânsia por mais, mais, mais (dinheiro, casas, comida, sexo, experiências, viagens etc.) em diferentes modos.

Os antigos taoístas podem ter a solução. Como sempre disse, cada possível estado mental se correlaciona com um equilíbrio ou desequilíbrio energético em um ou mais dos cinco órgãos vitais — rins, fígado, coração, baço e pulmões —, e, seja esse estado mental desencadeado por eventos externos ou por fraqueza no órgão relevante, ele pode ser ajustado pela retomada do equilíbrio da energia no órgão.

No caso da insatisfação, é a energia do baço que precisa de cuidados. Embora no pensamento ocidental o baço seja subestimado, no esquema taoísta ele é responsável por, entre outras coisas, todo o seu sistema digestivo, incluindo a regulação do peso do corpo, avisando sua mente sobre o momento de parar de comer. Ele realiza essa tarefa sinalizando satisfação assim que você atinge o nível considerado ótimo para a ingestão de alimentos. Se ele está fraco e sua energia é deficiente, ele não vai anunciar o momento de parar de pôr comida na boca. Quando severamente enfraquecido, ele nunca anuncia esse momento e provoca uma propensão à obesidade. Mas alimento não é só o que você come; também é a informação que você recebe e processa, como o alimento da vida, o que, de acordo com os taoístas, também está sob o controle do baço. Assim, quando está fraco, por melhores que sejam suas condições externas, por menos motivos que você tenha para reclamar, ainda assim se sentirá insatisfeito.

Nesse ponto, a reação normal é tentar resolver o que o está incomodando e fazê-lo de forma intelectual, o que, como se sabe, sempre o confunde ainda mais.

O modo taoísta, entretanto, é ajustar a energia em seu baço e deixar a insatisfação evaporar, sem analisar os fatores práticos ou psicológicos envolvidos. Não se trata de um mecanismo de fuga, porque, uma vez normalizada a energia e recuperado o contentamento natural, as razões práticas e psicológicas para o descontentamento revelam-se e podem ser tratadas de maneira calma, organizada e eficiente no sentido da energia.

A propósito, cada um dos cinco órgãos se relaciona a um dos cinco elementos — água, madeira, fogo, terra e metal. O baço está relacionado à terra, o que explica meu ataque. Sempre que você deixa o solo para voar pelo céu dentro de um tubo de metal, a energia do baço se desloca. Evidentemente, quanto mais tempo passamos voando, mais forte é o efeito.

Para remediar a situação no aspecto da energia, caso você sofra um ataque de insatisfação e queira resolvê-lo rapidamente, massageie com vontade o arco do pé, desenhando círculos firmes com seu polegar bem atrás daquela saliência entre o arco e os dedos, completando 36 círculos em cada pé. Então, colocando a mão sobre a parte inferior das costelas do lado esquerdo, entoe com vontade o som taoísta para a cura do baço, "Ruuu", e sinta o som vibrar pelo órgão. Finalmente declare: "Insatisfação, vá embora e deixe os bons tempos acontecerem!"

Sente-se melhor? Acho que vou mudar meu nome para dr. Ruuu.

Todos nós escondemos nossas dores, mas pode haver êxtase na agonia

Recentemente, trabalhando em meu novo livro, devo ter permanecido sentado e curvado por 50 horas, mais ou menos, apertando teclas. Sim, curvado, mesmo com toda a minha experiência em ajuste postural. Podem me chamar de embuste, mas desafio qualquer pessoa a encontrar uma postura que não prejudique suas costas quando tiver de digitar por períodos prolongados. O resultado foi que consegui enfraquecer de tal modo minha região lombar que mal podia caminhar, descalço ou calçado, sem sofrer profunda agonia.

Como quis o destino, eu me encontrava em meu refúgio na Catalunha, muitos quilômetros afastado do quiroprático mais próximo, e por isso fui forçado a tirar proveito máximo das piores circunstâncias, dando cada passo com toda cautela enquanto ia cuidar da vida na cidade mais próxima, provocando olhares piedosos de homens muito idosos.

Depois de passar um bom tempo deitado de costas, com a cabeça sustentada por um livro, os joelhos flexionados e o rosto voltado para o céu, permitindo que minha região lombar se acomodasse contra o chão, e associando a isso alguns tratamentos de acupuntura auto-administrados e um ou dois ajustes de coluna razoavelmente eficientes, consegui me recuperar o suficiente para voltar a Londres, e agora estou quase novo.

Mas o que isso me mostrou, mais uma vez, foi como me tornei arrogante, quanto passei a considerar minha saúde um fato incontestável e imutável e como tenho tido pouca compaixão pela dor alheia. Se alguém me visse dirigindo, pensaria que eu seguia em baixa velocidade apenas para ser irritante. Então, isso me fez pensar: se cada vez que fiquei preso atrás de outro carro nesses últimos anos o motorista da frente estivesse seguindo em baixa velocidade por estar sentindo dor, que sujeito impaciente e insensível eu fui por ter ficado tão irritado! E se não era uma dor física? E se ele houvesse perdido o emprego, a casa, a reputação, o parceiro? Compaixão, eu pensei. Tenho de desenvolver mais compaixão.

Não estou sugerindo que devemos andar por aí com o coração sangrando. Não. O show tem de continuar e todos nós temos papéis a desempenhar, mas como seria benéfico para o espetáculo em geral se todos desenvolvêssemos um pouco mais de tolerância e compreensão, ou mesmo se eu as desenvolvesse, para ser mais preciso.

Isso também me fez lembrar (e isso foi algo que aprendi como terapeuta) que na maior parte do tempo a maioria das pessoas está sofrendo alguma dor, seja ela física, mental ou emocional, em algum grau.

Temos a tendência de não demonstrá-la, talvez como um reflexo dos tempos em que nossos ancestrais viviam nas cavernas: quem demonstrava fraqueza era abandonado ou destruído.

E o que você faz se, num desses momentos de dor extrema, sente-se imobilizado? A primeira coisa é resistir ao ímpeto de entrar em pânico. Pare de pensar com tanta antecipação; dê um passo de cada vez, prestando atenção a cada micromovimento de seu corpo. Para ajudá-lo nisso, preste atenção também à respiração.

Sei que já disse a mesma coisa inúmeras vezes, mas é crucial para a realização do exercício: quando você reduz o ritmo de sua respiração, sua mente também desacelera, o que a capacita a dirigir as ações do corpo de maneira mais eficaz nas circunstâncias dadas. Quando reduzir o ritmo da respiração, preste atenção também para relaxar todo o seu corpo na medida do possível. Enrijecer o corpo, embora seja essa a reação normal à dor severa, restringe o fluxo de sangue e energia. Relaxá-lo encoraja o fluxo da energia que cura e alivia a dor, fluxo que pode ser aumentado pela pressão de um ponto diretamente abaixo do pequeno osso arredondado que se destaca no limite mais externo de seus joelhos para o interior do músculo que desce pela face externa da canela, até sentir uma dor irradiando para o tornozelo, por cerca de 15 segundos em cada perna.

Embora isso não tenha o efeito de um analgésico, vai alterar seu relacionamento com a dor o suficiente para que você deixe de se agitar por conta dela, e essa é certamente a principal tarefa nesse louco e velho mundo, com ou sem dor: ser capaz de evitar a agitação. Desejo que você tenha uma cabeça fria e clara, um coração forte e quente, e corpo, mente e alma livres da dor.

O mundo exterior

Exercícios de redução do estresse para o século XXI

Se há algo de certo hoje é que nada é certo. Sempre foi assim para nós, humanos na Terra, mas até recentemente as notícias viajavam devagar. Se você tinha de enfrentar um tigre-dentes-de-sabre, provavelmente era o primeiro e o último a saber. Não podia ter acesso ao sinal de alerta para aproximação de predador perigoso por meio do WAP. Também não era prevenido contra pragas, oscilações da maré e outros problemas próprios da época.

Nessa época tumultuada que vivemos, entretanto, nenhum iceberg derrete, nenhum componente de nossa dieta demonstra sinais de escassez ou contaminação sem que sejamos bombardeados por avisos prévios, prognósticos sombrios e procissões de especialistas pregando 24 horas por uma infinidade de serviços de divulgação e comunicação.

Então, fomos prevenidos, não por qualquer um, mas pelas Nações Unidas, a entidade mais próxima de uma figura de autoridade global (em outras palavras, gente que não tem cabelo comprido nem usa longas túnicas de profeta). No improvável evento de nos emendarmos, devemos todos estar preparados para variações climáticas acentuadas e progressivas, como imensas variações nos índices pluviométricos, inundações por mar de vastas extensões de terra habitada, incluindo aí poderosas metrópoles dotadas de total e sofisticada infra-estrutura, secas, fome e proliferação de doenças sem precedentes. Eles falam por eufemismos, tentando assim não causar alarme, que isso "poderia" resultar em sofrimento e morte em grande escala. E, para completar, os mercados oscilam, quase todos em queda, a corrupção é a regra nos mais altos níveis, as tendências sociais são absurdas e imprevisíveis, a violência cresce e aumentam drasticamente o uso e o abuso de substâncias tóxicas.

Vamos encarar os fatos, a própria estrutura da vida como a conhecemos está em frangalhos. Nosso mundo está desmoronando, ou pelo menos passa por transformações radicais que bem podem perturbar sua refeição matinal. De fato, a refeição matinal diária já não é mais garantida, nem mesmo o sólido piso sobre o qual repousa a mesa da cozinha.

E o que fazemos? Ignoramos, é claro. Entramos em negação coletiva e nos ocupamos de detalhes sem importância, como o político que não conseguiu encobrir uma mentira, a celebridade que se separou do marido e a tendência da moda que foi retomada pelo estilista do momento. Ficamos obcecados pela mais recente descoberta nutricional ou pelo último estilo de ioga, especialmente se houver o endosso do habitual batalhão de celebridades medíocres.

É claro que sim. Que outro curso de ação há para seguir? Fugir não faz parte das opções. Nem tentar mudar a situação (é tarde demais). Então, nos focamos nas minúcias de nossa vida diária como se cumprir a agenda nos garantisse imortalidade. E no meio de toda essa megaconfusão em potencial você tem personagens como este colunista dizendo que você tem de aprender a relaxar.

E esse é um bom conselho em tempos de tamanha incerteza. Afinal, a incerteza alimenta a insegurança e a insegurança alimenta o estresse, e, por mais que você o esconda de si mesmo e dos outros, esse estresse fundamental de sobrevivência afeta todos nós. Especificamente, o estresse enfraquece seus órgãos vitais, que precisam trabalhar dobrado só para manter o equilíbrio. Isso, por sua vez, leva a uma crescente perda de resistência e, sem ela, toda ação, todo pensamento até, representa um grande desafio. A resistência é o que nos faz seguir sempre em frente, seja qual for o desafio, de percorrer todos os supermercados antes que eles vendam toda a comida livre de contaminação a fugir de um tsunami, se necessário.

E embora existam no mercado várias misturas de ervas e complexos de vitaminas e minerais oferecendo a promessa de resistência em pílulas ou numa xícara de chá, a única maneira de ter acesso a esse valioso recurso é a partir de nosso interior. Começa com um pensamento positivo (ou afirmação), como "Possuo resistência infinita", ou algo menos poético. Isso institui as condições emocionais adequadas.

Uma vez feita a escolha, você deve se voltar para seu corpo, mais especificamente para a parte da frente de suas coxas, ou para os quadríceps, para ser mais preciso. Porque são eles, como descobriram os antigos taoístas, que, quando apropriadamente exercitados, produzem essa resistência infinita. Você pode tentar me acompanhar enquanto lê. Em pé, com os pés afastados na largura dos ombros como se os mantivesse sobre esquis paralelos, os arcos elevados, os joelhos levemente flexionados de modo a não se voltarem um para o outro e a pelve ligeiramente impelida para a frente, sinta como se o topo de sua cabeça fosse puxado para o teto por um fio invisível. Isso tem o efeito de alongar sua coluna. Segure este livro (com as duas mãos) na altura dos olhos, com a nuca, os ombros e os braços relaxados, como se um pilar apoiado em seu peito garantisse a postura mais confortável. Enquanto lê, deixe seus joelhos se dobrarem mais e mais, até estar como que sentado sobre um banco bem baixo e com a coluna ereta.

A essa altura, se conseguiu descer o suficiente, você deve estar sentindo uma tensão nas pernas capaz de fazer todo o seu corpo tremer. Quando isso acontecer, respire livremente e desça um pouco mais.

Os mestres taoístas costumam praticar essa postura (sem o livro) por aproximadamente dez minutos duas vezes por dia, com alguns praticantes mais extremados chegando à marca dos 60 minutos. Se praticado diariamente, esse procedimento produzirá considerável aumento na resistência disponível em seu corpo, e isso depois de dois ou três dias. Certifique-se de estender as pernas lentamente quando retornar à posição original.

Se você tem algum problema nos joelhos ou na coluna lombar, vai descobrir que essa técnica fortalece os músculos e as articulações apropriadas. No entanto, se for difícil ou impossível posicionar as pernas com conforto e sem dor, um grande aumento de resistência pode ser obtido utilizando-se os punhos cerrados para bater contra as coxas como se fosse um tambor. Sentado em uma cadeira com as costas retas, suba e desça executando esse movimento por seis ou sete vezes todos os dias. Aí está! Aposto que você nunca imaginou que pudesse existir um elo tão profundo e potencialmente vital entre os efeitos do aquecimento global e a parte frontal de suas coxas!

Caminhando de volta para a sanidade

"Socorro, socorro! Onde está o botão de desligar?" Quando ouvi alguém gritando tal coisa, respondi sem hesitar: "Esse botão não existe!" Mas quem gritou não me ouviu, tão ocupado estava. Na verdade, essa pessoa já corria para o próximo compromisso. E é compreensível. Pode imaginar alguma coisa pior do que perder seu próximo compromisso?

A besta global pós-moderna está galopando mais depressa agora, e ela é, literalmente, pós-moderna, porque galopa à frente até mesmo do próprio futuro, ameaçando roubar nossa sanidade coletiva, sem mencionar nossas caixas de entrada de e-mails e mensagens de voz. E nós apenas corremos de um lado para o outro reclamando sobre o ritmo ridículo, sobre a pressão e o clima, como se fôssemos vítimas de um grandioso plano alienígena, quando sempre fomos nós mesmos que sopramos vida para dentro dessa besta. Nós somos a besta.

Mas o que é isso que nos impele, a besta coletiva, a acelerar de maneira tão descomprometida? Você pode culpar a tecnologia e dizer que tudo se deve ao fato de agora podermos ter acesso às comunicações globais 24 horas por dia, sete dias na semana, obtendo assim respostas instantâneas para nossas mensagens. Impacientes para obter tudo aquilo que desejamos e alcançar tudo isso agora, antes de os recursos se esgotarem completamente, corremos cada vez mais, e em círculos cada vez menores.

Mas suspeito que, num nível mais profundo, estamos apenas testemunhando uma considerável demonstração global de nossa luxúria inata pela vida e todas as suas abundantes bênçãos. Estamos celebrando, só isso. Desejamos ardentemente tudo de bom que esta Terra tem para oferecer. O problema é que consumimos o champanhe com velocidade alarmante. E para mantê-lo sempre fluindo, somos forçados a fazer mais e mais, trabalhar mais e mais, e descansar menos e menos. Assim, temos muitas bolhas, mas pouca paz. Com freqüência crescente, você descobre a caixa de entrada se enchendo mais depressa do que consegue pensar, e os telefones tocando, e mais e mais demandas urgentes, até você sentir vontade de gritar.

Bem, em primeiro lugar, eu o aconselho a gritar mesmo, assim que tiver uma oportunidade. Grite! Se estiver num local público ou no trabalho, seja polido e anuncie sua intenção de gritar, depois encha os pulmões de ar (poluído) e com a garganta, o peito e o ventre cheios, relaxe para evitar a tensão, grite do fundo de sua pelve até a última gota de som ter sido espremida por entre seus lábios, e depois retome naturalmente o que estava fazendo antes. Acho que já ultrapassamos o ponto em que alguém o consideraria maluco por isso. Todos estão sentindo o estresse. Eles vão entender e, se não entenderem, o diálogo subseqüente servirá para esclarecê-los, tenho certeza disso. Você precisa ter uma válvula de escape para essa besta interior, ou ela vai acabar devorando energeticamente seus órgãos vitais, causando constrição e redução do fluxo de sangue e energia, provocando mais estresse interno. Isso vai resultar em queda da resposta imunológica, mau humor, explosões temperamentais e depressão, bem como diminuição da libido.

Uma maneira muito mais comportada de dar à besta uma dose extra de liberdade é levá-la para passear. Não me refiro a míseros dez minutos de caminhada olhando vitrines de lojas, mas a uma hora de caminhada vigorosa com os braços e os ombros oscilando livremente e os quadris acompanhando o ritmo, imitando o andar cadenciado de um leão. Enquanto isso, tente a técnica taoísta de respiração denominada de "quatro estágios", útil para manter os pulmões e o coração sob controle durante qualquer forma de esforço físico.

No meio da inspiração, pare por um milissegundo, depois encha seus pulmões de ar até a capacidade máxima. Na metade da expiração, repita o procedimento para criar um efeito rítmico de quatro tempos mais ou menos nas linhas de "inspira, inspira, expira, expira". Faça cada tempo coincidir com seus passos.

Sei que você vai encontrar imediatamente 100 motivos para rejeitar esse conselho, mas, se começar seu dia uma hora antes para realizar tal experimento, vai descobrir que seu tônus muscular geral melhorará em apenas dois dias, sua capacidade respiratória aumentará da mesma maneira, seu humor vai melhorar consideravelmente, a flacidez vai diminuir e sua habilidade para lidar com o estresse aumentará de forma apreciável. Qualquer um na infeliz condição de privação temporária ou, pior, definitiva de suas pernas vai lhe dizer que é um crime desperdiçar essa capacidade quase incrível de autopropulsão ou, em algum sentido, deixar de valorizá-la.

Pode desligar o celular e o telefone fixo. Pode desligar o computador. Pode desligar o rádio e qualquer outro equipamento de comunicação digital. Pode desligar até a geladeira, se não se incomodar com a manteiga mole. Mas você não pode desligar a crescente enxurrada de obrigações. E, mais importante, não pode desligar sua mente e sua energia. Mas pode relaxar, mesmo que só por um breve momento de vez em quando, simplesmente usando a mente para comandar seus ossos, órgãos, vasos e nervos, determinando que eles liberem toda a tensão desnecessária. (Porque se você não puder emitir esse comando, quem poderá?)

O relaxamento é a melhor maneira de lidar com tudo que surge em seu caminho durante um dia comum, mas fazer absolutamente nada sempre que for possível produz inestimáveis benefícios regeneradores. Entregar-se ao mais completo ócio é um anátema para muitos, eu sei. Na verdade, é necessário um intenso e prolongado treinamento de ioga para muitos conseguirem se sentar ou deitar por mais de cinco minutos sem o corpo ou a mente se agitarem. Mas o ócio é uma antiga arte e é indispensável, se você quiser continuar no jogo até o final da partida. Como aqueles lendários caubóis do velho Oeste e os antigos taoístas antes deles, precisamos aprender a fazer nada.

Dê um passeio pelo lado mais aventureiro da vida

Acabo de me levar (pela orelha) para a encosta de uma montanha em Gales onde, longe da civilização, tendo por companhia apenas a natureza e o vento, fiquei sozinho e isolado por muitos dias num velho galpão, um antigo estábulo de pedra sem aquecimento ou calefação, milhas acima por uma estrada de terra, sem transporte, sem sequer sinal de celular, pressionando ferozmente as teclas de meu notebook até, apesar da voltagem flutuante da corrente gerada por uma hidrelétrica caseira, um livro surgir do outro lado.

Durante os primeiros poucos dias, quase me deixei dominar pelas ondas de autopiedade enquanto sofria de síndrome de abstinência de meus confortos urbanos, sucumbindo mesmo a um moderado desespero quando o fogo que eu acendia no fogão à lenha se recusava a permanecer aceso. (A lenha estava úmida, como minha toalha e até mesmo os lençóis da cama.)

Mas eu me rendi e aceitei as limitações, e depois disso comecei a amar a experiência, sentindo-me orgulhoso de minha capacidade de suportar a extrema intensidade do frio e da solidão, e sentindo-me aliviado por não ter me tornado mimado demais pela incubadora urbana, o que me teria feito incapaz de sobreviver no mundo real, onde a simples força dos elementos é capaz de atá-lo ou, pelo menos, arrastá-lo, se você não tiver força para resistir.

Agora tenho certeza de que todos os nobres guerreiros que habitam aquela região, e que, eu sei, lêem esta coluna, rirão quando lerem isso. Dirão que sou um menininho urbano criando confusão por nada. E não estarão errados. Porque todos eles vivem naquela região o ano inteiro, e parecem estar ótimos e muito satisfeitos.

Mas tudo é relativo ao que você está habituado e, como eu, muitos se acostumaram perigosamente à facilidade e ao conforto da vida urbana ou suburbana e à conveniência que ela oferece. Também temos muito tempo para ficar sozinhos, sem nenhum estímulo (nem sequer o da televisão), mesmo que seja só por uma noite.

Mas se eu pudesse descrever a elevação acarretada por isso em meus níveis de confiança, auto-estima e sistema imunológico, bem como o aprofundamento da amizade por mim mesmo, algo que só poderia ocorrer em virtude de um jejum como esse, eu não hesitaria.

Em vez disso (para todos os companheiros urbanos, e os outros podem ficar à vontade para rir), quero sugerir humildemente que vocês se levem pela orelha para um breve intervalo das coisas deste mundo, mesmo que seja apenas por um rápido e abençoado silêncio, e vejam por conta própria.

Além do mais, isso é bom para o seu coração, e não estou falando no sentido figurado. Eu explico. A habilidade de estar sozinho com você mesmo, reconhecer, aceitar e ter a coragem de encarar seus sentimentos e sentir-se suficientemente nutrido e fascinado apenas por sua própria companhia e, de acordo com certas crenças médicas orientais, facilitada pela presença de uma forte energia do coração. É essa energia que sustenta seu senso de "eu", governa seu tom mental e, portanto, colore toda a sua experiência interna de vida.

De maneira oposta, quando você passa um tempo sozinho desfrutando profundamente seu diálogo interno, isso fortalece a energia de seu coração, acarretando benefícios óbvios para sua saúde e bem-estar.

Quando seu *chi* do coração está fraco ou disperso por conta de estresse, sobrecarga de trabalho, problemas de relacionamento, falta de sono ou doença cardíaca, por exemplo, você vai descobrir que é quase impossível desfrutar sua companhia, ou amar-se, em outras palavras. E não há um único adepto da Nova Era em todo o sul da Califórnia que não possa falar sobre os danos causados pela falta de amor-próprio.

Se porém, arrastar-se para um contato com a natureza não é uma alternativa viável no futuro próximo, não se desespere. Você pode melhorar seu *chi* do coração aqui e agora, e instigar um processo de paixão profunda por você mesmo e, por extensão, pelo mundo todo (se quiser) pressionando um ponto em seu pulso conhecido como "porta do espírito".

Olhe para sua palma direita e trace uma linha imaginária dividindo seu dedo mínimo no sentido vertical desde a ponta até a base. Continue a linha por esse lado da mão até que ela encontre a faixa de finas linhas entrelaçadas que forma um bracelete na lateral de seu pulso. Mantenha a pressão por cerca de 40 segundos e depois repita na mão esquerda. Então dê um grande abraço em si mesmo e diga: "Você está bem, garoto!"

Seguindo essa mesma linha de raciocínio, vocês da área rural também devem fazer um jejum da natureza e passar uma breve temporada na atribulação e na poluição da vida urbana, nem que seja apenas para reforçar todas as razões pelas quais vocês preferem não se mudar para a cidade, mas também porque pode ser um lugar alegre e divertido, mesmo que estar próximo de milhões de outras pessoas o transforme num neurótico.

Mas eu só não entendo uma coisa: por que, quando somos crianças e deixamos uma porta aberta, as pessoas nos censuram perguntando se fomos criados num estábulo? Certamente, pessoas que cresceram nessas condições sabem que devem sempre fechar a porta para preservar qualquer calor que consigam colocar lá dentro!

Não desperdice seu espírito competitivo em perseguições machistas

Há algum tempo, eu estava em uma reunião de socialites em Hampstead, onde todos queriam aparecer e, sucumbindo a um impulso, sentei-me com as pernas cruzadas e adotei a posição de lótus com um floreio exagerado. Infelizmente, eu não me havia aquecido e fiz o movimento depressa demais. O estalo do ligamento se rompendo em meu joelho esquerdo foi tão alto que todos puderam ouvi-lo. *Isso vai mostrar a eles*, eu pensei, mantendo-me em silêncio enquanto enfrentava a dor lancinante.

E depois houve a ocasião em que o primeiro professor de *ashtanga* ioga visitou a cidade, no início da década de 1980. O sujeito era quase um deus, e ansiava tanto pela perfeição do nirvana em seus devotos que não pude deixar de responder ao desafio de executar uma série de posições de ioga quase impossíveis. Ora, eu não ia deixar toda aquela gente pensar que não era capaz de acompanhá-lo, certo? Naquela sessão, eu lesionei minha articulação do quadril de tal forma que, sem atenção constante, ainda posso resvalar para a posição de "S" a qualquer momento.

Mas estou aprendendo. Há algumas noites, num esforço para exorcizar o terrível vírus da gripe que havia invadido minhas defesas pela terceira vez em 15 dias, fui à academia de ginástica de minha vizinhança. Todos na piscina competiam para ser o mais rápido. Eu me juntei ao grupo, mantendo uma velocidade que não me faria investir energia demais, e saí da piscina ao sentir a primeira onda de cansaço, em vez de encenar novamente o papel do super-herói e ir além de minhas possibilidades. Depois me dirigi à sauna, onde os dois suspeitos habituais haviam se apoderado dos melhores lugares, acomodei-me sem bufar e grunhir como faz qualquer macho normal, e foquei meus olhos no chão (como você faz).

E foi então que entendi: competitividade! Mesmo na sauna a vapor nós competimos para determinar quem é mais forte e suporta passar mais tempo ali sentado. Mesmo que isso acarrete um ataque cardíaco. Felizmente, não cheguei nesse ponto. Nem me mantive na competição. Assim que os primeiros sinais de claustrofobia e superaquecimento se registraram em meu cérebro, saí de lá e fui enfrentar os olhares de desprezo dos sujeitos durões na piscina, onde mais dois tiros foram suficientes para mim, e de lá me dirigi ao vestiário, onde a questão é decidir quem tem o maior... Ah, vocês sabem! Resumindo, fui para a cama antes de os dois fortões saírem da sauna.

Eu costumava pensar que não era competitivo, até que um dia, em uma sessão de terapia, percebi que era, provavelmente, o maior competidor do planeta, como qualquer analista em fase de treinamento já teria percebido lendo o parágrafo anterior. E sei que não estou sozinho. A competição é o combustível da evolução, sobretudo em uma economia de livre mercado. E seria errôneo considerá-la uma doença ocidental. Depois de 30 anos de treinamento em artes marciais chinesas, posso afirmar que ninguém é mais competitivo que os orientais. A diferença é que eles, sob a influência do taoísmo e do budismo, aprenderam a usar sua energia competitiva para as coisas que realmente contam. Portanto, seria muito improvável encontrar três membros da Tríade disputando quem consegue permanecer por mais tempo na sauna. Eles prefeririam empregar sua energia disputando quem é capaz de ganhar mais dinheiro no baralho depois do banho.

É realmente importante saber quem é o mais apto em uma aula de *ashtanga* ioga? Foi para isso que a ioga foi inventada? Sempre pensei que o objetivo fosse encontrar-se num estado de absoluta união com o ambiente interior e o exterior. E, no entanto, nunca a incidência de lesões provocadas pela prática da ioga foi tão elevada (eu estava apenas me adiantando à tendência quando rompi o ligamento do joelho, e agora estou competindo novamente!). Porque, seja qual for a prática adotada por nós aqui no Ocidente, bufamos e ofegamos por ela até derrubarmos a porta. Mas esse é um jeito muito errado de fazer as coisas. Sempre derrubamos a porta errada, uma parede de sustentação, talvez, e toda a casa desaba.

Assim, como alguém que costumava bufar e ofegar e, na tenra idade dos 49 anos, com três décadas de treinamento em artes marciais e ainda aprendendo a ficar frio no sentido mais profundo da expressão, quero divulgar o seguinte conselho taoísta por mim comprovado ao longo dos anos (da maneira mais dura): não negue sua competitividade. Reconheça-a e aceite-a; não somos chamados de raça humana por nada. Note como você bufa e ofega quando poderia realizar muito mais apenas relaxando e reduzindo o ritmo. Tente nunca se esforçar ou usar mais energia do que é necessário para um excelente desempenho de qualquer ação ou tarefa. Mova sempre seu corpo (e a mente) como uma unidade mentalmente organizada em torno de um único ponto (mais ou menos seis centímetros abaixo do umbigo), mantendo os músculos relaxados quando não estiverem em uso. Mantenha sempre sua respiração fluindo livremente para dentro e para fora, usando os pulmões tanto quanto for possível, principalmente durante movimentos mais extenuantes. Mantenha sempre uma atitude alegre e positiva (para impedir a auto-sabotagem inconsciente). E não tente suar até expelir aquele vírus da gripe na sauna; isso só fará ele voltar ainda pior dois dias mais tarde. Passe a equinácea, por favor...

Devagar e sempre para vencer a corrida

Você sempre se descobre correndo de um lado para o outro, sem parar para ver o que o cerca? Talvez por isso mesmo estejamos sempre correndo: para não olharmos para a confusão que criamos na Terra. Mas sem um momento para parar e examinar essa bagunça, você também não saboreia a gratificação.

Ou ainda, corremos porque estamos disputando uns com os outros uma corrida subconsciente pela vida menos apressada, pelo melhor lugar na praia da vida. De qualquer maneira, parece que todos nascemos com um mico invisível sobre um ombro, uma companhia que nos faz correr mais e mais depressa (enquanto ficamos mais e mais pobres).

Percebo que estou escrevendo a partir de uma perspectiva distorcida, digitando como estou em um dos trens do metrô londrino, cortesia de um desses palmtops com aqueles teclados esquisitos que faz até os dedos mais finos atingirem duas teclas ao mesmo tempo. Na verdade, estou tentando não desperdiçar uma "janela" de valiosos 30 minutos enquanto corro de um extremo da cidade ao outro entre dois compromissos, descalço ocupado que sou (e não estou reclamando, acredite... adoro compromissos!).

Eu sei, passando boa parte de meu tempo (correndo) de um lado para o outro da Terra, que a pressa aumenta na medida do volume e da densidade da população em sua área, mas tudo é proporcional a seu estado mental, e tenho certeza de que, se você está em, digamos, Bristol ou Sheffield (sem mencionar Chipping Sodbury), a pressa é reduzida para níveis mais fáceis de administrar, mas pressa é pressa.

E quanto a esse negócio absurdo de ter de agendar compromissos com semanas de antecedência só para encontrar os amigos para jantar? Certamente, isso indica que uma loucura incipiente ameaça dominar toda a nossa existência, e significa que conseguimos desequilibrar todas as coisas? Do outro lado do canal, nossos primos, os continentais, parecem ter tudo mais bem equilibrado. Eles trabalham poucas horas e com maior eficiência, ganham mais dinheiro, acumulam maior riqueza real, suas propriedades são mais baratas, seus carros custam bem menos, sua infra-estrutura funciona (muito, muito) melhor, eles passam mais tempo com a família, os entes queridos e a comunidade local, passam mais tempo em contato com a natureza, têm mais natureza com que passar mais tempo, têm menor índice de divórcios e maior índice de nascimentos, as mulheres não desprezam tanto os homens, os homens não temem tanto as mulheres, a comida é melhor (e mais barata), eles têm menos violência — tanto que nem existe aquela vidraça nos guichês dos bancos, já que existe por lá uma confiança básica no ser humano, o que faz do ar uma barreira suficiente para separar clientes e atendentes — e, considerando os relatos, eles ainda têm uma vida sexual melhor e mais amorosa.

Então, onde foi que erramos? A resposta para nós é embarcar no próximo Eurostar com passagem apenas de ida? Estando na "ponta" da cultura global, somos menos conservadores e culturalmente mais dinâmicos que os continentais, mas o lado negativo disso é que perdemos a conexão com a maioria de nossas tradições significativas (por exemplo, a família e a comunidade). Não que devamos adotar o falso tradicionalismo. Deus nos livre disso. Temos de preservar nossa força geradora de tendências e seguir em frente.

Mas, enquanto isso, talvez seja hora de recriarmos a maneira como fazemos as coisas por aqui, porque, como você já deve ter ouvido do crescente número de metafísicos "Nova Era" amadores em nosso meio, a realidade externa concorda com nossas crenças. Se acreditamos coletivamente que temos de correr o tempo todo, gastando nossos dedos até os ossos só para mantermos um padrão de vida de segunda linha, é isso que teremos. Se, por outro lado, acreditamos que quanto mais relaxamos e reduzimos o ritmo mais realizamos e mais dinheiro valerá nosso precioso tempo, então é isso que teremos.

Obviamente, mudanças grandiosas como essa não acontecem do dia para a noite; você pode ter de esperar até um ou dois anos para ver os resultados e, por isso, pode ser melhor começar o processo agora instalando a seguinte crença em seu disco rígido — e se muitos de nós fizermos o mesmo, quem sabe, poderemos até vencer os continentais em seu próprio jogo: escreva em um pedaço de papel pelo menos seis vezes por dia (para dar a seu inconsciente uma repetição de dados suficiente para ser registrada) "Quanto mais eu relaxo, reduzo o ritmo e dedico algum tempo à pura diversão, mais realizo em todos os sentidos!". Complemente esse procedimento engolindo algumas gotas de Calmo e Claro, o remédio floral do sertão australiano, todas as manhãs. Temos os cafés, os bares, as lojas e os restaurantes elegantes (*ciabatta* isso, *ciabatta* aquilo; não se consegue mais nem um sanduíche decente!) — só precisamos de disposição para apreciar tudo isso.

Certo. Agora que já resolvemos e despachamos esse assunto mais importante, vou me retirar para minha sesta (sim, certo). *Hasta la pasta.*

Poder a seus cotovelos

Espaço para os cotovelos, essa rara comodidade, tem definitivamente estado mais e mais escassa ultimamente, viajando como tenho viajado em trens, aviões e até em automóveis cheios. Por isso pensei em compartilhar um pequeno truque que descobri, algo baseado nos princípios do *t'ai chi* e altamente eficiente quando nos encontramos dividindo espaço com os mais avarentos ocupantes de apoios para braços.

Imagine-se acomodado em seu assento no metrô, no avião ou até no cinema, e a pessoa a seu lado ocupando toda a superfície do apoio de braço entre vocês, chegando ao extremo de invadir com o joelho ou a coxa aquela linha imaginária que divide sua área da dela.

Sujeito egoísta, você pensa instintivamente. E, dependendo de suas estratégias de sobrevivência, você responde retirando o cotovelo do disputado território, cedendo assim a vitória sem sequer lutar (talvez como um truque para plantar no adversário um falso senso de segurança, pronto para colocar seu cotovelo de volta no apoio assim que ele mover o dele), ou você empurra o cotovelo dele com o seu usando força e determinação ao menor sinal de hesitação do oponente. Nenhuma dessas técnicas costuma ser satisfatória, principalmente numa longa jornada durante a qual você tem de permanecer muito tempo no mesmo lugar, cercado pela energia negativa que cresce entre vocês.

Eu costumo optar pela atitude mais tolerante; em minha opinião, todos estão fazendo o melhor possível neste planeta, cada um de acordo com seu nível individual de desenvolvimento evolutivo, mesmo que esse nível pareça ser sempre extremamente baixo. Penso que a vida é curta e preciosa demais para desperdiçarmos um único momento sequer focando nossa energia em críticas contra o que consideramos falta de consideração ou até percepção de outras pessoas. Mas considero muito irritante quando alguém tem tão pouca consideração por minha presença e tão pouca apreciação pelo que é justo e correto a ponto de invadir meu espaço e causar-me desconforto.

Deve ser porque fui muito briguento na infância, e meu pai, preocupado com a formação de meu caráter, levou-me para as primeiras aulas de aikidô quando eu tinha apenas 11 anos, o que, por sua vez, direcionou-me para toda uma vida de estudo quase obsessivo das artes marciais: eu simplesmente não queria meu espaço invadido. Na mesma linha de raciocínio, sou sempre muito cauteloso para não invadir o espaço alheio.

Assim, comecei a aplicar os princípios das artes marciais no cenário do apoio de braço; a primeira vez foi em um avião, quando retornava a Nova York sentado ao lado de um "cavalheiro" de proporções gigantescas e atitude viril que, espalhando-se progressivamente dentro de meu território no que parecia ser um comportamento proposital, suplementava a incursão do cotovelo com o reforço do joelho e da coxa, e começava a me irritar de verdade. Em resposta, seguindo o princípio do *t'ai chi* sobre render-se à força superior de um oponente e, ao mesmo tempo, envolvê-lo com amor, em vez de recuar ou pressionar de volta, simplesmente deixei minha coxa e meu braço repousarem contra os dele no mais terno e suave contato, como se ele fosse um irmão ou alguém muito mais próximo de mim. Certo de que esse nível de intimidade causaria uma forte confusão em seu sistema nervoso, continuei transmitindo por meu braço e minha perna toda a energia amorosa que conseguia reunir, observando o efeito que isso causaria. Em poucos segundos ele se encolheu, tirou o cotovelo do apoio e uniu os joelhos, afastando a perna da minha. É claro, momentos depois ele se espalhava novamente, mas uma segunda aplicação de energia amorosa o fez recuar ainda mais rapidamente, e eu consegui enfrentar o restante do vôo com relativo conforto.

Tive razões para aplicar esse método em várias ocasiões depois disso, e sempre com o mesmo grau de sucesso. Para transmitir energia amorosa nesse contexto ou qualquer outro por meio de seus membros, uma habilidade que, quando desenvolvida, vai ajudá-lo não só a promover uma divisão mais justa de apoios de braço e outros espaços, mas também a curar alguém em necessidade, foque sua mente em seu abdome inferior cerca de cinco centímetros abaixo do umbigo e imagine que possui uma abertura invisível ali. Sinta que está respirando por ela. Ao inspirar, visualize-se reunindo sua força de vida no abdome, e, ao expirar, visualize essa força irradiando para e por seus membros relevantes como um vapor energético que penetra as partes mais importantes do corpo daquele que recebe a transmissão. De início tudo parece ser puramente imaginário, mas com um pouco de prática a sensação e o resultado serão tangíveis.

Escrevo este trecho na esperança de que no futuro ele seja útil para você, seus cotovelos e todas as partes de seu corpo, e penso que, se essa tendência pegar, vai ser fácil encontrar os leitores do *Observer* em seu ambiente. Eles serão aqueles aconchegados a desconhecidos e irritantes invasores de espaço.

O fim não está próximo

Recentemente o mundo tem estado envolto por uma atmosfera incomum de intensidade. Você pode dizer que ele sempre foi intenso, e está certo, mas isso é diferente. Talvez seja o efeito da primavera e da subida da seiva — a energia *yang* em todos nós — pressionando para cima e para fora, buscando expressar-se por nós com maior intensidade. Mas dessa vez tudo parece estar diferente das primaveras anteriores. Talvez seja astrológico, eu não saberia afirmar; você pode perguntar ao sr. Spencer. Deve ser uma combinação de efeitos do 11 de Setembro, da volatilidade no Oriente Médio e da belicosidade de Bush filho e de Blair com relação a Saddam que está deixando todo mundo mais nervoso. Ou talvez seja apenas uma conseqüência do controle remoto da tevê: toda vez que você passa pelo Discovery Channel há algum sujeito esquisito dizendo que um asteróide vai cair em cima de sua cabeça e varrê-lo do mapa.

No final da década de 1970, lembro-me de um ou outro visionário falando sobre o iminente fim do mundo, e as pessoas achavam que eles eram apenas malucos. Hoje em dia, nenhum jantar da moda transcorre sem alguém aludir casualmente ao iminente apocalipse e todos rirem concordando, como se tudo não passasse de uma grande piada. (Como podem rir, eu me pergunto, sabendo que um apocalipse pode causar enxaquecas incuráveis ou coisa pior?)

Tem-se a impressão de que estamos (inconscientemente?) correndo mais — e com maior urgência do que nunca — para desfrutar todas as coisas que desejamos (ou que a mídia afirma que devemos desejar) antes que seja tarde demais, enquanto nossa paciência parece diminuir na mesma proporção.

Todos parecem ter sido picados por esse inseto. Assim, se você ainda caminha por aí cantarolando uma canção, pare com isso. Você não vai querer que a vida humana, e conseqüentemente sua vida, chegue ao fim antes de estar rico, famoso, repleto de tudo aquilo que deseja ter, não é?

No entanto, há épocas na história humana em que é apropriado acompanhar a maioria, e existem momentos em que é melhor ir contra ela. Nesse momento específico, com a maioria aparentemente exigindo o fim de todas as virtudes que antes defendíamos, como boas maneiras, paciência, bondade, tranqüilidade, respeito pela vida humana, honestidade, honra e outras nobres sensibilidades, pode ser mais apropriado contrariá-la.

Você não pode obrigar os outros a agirem com nobreza, mas pode dar o exemplo agindo de maneira nobre. Você não pode forçar o mundo à sua volta a desacelerar e relaxar antes de implodir, mas, reduzindo sua velocidade e relaxando, a qualidade da energia que vai irradiar contagiará gradualmente todos que transitam por sua órbita. Assim, passe alguns momentos por hora reduzindo todo o estresse que possa ter acumulado inadvertidamente e sua verdadeira natureza brilhará muito mais, para benefício de todos. Isso se baseia na premissa de que quando você está sorrindo, o mundo inteiro sorri com você, daí, quando você reduz a velocidade e relaxa, o mundo todo reduz a velocidade e relaxa com você, e assim será com a intensidade de todos os empurrões e cotoveladas, tanto em escala microcósmica quanto na macrocósmica, que serão reduzidos a proporções administráveis novamente.

Todo o estresse mental se traduz em tensão física e vice-versa, mas, como normalmente é impossível ter acesso ao funcionamento da própria mente, é sempre mais eficiente começar cuidando de reduzir a tensão física, permitindo que o efeito disso retorne à sua mente.

Para esse propósito existem vários pontos desencadeadores (acupressão) cuja estimulação inteligente provocará um efeito benéfico instantâneo em seu complexo corpomente. Comece colocando a extremidade mais grossa de uma caneta num ponto na base de seu crânio no centro da região onde sua coluna desaparece dentro de sua cabeça. Pressione com firmeza até sentir uma agradável sensação de dor irradiar pela parte posterior da cabeça. Mantenha a pressão por meio minuto e solte. Você deve sentir o crânio um pouco mais relaxado e pode experimentar uma agradável sensação nos seios da face.

Em seguida, coloque essa mesma extremidade da caneta num ponto no espaço entre as duas vértebras, bem atrás do centro preciso de seu peito, e aplique pressão como antes, apreciando a sensação de dor agradável irradiando pela parte superior de suas costas e do peito. Por fim, posicione a caneta de modo que ela se encaixe entre as vértebras no nível de sua cintura e (suavemente) aplique pressão como antes.

Esse procedimento ajuda a equilibrar a energia em seus três principais centros "psicoespirituais", que por sua vez o deixam mais relaxado e integrado, agradável de se ter por perto (agradável para você e para os outros).

O medo da rejeição

Acabo de ter esse momento de fraqueza. É o fim de uma tarde de reuniões de rádio na cidade e estou a caminho de um coquetel, uma ocasião também relacionada ao trabalho (honestamente, para onde foi minha vida social?), e estou uma hora adiantado, porque não queria atravessar a cidade na hora do rush. Muito bem, eu penso, a oportunidade é perfeita para me sentar em um café italiano e escrever um artigo em meu palmtop. Estou numa área repleta de lojas de roupas e meu traje é mais apropriado para eventos diurnos. Assim (eu penso), talvez seja ainda melhor entrar numa dessas lojas e melhorar meu visual com uma camisa nova, talvez um par de sapatos — e aqui estou eu, com minha fatura do cartão de crédito repentinamente duplicada. E isso num dia em que, depois de verificar meu saldo bancário, senti-me impelido a disparar alguns e-mails numa busca urgente por rendimentos.

Esquizofrenia ou o quê? Talvez, mas pelo menos "eles" não vão pensar que me visto mal ou inadequadamente. E enquanto estou aqui sentado olhando para meus cintilantes sapatos novos, tento descobrir o que essa dose de anestésico varejista está entorpecendo, porque pensar no gesto como uma forma de terapia é me iludir. Minha turbulência interna não se resolveu com essas aquisições.

Tudo começou no domingo, quando, seguindo sem pressa para uma cidade vizinha, tive meu olhar atraído por uma parada. Estou no planeta há algum tempo e testemunhei paradas de todos os tipos, o que significa que não me surpreendo facilmente com essas coisas. Mas aquela era totalmente inusitada e de aparência sinistra.

Cerca de mil pessoas, e presumo que eram homens — não só pelo porte físico, mas porque não consigo imaginar mulheres envolvidas naquela bobagem (podem me chamar de machista) —, mas não posso afirmar com certeza porque todos usavam capacetes, percorriam lentamente em suas pequenas motocicletas as ruas tomadas por fileiras de espectadores, cada um segurando uma bandeira da Inglaterra com a cruz de São Jorge. Notei que todos na entusiasmada multidão eram caucasianos, e a julgar pela mão dos motociclistas, por seus pescoços e outras partes visíveis de seus corpos, eles também eram.

Pelo que sei, aquela parada nunca chegou aos noticiários, e por isso posso pensar que era a Reunião Anual dos Proprietários de Lambretas ou da Sociedade Inglesa de Música Folk. Mas a cidade em questão abriga grande população de imigrantes recentemente aumentada pelos refugiados das guerras dos Bálcãs, então não pude deixar de me lembrar tanto dos desfiles nazistas pela Alemanha pré-guerra e de cenas de *A revolução dos bichos*; a vibração era a mesma.

Senti uma mistura de medo e vergonha. Medo porque aquela parecia uma cidade de enlouquecidos, e eu nunca imaginei que tantas pessoas integrassem essas paradas. E se fosse um desfile neonazista, isso significaria (para meu velho eu sensível) que a "loucura" se espalhava depressa, e sou um liberal indestrutível, o que vale dizer que minha loucura particular não combina com isso. Senti medo porque acredito que, apesar de todos os aspectos negativos da dor e do desconforto da adaptação, são as sucessivas ondas de imigrantes que chegam às nossas praias que fazem dessa cultura a mais vibrante, sofisticada e excitante que já vi (e viajo muito). Sem mencionar como teria sido solitário não viver a experiência do contato com os gloriosos celtas.

Senti vergonha porque, embora me orgulhe de ser inglês, tenho ainda mais orgulho de ser um terráqueo, porque não amo apenas a região entre Brighton e Carlisle, mas todo o planeta, exceto, talvez, Lordsburg, Arizona, mas essa é outra história. E acreditava realmente que já houvéssemos ultrapassado essa xenofobia limitadora que senti transbordando de debaixo daqueles capacetes.

E então eu peço, ou melhor, eu o desafio a resistir a qualquer urgência de estreitar sua visão — e o incito a preponderar e resistir a tudo isso que o cerca.

Pouco antes do início do milênio havia uma nota entusiasmada no ar. A nota da consciência global — um progressivo despertar espiritual. Mas assim que o relógio marcou a primeira hora do milênio, foi como se tudo se revertesse.

Uma única vela pode extinguir a escuridão de todo um aposento. Você e eu, nós somos essa chama, com a responsabilidade de brilhar e ajudar. Os antigos taoístas, conhecedores das astúcias dos homens em seus capacetes, sugeriram o seguinte: imagine uma abertura no centro de seu peito por onde você pode respirar, e inspire e expire com determinação por ela. Enquanto respira, foque toda a sua consciência na qualidade de absoluta harmonia e sinta como se estivesse respirando essa qualidade, até sentir um verdadeiro campo de força à sua volta. Veja essa força irradiar para fora em círculos crescentes até penetrar cada mente, e depois relaxe e prossiga com o que estava fazendo. Ou, talvez, saia e compre jeans novos.

Só há um perdedor quando você abriga energia negativa

Quando olhamos em volta, percebemos que muitos dos problemas do planeta são desnecessários. Nós mesmos os provocamos. Nesse caso, não estou falando sobre poluição e destruição da ecologia, porque, à minha maneira ingênua, acredito que criamos tais coisas em toda inocência, numa tentativa válida de melhorar nossas condições de vida.

O que me preocupa é o sofrimento imposto por pessoas a pessoas, os assassinatos e mutilações que ocorrem a cada minuto, seja em nome da ideologia, da terra, do petróleo, do dinheiro ou por pura e pervertida falta de consciência. Por mais que almas bem-intencionadas debatam essa questão, parece que a espécie humana não consegue deixar de manifestar um comportamento estúpido, tolo e destrutivo. É o lado descontrolado de nossa imensurável sabedoria e inteligência. E, como sabemos, não se pode ter um lado sem abrigar também o oposto; isso é o básico do princípio *yin* e *yang*.

No entanto, na minha (novamente ingênua) opinião, há toda uma camada dessa estupidez que podemos controlar, a camada da vingança. Hoje fui momentaneamente interrompido em minhas andanças pelas ruas da cidade por turistas que paravam repentinamente em minha frente sem nenhuma razao aparente, por outros motoristas que entravam na frente de meu carro e, para concluir o dia com chave de ouro, quando retornava do local onde havia estacionado meu carro, um homem saiu de dentro de uma loja, parou na minha frente e pôs o dedo no nariz... encantador.

Eu poderia ter considerado tudo isso uma ofensa pessoal, embora nunca tenha visto nenhuma dessas pessoas antes. Poderia ter gritado "Seu idiota estúpido!" para cada um deles. Poderia até ter agredido os mais próximos.

Mas, se minha missão, ou pelo menos parte dela, é incentivar um declínio geral na estupidez (se me permitem a ousadia de tanta arrogância), como poderia contrariar tal intenção contribuindo para elevá-la com minhas próprias atitudes? Em vez disso, escolhi não me incomodar. Sinta a raiva quando ela surge como um calor aquecendo seu plexo solar, sinta seu corpo tenso como se um primata entrasse em cena, e depois a libere mentalmente expirando e relaxando.

Pare na minha frente, sr. Turista. Isso vai me fazer parar e olhar em volta. Feche meu carro, sr. Inconseqüente, isso vai me fazer lembrar como o estresse torna distorcido o rosto de alguém visto por um pára-brisa. Ponha o dedo no nariz na minha frente, sr. Descuidado, e isso vai me fazer lembrar de ter sempre um lenço. Deixo que cada pessoa siga seu caminho, sem serem detidas por nenhuma tentativa de vingança de minha parte. Sei que eles não quiseram me ofender pessoalmente. Eu os deixo ir em paz e deixo ir também minha energia negativa que, de outra forma, me infestaria internamente. A propósito, extravasar a ira não serve para dispersá-la, e ainda a aumenta.

Todos os grandes metafísicos, de John Donne a Einstein, já apontaram que tudo é igual em cima e embaixo, no macrocosmo ou no microcosmo, e se você quer mudar alguma coisa no mundo, comece a mudança em você mesmo. Se desejamos ver a paz prevalecer no corpo macrocósmico da humanidade, talvez possamos todos olhar para dentro de nós, para aquela nossa parte (o microcosmo) que quer vingança de tudo e por tudo, mesmo que seja sutil e inconsciente, e curá-la de modo que possamos perdoar e esquecer, em vez de retribuir.

Energeticamente, a raiva que nos toma, alimentando nossa urgência de vingança, representa um aumento das toxinas psíquicas em seu fígado. Isso faz esse órgão trabalhar duro e superaquecer. Esse calor, então, "alimenta o fogo" em seu coração, o órgão que deve abrigar sua mente, e seu coração começa a agir como um maluco. Para impedir tal coisa, vá a uma casa de ervas chinesas ou a um supermercado, compre um saco de crisântemos desidratados, faça um chá bem forte e beba cinco xícaras por dia. Isso vai manter seu fígado — e seu coração — frios o bastante para que sua mente seja impregnada com esse sentimento: "Quando me perdôo e perdôo o mundo por tudo, isso produz uma luz, um estado de consciência elevada que não me é peculiar como indivíduo, que permeia todos os espaços e traz paz a todas as mentes."

Pronto? Um, dois, três...

A vida se move em ciclos cósmicos

Quando tentamos entender as escolhas dos mais bizarros e reacionários "estilos de vida" de vários setores suscetíveis da sociedade, aqui e em qualquer lugar, mais especificamente a proliferação de ideologias extremistas incendiárias (como o neofascismo e o fundamentalismo e as alianças que se formam entre eles), é útil adotar uma perspectiva filosófica *yin-yang* própria do taoísmo. Porque parece quase incompreensível que, tendo alcançado um estado geral de sofisticação cultural, intelectual e tecnológica, as pessoas ainda se prendam a doutrinas regressivas baseadas no medo e no ódio. Essas doutrinas são veículos usados mais para alimentar as "carreiras" de alguns indivíduos do que para fortalecer suas causas dúbias. E as causas são, por regra, aparatos teatrais que exploram a insatisfação das pessoas.

Como explicar o fenomenal crescimento econômico, social, tecnológico e espiritual do final do milênio passado ser agora seguido pela atual tendência para uma mentalidade de assédio e falta de cooperação?

Bem, você pode atribuir tudo à inveja daqueles que, "não tendo ou não sendo", desejam estragar a festa dos que "têm e são". Pode dizer que as "gananciosas multinacionais sugam a riqueza das nações e devem ser detidas (embora essa tese seja desmentida pelo fato de que, no mundo desenvolvido, a população nunca teve tanta prosperidade, e nos países em desenvolvimento está havendo o início de uma mudança positiva). Pode dizer que esse é nosso castigo por não termos perdoado a dívida do Terceiro Mundo. Pode atribuir tudo a pessoas que temem a mudança e se entrincheiram de forma reativa em estados mentais pertinentes a séculos passados. Você pode até dizer que, como elas ainda não tomaram o "caminho espiritual", a vida dessas pessoas tornou-se tão destituída de significado em meio a toda essa prosperidade que elas responderão obedientes a qualquer um que tenha a voz suficientemente alta, mesmo que essa voz grite pela destruição de tudo que amamos.

Tudo muito interessante, um material para debate interminável, mas se você der ao cenário uma moldura *yin-yang*, algum sentido começará a emergir da confusão. De acordo com os antigos taoístas chineses, todos os fenômenos são governados por um mecanismo cíclico — a luz torna-se escuridão quando o dia vira noite e a escuridão torna-se luz e assim por diante. Eles chamavam a escuridão *yin* e a luz, *yang*. Observando a interação entre os dois nas questões humanas, eles conseguiam prever em alguma medida as tendências sociais, e assim se prevenir. Isso os capacitava a manter uma atitude filosófica frente à loucura do mundo e garantir paz de espírito.

Ao *yin*, a força sombria, atribui-se a tendência à contração, ao *yang*, a tendência à expansão. Eles notaram que um seguia o outro e vice-versa, e que o ciclo operava em diferentes freqüências simultaneamente. Assim você tem infinitos ciclos de expansão e contração, os ciclos de inspiração e expiração, os ciclos horários, diários, das estações, de 3 anos, de 50 anos, de mil anos e assim por diante. Nada acontece em linha reta, em outras palavras, mas em espirais.

Era inevitável, portanto, que a linha de três anos, digamos, de expansionismo do final dos anos 90 fosse seguida pelo retraimento do começo do milênio. Como é inevitável que essa energia de retraimento, medo e ódio que vimos recentemente dominando os mais suscetíveis seja dispersa por outra fase de energia de amor, inclusão e progresso que varrerá o mundo, como a fragrância de uma rosa.

Assim, tome coragem e faça brilhar seu amor, sua bondade e sua inteligência inclusiva mais forte do que jamais brilharam antes. Não sei se essa é uma resposta para os problemas com que nos deparamos, mas também não tenho certeza de que alguma pergunta tenha sido feita. Talvez seja melhor corroborar as palavras imortais de meu grande e finado parceiro, RD Laing: "A vida é boa, desde que nenhum bastardo o empurre para baixo!"

É hora de abrir mão

Pouco antes de partir para o Novo México em 1979 para ir viver com os índios (perdoem-me por ser politicamente incorreto, mas até eles mesmos ainda se chamam índios), doei todos os meus bens mais queridos e vendi outros. Vendi a coleção de discos que formariam uma pilha de quase seis metros, mas dei o aparelho de som e os melhores álbuns para um amigo.

Houve um momento inesquecível quando desconectei o aparelho; tive de lutar contra uma torrente de lágrimas que quase me derrubou quando eu me abaixei para desligar a tomada. Meu paletó favorito, meu casaco em estilo Humphrey Bogart, meus livros (com exceção do *Tao Te Ching* e do *I Ching*, que guardei comigo) e todos os outros adereços da vida urbana não me causaram mais do que um piscar de olhos, mas separar-me daquele aparelho de som e, um dia mais tarde, do belo Merc azul metálico ano 1960 que vendi para um caloteiro em West Country, me atingiram em minha essência. (E eu me considerando muito "espiritual"!)

Mas, na medida em que cada coisa ia deixando de ser minha, eu era progressivamente invadido por uma leveza de ser que não sentia desde que estava no útero.

Cada coisa que você possui requer grande quantidade de sua energia no plano sutil, inconsciente, para ser mantida no lugar. Você chega a colocar sua identidade em cada uma delas. Quando você entra em casa depois de um dia duro de trabalho na selva urbana ou rural e suspira aliviado ao ver todos aqueles objetos tão familiares, está transferindo para eles grande quantidade de sutil força de vida. E isso pesa sobre você. Não que você perceba, tal a profundidade do transe da vida diária. Mas assim que você abre mão de tudo, ou é forçado a abrir mão de tudo, considerando que tenha dinheiro em caixa ou fé na bondade básica da vida para ter certeza de que não vai morrer de fome, o peso desaparece e você renasce, e isso é algo que se pode perceber.

Quando meu "cadinho" no nível dos porões de Londres foi inundado na recente enchente e quase toda a infraestrutura de minha vida profissional foi destruída (o computador ficou encharcado, como os arquivos de papéis variados), não emiti mais do que um abafado "Dane-se", graças a meu prévio treinamento sobre tudo ser apenas "coisas" (e, é claro, há sempre o seguro).

Você não é seus bens, embora se agarrar a eles (ou a pessoas) para aferir e reforçar seu senso de identidade e pertinência seja a norma. Todos queremos esse sentimento de pertinência, e para adquiri-lo reunimos bens (ou pessoas) que consideramos nossas posses. Ironicamente, o que acontece é que nós pertencemos a elas.

De acordo com a visão taoísta, todas as formas surgem do nada, mudam com o tempo e, no final, retornam ao nada. A sabedoria consiste em não se agarrar a nada — simplesmente deixando as coisas virem e irem, mantendo-se serenamente sentado assistindo à dança das formas que se desenrola diante de seus olhos.

O *feng shui*, a arte chinesa taoísta, recomenda que você se livre regularmente de suas posses para manter a força de vida num nível ótimo.

As devastadoras enchentes que testemunhamos em toda a Europa nesse verão serão, sem dúvida, uma ocorrência regular por algum tempo, e não preciso repetir toda a ladainha sobre os horrores que esperam por nós, não só no aspecto ambiental, mas em muitos outros, e isso quer dizer que seria muito propício para todos nós conquistarmos agora alguma prática em abrir mão de nossos bens com alguma elegância, só para o caso de sermos forçados a nos separar deles mais tarde. De qualquer maneira, a menos que você tenha encontrado o elixir da imortalidade física, vai acabar tendo de abrir mão de tudo um dia.

Para facilitar um estado energético mais solidário a esse desprendimento elegante, podemos usar uma profunda meditação taoísta. Enquanto inspira, diga a si mesmo que está retirando toda a energia do mundo das formas e recuando para um estado absoluto indiferenciado, ou Tao, no qual você não possui nada.

Enquanto expira, diga a si mesmo que está soprando vida para o mundo de formas a fim de regenerá-lo até um estado melhor que o anterior. Execute não mais que 81 ciclos de respiração como o que descrevi, depois repita pelo menos seis vezes: "Eu não sou o que possuo!", e saia para comprar alguns bens sólidos, fortes e de boa qualidade!

Enfrente a tempestade seguro de sua essência interior

Hoje eu acordei... não, isso não é uma canção de blues... contemplando profundamente o significado da resistência.

Pensava sobre eventos mundiais e como as coisas tendem a escapar... hesito em dizer ao controle, porque não estou certo de que as coisas algum dia tenham estado controladas, mas sim escapar ao controle seria apropriado.

Mas se você reduz sua visão de mundo a suas partes constituintes, o denominador comum é a incerteza e a imprevisibilidade. Você não tem idéia de como a economia em declínio vai afetar sua sobrevivência, se o terrorismo e as guerras se imiscuirão em sua realidade diária, se o casamento é a resposta para a vida, ou mesmo se o terreno onde você pisa agora estará sob o mar em breve.

Você pode não ter esses pensamentos de maneira consciente, mas seu eu instintivo sabe que alguma coisa está acontecendo, e, inevitavelmente, você se sente mais inseguro do que jamais esteve antes.

Assim, eu me perguntei quais são as qualidades que me mantêm equilibrado diante de tudo isso, e cheguei naturalmente à resposta: coragem. Mas então fui mais fundo e percebi que a qualidade essencial da qual a coragem é apenas um efeito, quando você remove todo o sentimento, é a resistência. Aconteça o que acontecer, seja qual for a alteração imposta a sua realidade, seja qual for sua dor ou seu sofrimento, você vai resistir. Como um carvalho na tempestade, você vai resistir.

O antigo oráculo taoísta, o *I Ching*, diz: "Se meditamos sobre o que dá duração a uma coisa, podemos entender a natureza do céu e da Terra e de todas as coisas."

Então, o que dá duração às formas, pessoas, instituições, considerando que todas as formas, pessoas e instituições estão em estado de perpétuo fluxo? O que é isso que permanece constante dentro de você (talvez mesmo depois de sua morte), embora em sete anos todas as células de sua constituição física mudem? Bem, não é algo que se possa definir em palavras. Você pode chamar de alma, espírito imortal, mas, remova todas as hipérboles e só poderá chamar de força essencial. Isso se aplica a todas as formas, pessoas e instituições. Assim que a força essencial se dissipa, o edifício desmorona. De maneira oposta, enquanto a força essencial é mantida, o edifício permanece em pé.

Assim, para resistir ao que certamente será um dos caminhos mais tortuosos e acidentados da história da humanidade com sua sanidade e, esperamos, seu estilo de vida intactos, é crucial começar a desenvolver uma conexão consciente com aquela inabalável porção interior, sua força essencial, com a qual se pode contar em tempos de estresse. A resposta dos antigos guerreiros taoístas — mesmo que nossas guerras sejam a disputa pelo controle remoto, ainda devemos responder internamente como guerreiros — é gerar força essencial como segue adiante.

Há um profundo condutor de energia, conhecido como seu canal de impulso, que vai desde o períneo, entre suas pernas, até seu cérebro, subindo pelo aspecto frontal de sua coluna. Inspire e imagine que pode sentir o ar entrando por seu períneo e subindo até o nível dos mamilos. Expire e sinta o ar voltar até o períneo. Complete nove ciclos de respiração, repetindo mentalmente "Força essencial" quando o ar sobe e "Resistência" quando o ar desce.

O truque é construir uma conexão consciente com sua essência — e as coisas não têm muito mais essência do que a frente de sua coluna — praticando esse exercício diariamente durante momentos de quieta contemplação, como, por exemplo, num congestionamento ou em sua cama. Depois, quando surgirem situações de estresse, você só precisa passar ao modo consciência de essência, em que algumas subidas e descidas de ar pelo canal o deixarão centrado.

Tudo isso pode soar como uma manobra inconsciente diante dos importantes eventos globais, mas os efeitos da prática diária são profundos. Francamente, se funciona com alguém tão atrapalhado quanto eu, pode funcionar com qualquer pessoa.

Onde é a festa?

Estive examinando essa dinâmica de puxa e empurra que tenho mantido com as multidões recentemente — aquela hesitação entre a urgência de mergulhar no grupo e o impulso meio agorafóbico de me retirar, uma experiência que, a julgar pelos inúmeros e-mails que recebo pedindo conselhos sobre essa questão, não é uma peculiaridade minha. Tenho certeza de que você já sentiu a mesma coisa. Você está numa festa, em um casamento, numa boate, num festival ou em qualquer grande reunião a que, por escolha ou em observação ao protocolo social, você tenha comparecido, e há uma parte de você que deseja ficar, ao passo que outra parte quer ir embora. Se for embora, você pode perder o momento mais divertido que, de alguma maneira misteriosa, começa exatamente depois de sua partida (você acha). Se ficar, corre o risco de explodir por conta daquele impulso de ir a outro lugar ou simplesmente voltar para casa e pôr os pés para cima.

Você se sente jogado de um lado para o outro, empurrado para lá e para cá. Passa algum tempo oscilando entre um desejo e outro, até finalmente ceder ao impulso dominante e ir embora, ou ficar e ir embora mais tarde.

Freqüentemente, quando vou a uma reunião de qualquer natureza, meu impulso dominante é o de me afastar da multidão o mais depressa possível. Não porque eu não me divirta; pelo contrário. Eu me divirto tanto internamente que não quero estragar toda a diversão estando em qualquer lugar um momento além do que desejo ficar.

Precisamos dos grupos, não só para nos juntar a eles, mas para sair deles também. Posto de uma maneira bem resumida, se você decide ir embora, não vai poder perder nada, porque a ação, embora pareça estar sempre à sua volta, ocorre de fato dentro de você; por conseguinte, onde quer que você esteja, seja em uma boate ou em sua cama, dormindo, a ação também estará lá (para você). No entanto, se você fica quando não deseja ficar, só estará se esgotando, embriagando (ou pior) ou as duas coisas.

Todas essas reflexões foram provocadas por um momento na França em que, recentemente, depois de me apresentar em um festival, todos no grupo queriam que eu esperasse até as três da manhã para irmos juntos a uma festa nas colinas. No entanto, sendo um pouco mais velho que todos eles e tendo vivido minha cota de experiências como essa, esperar até "as três da manhã" e descobrir que, inevitavelmente, ninguém sai antes das cinco da manhã para ir a uma festa na colina que, também inevitavelmente, acaba sendo apenas uma decepção no alto de uma ladeira no subúrbio, decidi prudentemente seguir meu impulso interior e voltar para meu humilde refúgio catalão, onde assisti a um DVD bebendo uma xícara de chá. De acordo com a sabedoria taoísta, a mudança de disposição advém de flutuações na energia do fígado, de onde vem a força de sua personalidade. Quando a energia do fígado, ou *chi*, está fraca, você perde o brilho, seus olhos tornam-se turvos e conversar torna-se um grande sacrifício. Ironicamente, é então que você se sente mais propenso a tomar um drinque para animar-se um pouco, o que só vai enfraquecer ainda mais seu *chi* do fígado.

Mas equilibre a energia em seu meridiano do fígado e terá de volta o ímpeto de conviver socialmente com as pessoas. Embora haja muitas formas de fazer tal coisa, variando de algumas visitas a um acupunturista a uma dieta de total desintoxicação, você pode realizar um trabalho mais imediato na noite anterior ao evento, de preferência por volta das três da manhã, quando o meridiano do fígado é mais suscetível, o que vai elevar seu fator brilho de maneira sutil, porém significativa, por volta das nove da noite.

Belisque amorosamente a carne em forma de rede entre seu dedão do pé e o dedo vizinho por aproximadamente 33 segundos em cada pé; sendo esse o ponto para "incendiar" seu meridiano do fígado, cuja estimulação é equivalente a uma dose de tequila, não tenha medo de fazê-lo arder. Enquanto isso, visualize seu fígado (sob suas costelas do lado direito e se estendendo até o lado esquerdo) mais relaxado e suavizado, e, sim, sorrindo. Lembre-se: "Onde quer que eu esteja, a ação estará!", e continue o que estava fazendo.

Conheça sua criança interior

Fui solicitado a escrever sobre essa louca vida e como você trabalha muito durante todo o ano praticamente deixando de lado você mesmo e as necessidades de sua brincalhona criança interior (e possivelmente de seus próprios filhos, também), exceto por aquelas poucas e preciosas semanas quando se dirige a uma praia ensolarada, à montanha, ao deserto ou a qualquer outro "destino de férias" onde passamos metade do tempo tentando superar a dependência da rotina de nossos dias de trabalho e o restante redescobrindo aquela nossa parte que ama se divertir e estar livre de responsabilidades.

Então, justamente quando a redescobrimos, quase antes de termos uma chance de aproveitá-la, é hora de enfrentarmos novamente as estradas congestionadas, os aviões, barcos, trens, skates, ou qualquer que seja seu meio de transporte, e retornar ao inevitável monte de contas, e-mails, mensagens telefônicas, faturas de cartões de crédito com valores duas vezes maiores do que você imaginava, roupa para lavar e, é claro, trabalho. É de espantar que ainda nos perguntemos o que há de tão fabuloso nisso?

Então, caso você esteja sofrendo da insidiosa síndrome do "Eu quero continuar de férias — não gosto de estar aqui", permitam-me apresentar a antiga visão taoísta das coisas e, espero, melhorar seu humor.

Todos nós, conscientemente ou não, passamos a vida procurando pelo permanente e perfeito estado uterino (o Tao), no qual imaginamos uma vida livre de responsabilidades, dor ou desconforto, em que todas as nossas necessidades e desejos são atendidos imediatamente. Procuramos por ele quando vamos às compras, nos bens, em um companheiro, na riqueza, no status, no álcool e nas drogas e, é claro, quando saímos de férias, mas, obviamente, não o encontramos.

Atraídos por meros vislumbres, andamos por aí nos sentindo enganados em nosso divino direito de nascença, imaginando que se pudéssemos ter aqueles três milhões de libras que, de acordo com nossos cálculos, nos permitiriam passar o resto da vida sentados à beira da piscina, tudo ficaria perfeito. Mas não ficaria. Talvez um pouco melhor, é claro, mas não seria o objetivo real e duradouro que estamos procurando.

Odeio dizer isso, porque ser enganado pelo mundo exterior é muito divertido (e muito doloroso, também), mas a única maneira de encontrar isso que buscamos — e isso passível de ser encontrado — é mergulhar em nosso interior.

Considere sem nenhuma paixão o que em suas férias o faz sentir tão nutrido e, provavelmente, será capaz de resumir sua resposta no relativo relaxamento diário, na possibilidade de exercitar seu corpo caminhando, nadando, dançando, descansando, dormindo, contemplando profundamente, lendo, conversando realmente com pessoas que você ama, provavelmente fazendo mais sexo do que de costume e no fato de tudo isso retomar a ligação com aquele espírito brincalhão e cheio de entusiasmo pela vida que existe em sua essência, o verdadeiro você.

Qualquer antigo taoísta lhe diria que, se você se disciplinar para incorporar pelo menos uma medida desses elementos em sua vida diária, desenvolverá gradualmente seu relacionamento com seu verdadeiro eu a ponto de todos os dias, até aqueles mais cheios de responsabilidades, serem dias de férias ou dias sagrados, santificados pela presença consciente da criança eterna brincando em seu interior enquanto você cuida de sua vida.

O nome do alegado pai e fundador do taoísmo, Laotsé, significa mestre da eterna criança. Permita-se brincar com essa imagem, por exemplo, capaz de induzir um brilho caloroso (interno) e reconectá-lo ao espírito de férias. Feche os olhos e veja-se nu, nadando sozinho e com movimentos graciosos em uma morna piscina natural sob as estrelas. Sinta a água à sua volta, acalmando-o, amando-o. Sinta a força da vida fluir por seu corpo enquanto imagina seus braços e pernas se distendendo e flexionando, seu peito se expandindo e relaxando, e toda a tensão de seu corpo desaparecendo. Depois grite de forma afirmativa alguma coisa como: "Viva, minha vida é um período de férias!", e continue com o que estava fazendo.

A Terra

Diferenciando a noite do dia

Sob o manto da escuridão (como você certamente já descobriu) ocorrem muitos dos eventos mais excitantes da vida. A noite é um tempo glorioso que normalmente, nesses dias frenéticos de falta de consideração e cuidado, é associado a indecência e pandemônio, quando as pessoas boas devem estar dormindo.

De fato, a noite se tornou uma instituição completa, com boates e mulheres (e mocinhos, também, é claro) da noite, o que é interessante porque acalentar a noite como um conceito é realmente uma idéia quase infantil.

Na verdade, não existe noite. Não num sentido *a priori*, pelo menos. O que acontece para criar essa ilusão é que a Terra gira em torno de seu eixo na direção leste em relação ao Sol, em torno do qual também gira numa velocidade de 106.213,8 quilômetros por hora o ano inteiro. E quando a parte em que você está pela manhã rodar o suficiente, você estará, num período aproximado que vai de 8 a 14 horas — dependendo da posição orbital corrente e da respectiva inclinação axial —, do outro lado do planeta, onde não há nenhuma luz do Sol, exceto aquela refletida pela Lua e, em menor medida, por outros planetas e vários satélites artificiais.

Mas, embora a noite como fato seja uma ilusão (causada pela ausência de luz do Sol), a escuridão não é. De acordo com a sabedoria dos taoístas orientais, a escuridão iguala-se a uma qualidade prioritária de *yin*, que representa a força estática ou passiva da natureza e da luz do *yang*, a força ativa ou dinâmica. Durante as horas de luz do Sol, seu corpo absorve energia *yang* do Sol, como uma célula solar, e a utiliza para mantê-lo durante as horas em que você está acordado. Durante as horas de escuridão, seu corpo absorve energia *yin* da Terra para ajudá-lo a repousar.

Aqueles taoístas de outrora estavam, sem dúvida, observando padrões humanos de um ponto de vista limpo no alto de uma montanha, em cavernas onde não havia cobertura de nenhuma companhia de telefonia celular. Mas a eletricidade e os estilos de vida diurnos que ela possibilita confundiram esse ciclo natural de alguma maneira, e agora nós empregamos de um modo geral quantias exorbitantes de energia (*yang*) para ir a festas e freqüentar boates e casas noturnas, quando, de acordo com as leis naturais, deveríamos estar descansando.

Seguir as leis naturais nessa nossa vida pós-moderna de múltiplas escolhas, no entanto, faz um indivíduo ser aborrecido. E assim, juntos, desprezamos o bom e velho equilíbrio *yin* e *yang* e bebemos e dançamos até o amanhecer. (E depois reclamamos por não termos energia suficiente, por nos sentirmos estressados e cansados no dia seguinte.)

Mas depois de uma rebeldia como essa, ou simplesmente depois de nos intoxicarmos quase até a morte pelos raios gama do aparelho de televisão, finalmente chega a hora de colocarmos a cabeça sobre o travesseiro. O que podemos fazer para garantir o sono mais reparador possível e assim otimizar todo o poder que a força *yin* da natureza tem para oferecer?

Em primeiro lugar, para adormecer de imediato, após aplicar uma ou duas gotas de óleo essencial de lavanda nas têmporas para acalmar a mente, é útil pressionar um ponto de acupressão conhecido como "porta do espírito", que tem o efeito de acalmar o meridiano de sua energia do coração. De acordo com a medicina oriental, o coração é responsável pela mente e pela habilidade que ela tem de alterar modos — nesse caso, para se desligar por algumas horas, de preferência oito.

Localize esse ponto olhando para as palmas de suas mãos, traçando uma linha imaginária no meio de seu dedo mínimo e pela palma até o pulso, marcando sua base. Pressione esse ponto bilateralmente por cerca de 1 minuto com pressão suficiente para causar uma leve dor. Isso vai ajudar a desligar sua mente consciente como um sedativo de ação moderada, e o efeito deve ocorrer em cerca de 10 minutos.

Nesse ínterim, aproveite essa breve oportunidade, enquanto sua mente está no modo mais suscetível, para sugerir a si mesmo e a ela como gostaria de dormir e (quando) acordar. Por exemplo: "Vou dormir profundamente com sonhos agradáveis e informativos e vou acordar às 7 me sentindo renovado, cheio de energia, otimista e pronto para um novo dia!"

Para ajudá-lo a sustentar esse sono, é melhor dormir sobre seu lado direito, tanto para impedir uma sobrecarga de sangue venoso no coração, o que provocaria sonhos desagradáveis e erráticos, como para levar mais sangue a circular por seu fígado, onde ocorre a purificação durante seu sono.

Um dos maiores prejuízos à manutenção do sono por toda a noite, sobretudo quando você está sob estresse, é um ruído súbito, como o de um carro barulhento passando pela rua às 4 da manhã. Essas coisas acontecem (e não devem ser tomadas pessoalmente, pois, por exemplo, se acordar furioso mais difícil será a retomada do sono). Por esse motivo, você pode pensar em providenciar protetores auriculares, só por precaução.

Quanto a ingerir substâncias soníferas, apesar de as pílulas alopáticas e os relaxantes musculares adotados por tantas pessoas serem eficientes no curto prazo, o hábito prolongado causa danos consideráveis. Um breve período de terapia craniossacral é um meio eficaz de reajustar seu relógio interno naturalmente quando desajustado, ou se quiser romper um hábito de ingestão de pílulas para dormir. Tenha em mente também que o hábito de utilizar ervas e seus derivados para dormir não deve ser considerado inofensivo. O uso habitual de calmantes feitos à base de ervas pode danificar seu fígado e seus rins tanto quanto as substâncias químicas.

E agora vamos ao quase indiscutível: sexo, ou mais precisamente orgasmo, como sedativo. Se você vive um relacionamento feliz, fazer amor e trocar carinhos sempre proporciona toda a ação sedativa de que você precisa. Se está sozinho e sabe como meditar, você pode usar esta alternativa, ou, perdoe-me por afirmar o óbvio, pode até se masturbar, o que, como se sabe, é um dos melhores e mais populares indutores de sono disponíveis no mercado.

Se escolher o caminho da meditação, você pode julgar agradável imaginar que está olhando para seu quarto pelo meio de sua testa, o chamado terceiro olho, enquanto vai adormecendo, porque isso encoraja o sonhar consciente. No entanto, se escolher a última alternativa (a via do prazer)... bem, tenho certeza de que não precisa de nenhum conselho desse dr. Barefoot. (Durma bem!)

Combatendo o medo do terrorismo

Desde o dia em que o século XXI nos mostrou sua outra face, a mais sombria, tenho recebido muitos e-mails sobre como lidar melhor com o medo e a incerteza que estamos vivenciando por conta do que aconteceu e do que ainda pode acontecer. Como alguém por quem estamos apaixonados há anos, alguém que — sempre soubemos — não é perfeito, mas que acaba de nos mostrar um lado mais feio que não queríamos ver, este mundo chocou-nos com sua violência. Então, como lidamos com isso? Rejeitamos o que descobrimos, pedimos o divórcio e fugimos para as montanhas? Entramos em negação e seguimos como era antes, como se nunca houvéssemos realmente visto esse lado feio? Ficamos com medo, em pânico diante da possibilidade de que agora tudo seja feio? Ou dizemos tudo bem, posso aprender a aceitar a feiúra como complemento da beleza, a escuridão como complemento da luz, o *yin* e o *yang*, porque, certamente, só no paraíso de um tolo existe apenas luz e beleza?

De acordo com o calendário cósmico hindu, estamos na Kali Yuga — a idade da escuridão, quando tudo se acelera até fugir do controle. Isso vai além do certo e do errado, do agradável e do desagradável. Kali, a deusa da destruição, desempenha um papel essencial da "dança de Shiva", ou, em outras palavras, o Universo. Porque, sem destruição, não pode haver criação — simplesmente não haveria espaço para todas as coisas novas. Muitos hindus e outras almas iluminadas rezam para Kali, não para agradá-la (não estamos atuando num nível tão primitivo aqui), mas para estabelecer amizade com ela. Como um lutador de *t'ai chi* envolve o oponente com energia a fim de superá-lo, os adoradores de Kali envolvem as horríveis qualidades destrutivas da deusa para superar o medo.

Os hopi tiveram uma interessante visão do nosso tempo. Há mais de dois mil anos eles profetizaram quando falaríamos por teias de aranha suspensas no ar (linhas telefônicas) e construiríamos uma plataforma no céu (os laboratórios espaciais); o mundo seria um lugar confuso para se viver, tanto que preferiríamos viver em Marte. Cheguei a conhecer o "guardião da profecia", Thomas Benyaka, no lar hopi no norte do Arizona, pouco depois de a Rússia ter invadido o Afeganistão em 1979, quando o Ocidente ameaçou promover ataques nucleares. Ele me disse que aquela guerra era apenas uma encenação local de outra muito maior nos domínios espirituais, uma guerra entre as forças da destruição e da criação, e que estava em nossas mãos o poder de ajudar a desequilibrar a balança para um lado ou para o outro pela força de nossas orações. Assim, além de visualizar paz na Terra, lembre-se de que esse plano de existência só reflete um domínio muito maior no qual você visualiza a luz superando gradualmente a escuridão, a criatividade superando a destruição.

Os taoístas reconhecem a eterna alteração entre *yin* e *yang* e dizem que "da grande escuridão virá a grande luz" (como os dias seguem as noites) e continuam praticando exclusivamente a arte de ser nesse dado momento, resistindo a todos os impulsos de projetar um futuro imaginário tendo por base informações reunidas em um passado que já não existe mais. O taoísta diria que no presente momento (e nos seguintes) você é, se suficientemente quieto em seu interior, capaz de moldar a realidade à sua volta como desejar. Portanto, teoricamente com foco, intenção e *chi* (energia) suficientes, uma única pessoa — você, por exemplo — é capaz de realmente realizar mudanças substanciais nas circunstâncias externas apenas desejando-as. Essa também é a base não só para a mágica ocidental, mas para a religião ocidental, também.

Mas para estar em um estado capaz de manifestações tão grandiosas e macrocósmicas, você precisa manter-se relaxado. Não pode esperar reformular o equilíbrio entre luz e escuridão nos domínios celestiais ou na quinta dimensão e assim realizar alterações terapêuticas aqui, neste planeta que mais parece um asilo de lunáticos, estando tomado pelo pânico. Primeiro, aceite que esses são tempos especialmente inseguros. Não há nada de anormal nisso; a vida humana sempre foi insegura. Segundo, aceite a sensação de insegurança dentro de você. Não há nada errado com a insegurança — é um estado perfeitamente normal. Terceiro, desfaça mental e manualmente todo o estresse psíquico acumulado em seu corpo como um resultado da luta contra a insegurança e relaxe.

Há um grupo de músculos correndo paralelamente à sua coluna. Coloque as mãos no quadril e pressione firmemente com os polegares a parte externa desse grupo de músculos até produzir uma dor notável, mas estranhamente agradável. Quanto mais sustentar essa pressão, mais tempo os músculos terão para receber a mensagem e relaxar. Pare antes de ter uma cãibra no dedão, soltando lentamente e apreciando a sensação de expansão que inundará seus rins. Depois, faça como os taoístas e proclame para todos ouvirem, inspirando-se também: "Da escuridão virá a grande luz."

Fazendo sua parte pela paz mundial

É dito — ou pelo menos era há muitos milhares de anos por algum antigo taoísta — que se uma única pessoa no mundo puder livrar seu coração do ódio, da violência e da destruição, a paz reinará em toda a Terra. Semelhante à doutrina do *mea culpa*, mas com ritmo mais animado: se você puder ver o macrocosmo como uma reflexão externa do microcosmo, e purificar seus pensamentos o suficiente, o mundo vai responder tornando-se pacífico. É um conceito distante e que requer certa disponibilidade para suspender o julgamento racional a fim de experimentá-lo.

Mas, em minha opinião, não temos muito a perder com isso. É uma missão difícil, de fato. Purificar seus pensamentos a ponto de remover toda a violência de seu coração é provavelmente impossível, a menos que você passe o dia inteiro, todos os dias, por uma década ou mais, numa caverna, meditando sobre isso. Mesmo assim, aposto que se algum macaco subir até lá e puxar seu cabelo com força, por exemplo, durante algum tempo, duvido que você consiga mandá-lo embora sem sucumbir à irritação ou ao desejo de agredi-lo. Por isso mesmo é pouco provável que algum dia tenhamos 100% de paz no mundo. Haverá sempre alguém querendo trocar uns socos, por mais que todos sejamos puros de coração.

Por sorte, a realidade não é feita apenas de extremos, mas também de equilíbrio, e esse mesmo antigo taoísta lhe diria que se você pode mudar a relação entre os pratos da balança em pelo menos 51% a favor da paz, o mundo refletirá essa mudança mantendo-se 51% em paz. O que é ótimo, desde que você não esteja na faixa dos 49% (por muito tempo). E agora, como purificar seu coração de impulsos violentos em pelo menos 51% sem deixar de cuidar de sua atribulada agenda e ainda mantendo-se atento caso algum objeto caia do céu?

A resposta é: perdão, gratidão e amor. Perdão implica abrir mão da necessidade de impetrar violência a outros por conta de algum ressentimento, normalmente inconsciente. Gratidão significa estar em um estado de graça diante do poder criativo do universo (o Tao, ou como quiser chamá-lo) para desempenhar o inefável milagre de facilitar sua improvável existência em um planeta tão bom e particularmente excitante, bem como sentir gratidão por todas as formas de vida por oferecerem tão esplêndido espetáculo. E amor significa estar aberto e desbloqueado para receber e dar a energia que circula entre nós livremente e com tanta generosidade quanto puder reunir em todos os momentos.

Tomando essas abstrações como seu programa para todas as interações, você pode criar uma animada estratégia para abrir caminho na vida diária, mas a idéia pode ser vaga demais para alguns. Por isso aquele mesmo antigo taoísta lhe diria que a habilidade de esquecer e perdoar é governada pela energia de seu intestino grosso como parte de sua responsabilidade de assegurar adequada remoção de detritos sólidos; a facilidade de sentir-se grato por sua existência é governada pela energia do baço, como sua habilidade de se sentir satisfeito com aquilo que come; e sua capacidade de dar e receber amor é governada pela energia do coração, como sua capacidade de processar a troca entre sangue arterial e venoso.

Assim, pressione o polegar de uma das mãos contra a lateral da outra em um ponto no final da fenda que se forma quando você cerra a mão e pressione até não suportar mais a dor. Repita do outro lado. Esse é o ponto do "grande eliminador" no meridiano do intestino grosso. Enquanto isso, diga: "Estou disposto a esquecer e perdoar a mim mesmo e todos os outros!" Depois empurre os dedos da mão direita para cima e para dentro de suas costelas do lado esquerdo (seu baço) e diga: "Eu escolho me lembrar de sentir gratidão por estar vivo."

Finalmente, cerre os punhos e, com a saliência dos dedos mínimos, bata de forma leve, estável e cadenciada no meio de seu osso esterno até se cansar, estimulando assim o centro de energia do coração e, enquanto o faz, diga: "Agora estou disposto a dar e receber amor livremente da maneira apropriada, durante o dia inteiro e para sempre!" Ou continue apenas repetindo a palavra "amor". (É tudo de que você precisa.)

Sem sacrifício não há lucro

Ah, que dia perfeito. Ele começa quando encontro a vaga perfeita para estacionar o carro bem na frente da minha porta, uma novidade rara em Londres (ou em qualquer cidade) nos dias de hoje. Um pouco mais tarde, dirigindo pela ponte Severn em direção a Gales, à uma da manhã, olhando para cima, para uma dessas impressionantes colunas que parecem perfurar o céu, vejo novamente uma imagem que desperta em minha mente a palavra perfeição. Ainda mais tarde, chego ao antigo galpão de pedra na encosta de uma montanha em Pembrokeshire, de onde posso ver o mar da Irlanda. Você deve se lembrar de que estive lá no último inverno. Percorro com cuidado a estrada de terra sinuosa e acidentada de mais ou menos dois quilômetros, saio do carro e olho para cima, para um raro alinhamento de planetas no céu da noite.

São três da manhã, o silêncio é absoluto, não há outra casa por perto, nem sinal de celular, nem e-mail. E mais uma vez eu penso na perfeição.

Exceto... Minha mente se concentra em seu tema preferido nos últimos tempos. E todo esse sofrimento no mundo? Como alguma coisa pode ser perfeita com toda essa infelicidade e dor à minha volta?

"Tudo bem, eu explico", diz o antigo sábio taoísta dentro de mim.

O Tao inclui tudo que é, foi e será. Não há nada que não faça parte do Tao; até o nada é parte do Tao. Mas o Tao não pode ser descrito ou explicado — e isso é só uma regra — tal sua grandiosidade e abrangência. Assim, seus seguidores nem tentam. Apenas o aceitam como uma premissa ou um fato.

Numa linguagem simples, suponha que o Tao seja um grande e ilimitado ser, um macrocosmo inteligente. Esse ser, o Grande Tao (pronuncia-se *dau*, a propósito), olharia para si mesmo, veria todo o prazer e toda dor no universo, e sendo totalmente esclarecido sobre os benefícios e a crueldade da vida, diria: "Perfeito. Absolutamente perfeito!" Isso não seria a manifestação de nenhuma tendência sádica de sua parte. Quando você é grande o bastante para englobar a totalidade de tudo que existe, tem a perspectiva de um período de infinitas eras para ver que tudo na natureza, toda a sua agonia e êxtase, é exatamente como deve ser, e é perfeito. Não existe sentimentalismo nesse nível.

Mas, "aqui embaixo", no nível humano microcósmico, o sofrimento machuca. Seja o sofrimento próprio ou alheio, a dor é sempre horrível. Assim, como um ser humano responsável e sensível, você faz tudo o que pode para aliviar esse sofrimento, seja doando 20 libras mensais à Cruz Vermelha ou organizando um evento beneficente, por exemplo. A estratégia é abraçar os dois níveis de consciência, o micro e o macro, simultaneamente. No corpo físico, de acordo com o esquema taoísta, existe um corpo mais refinado e sutil cuja anatomia consiste basicamente em três câmeras internas, que juntas formam o metaprograma de quem você é, seu ser mais interior ou "eu superior".

A primeira câmera fica no centro da parte superior de seu abdome e é responsável pela energia que o move pela vida. A segunda câmera fica no centro de seu peito e governa sua habilidade de sentir compaixão. A terceira câmera fica no centro do cérebro e governa sua capacidade de testemunhar os efeitos das outras duas e tirar o sentido de tudo isso.

Reduzindo sua respiração e deixando o corpo mais leve, permita-se estar consciente da força da vida em seu ventre. Relaxando o peito, deixe-se sentir compaixão por sua própria dor existencial e sua solidariedade pelos outros. Relaxando a cabeça, testemunhe a absoluta perfeição de tudo isso.

"Obrigado por me lembrar", murmuro para o velho sábio taoísta, arrastando minhas malas pela escada e para dentro do galpão bem a tempo, porque o céu se abre e uma tempestade desaba sobre minha cabeça. O interior do galpão é seco e quente. Preparo uma bela xícara de chá, abro meu laptop, escrevo este trecho, caio na cama e durmo imediatamente. Perfeito. Absolutamente perfeito.

Deixe acontecer

Hoje matei uma abelha. Sei que isso não tem grande importância de acordo com o código penal, mas não consigo tirar isso da cabeça.

Não havia nenhuma circunstância atenuante.

Sim, ela pairava sobre meu filho enquanto ele dormia, mas era um ato quase sonolento, e eu podia tê-la espantado pela janela. Em vez disso, usando apenas a mão e um rolo de papel toalha, eu a esmaguei, como se fosse apenas uma sujeira qualquer, não uma criatura viva. Sim, conversei com seu espírito e orei para que, libertada de sua armadura mortal, ela encontrasse o renascimento como uma forma de vida superior, mas ainda assim foi um assassinato de um ser vivo por alguém cuja identidade se baseia em ser um terapeuta, alguém que cura.

Esse ato destrutivo custou-me o equilíbrio espiritual, e agora sinto dificuldades para conectar-me a tudo que existe de um jeito significativo.

Isso me faz pensar quantos de nós se sentem alijados de sua fonte espiritual por se sentirem indignos dela, tendo cometido crimes ou atos reprováveis pelos quais ainda se sentem culpados.

Assim, pelo bem de minha alma torturada e por todos que enfrentam idêntica aflição, e não devem ser poucos, vamos experimentar um momento de ligação entre nós e todas as coisas vivas, e depois de sentir essa conexão vamos nos render humildemente ao sofrimento de aceitar a responsabilidade por nossos atos. Porque só através dessa aceitação o perdão pode acontecer, e por meio dele, a graça e a cura.

Na última hora, 2 mil pessoas morreram de fome, dois terços delas crianças, 20 mil acres de floresta tropical foram destruídos, meio milhão de toneladas de substâncias químicas tóxicas foram liberadas na atmosfera e 50 espécies de plantas ou animais foram levadas à extinção, tudo através dos nossos atos. E isso tudo sem mencionar os milhões de atos violentos ou mortes agonizantes causadas pela Aids e outras doenças.

Você pode não ser um assassino de abelhas eventual como eu. Pode até deixar viver os pernilongos que o irritam no silêncio da noite. Pode sentir que tem pouca ligação direta com a fome e a destruição que assolam a humanidade e o ambiente, mas, coletivamente, todos somos responsáveis. A culpa é perda de tempo e só serve para perpetuar a negação. Agora é hora de curar.

Isso se alcança inicialmente com pequenos gestos, atitudes de generosidade e serviço que desencadeiam uma emanação positiva. De início, essa emanação é relativamente local, mas se muitos de nós criarmos essas emanações, elas formam um campo de ressonância que gradualmente permeia a consciência coletiva, até alcançar as pessoas que tomam as grandes decisões no mundo.

Mas antes deve haver um momento de sentir-se conectado. A melhor maneira é visualizar um pequeno ser no centro de seu peito. Esse ser representa sua versão perfeita. Respirando suavemente, imagine que, a cada respiração, o ser vai se tornando maior e maior, até ultrapassar os limites de sua pele, maior e maior, até extrapolar os limites do prédio onde você está, e ainda maior, até superar o tamanho da cidade, do país e do planeta. Agora, esse minivocê é tão grande que todo o planeta e todos que nele residem estão contidos dentro de você. Como uma grávida amando o bebê em seu útero, permita-se amar todas e cada criatura da Terra como se fossem seus filhos.

As reações a essa prática podem variar desde pensar que tudo não passa de um bando de tolices até romper em lágrimas de compaixão. De qualquer forma, certifique-se de reverter o processo e deixar seu "eu perfeito" encolher até recuperar o tamanho original dentro de seu peito, ou não vai conseguir passar pela porta (metafisicamente falando).

Quanto a mim, duas enormes abelhas acabaram de entrar para dizer que compreendem, e eu consegui mandá-las embora pela janela apenas conversando educadamente. Assim, não sei sobre você, mas me sinto completamente absolvido. Obrigado por ter participado!

Entrando em contato com o lado feminino

"É engraçado, sem nenhuma mulher aqui, sinto que não há ninguém para quem me mostrar", disse eu, sempre exibido, rindo enquanto olhava para a multidão de homens com ar de expectativa diante de mim. Havia sido convidado para fazer o discurso de abertura da organização Brahma Kumaris, que organizava o maior evento no Reino Unido para promover a discussão e a exploração do significado mais profundo e da relevância da masculinidade no século XXI. Então me dei conta de que Dadi Janki, a chefe da organização fora da Índia, alguém que é quase como minha avó espiritual, estava sentada com sua intérprete na primeira fileira, o que deu à minha frase de abertura um tom meio idiota. Mas era um espetáculo, e como ela é uma mulher muito elevada e, para todos os efeitos, está além do gênero, consegui classificá-las como rapazes honorários e seguir em frente, certo de que ela me amava, embora me considerasse um garoto muito travesso.

Garotos! Eu nos vejo como meninos no *playground*, onde desde cedo se aprende que podemos escolher estratégias para nos posicionarmos no mundo das pessoas e, nesse caso, dos homens. Você pode ser um dominador (*yang* — masculino) ou um cooperador (*yin* — feminino) ou, como é comum na realidade prática, um pouco de cada um. Sempre tive a tendência de operar mais no modo da cooperação, do trabalho em equipe, seja como líder ou subordinado. (Nunca me importei em ser um subordinado, desde que o líder não fosse um trapalhão.) Aprendi cedo que é inútil desperdiçar energia impondo minha vontade aos outros já que, invariavelmente, isso acaba em lágrimas.

De fato, considerando a pequena confusão em que nós, homens, nos metemos durante os últimos milênios no planeta seguindo o modelo dominador, controlando uns aos outros (homens e mulheres) e a natureza, é óbvio que precisamos aprender a cooperar mais.

A cooperação é um princípio *yin* ou feminino inato em todos nós. *Yin* é a fonte da nutrição, e as mulheres são mais habilidosas para obter acesso a ele. Além de pular nas costas uns dos outros e despentear os amigos quando um gol é marcado no futebol, os homens precisam aprender a desenvolver sua capacidade latente de nutrirem-se uns aos outros.

As mulheres são imagens espelhadas dos homens (e vice-versa). Estar inteiro significa reconhecer sua imagem e absorver as qualidades que enxerga nela. O que os homens precisam aprender é caminhar suavemente sobre a Terra e tratar seus semelhantes com bondade e respeito. Em resumo, os homens têm de aprender a amar. Não falo apenas do amor no sentido abstrato, mas do amor em ação: na maneira como tratamos uns aos outros, homens, mulheres, crianças, a Terra e todas as criaturas e recursos. Porque isso é tudo que temos.

Da cooperação com amor vem a sabedoria. Da sabedoria vem a salvação.

Essa foi a essência de minha palestra e todos pareciam concordar, ou pelo menos ninguém correu até o palco para me espancar. Terminei, beijei a mão de Dadi (que significa "grande irmã"), corri até a porta do auditório, desci a escada e entrei num táxi que esperava para levar-me a Euston, onde eu pegaria o trem. Expliquei ao motorista que dispunha de 20 minutos para chegar lá. Ele aceitou o desafio (como um homem) e ultrapassou filas intermináveis de carros numa velocidade assustadora seguindo pela contramão da estrada. Sua intenção era tão determinada que em alguns momentos cheguei a cobrir meus olhos me preparando para o pior.

Do *yin* de Brahma Kumaris e Dadi Janki e seus maravilhosos devotos, vestidos de branco, ao *yang* do motorista de táxi, do sublime ao ridículo, dois rostos de homem, mesmo assim adorei aquele sujeito com a mesma intensidade fraterna e espiritual com que amei os calmos irmãos no auditório onde fiz minha palestra. E ele me levou à estação a tempo de pegar o trem!

De fato, é essa mistura de *yin* e *yang* — os princípios masculino e feminino dentro de cada um de nós — que provê a chave para viver uma vida inteiramente equilibrada. Muito *yin* e você se torna interiormente encharcado; muito *yang*, e você passará na frente de si mesmo. E a melhor maneira de estabelecer essa mistura numa base passo a passo (que, afinal, é o que realmente conta) é concentrar-se em regular a inspiração e a expiração — a inalação sendo o *yin*, na medida em que traz a vida para você, e a expiração sendo o *yang*, porque manda a vida para fora de você. De qualquer maneira, reduzir a respiração

— estar realmente consciente dela — é a principal chave para a paz de espírito.

Entrando em contato com o universal

Quando a questão é dar forma ao próprio destino, parece haver dois níveis (pelo menos) operando simultaneamente: um é a mente local (a superfície com que você é familiar, dizendo a você para virar à esquerda ou à direita, comprar ou vender isso ou aquilo, enfim, agir de acordo com o que parece ser mais próprio) e o outro é o eu profundo e universal (aquele com que você está menos familiarizado, mas para quem pode rezar de vez em quando ou entrar em contato em momentos de meditação) e retém o que parece ser um plano grandioso pré-ordenado e sabe por que foi necessário fazê-lo escolher isso ao invés daquilo para levá-lo onde você está, um outro que sorri e diz: "Por isso você precisava fazer isso e aquilo, para chegar aqui nesse momento de perfeição, de saber por quê." Ou talvez seja apenas inteiramente aleatório, e o destino seja apenas algo de que se possa falar em retrospecto. Talvez seja apenas vaidade que nos faz crer que há rima ou razão para o caminho que escolhemos.

Há um centro de energia no topo de sua testa, no meio, logo abaixo da linha do cabelo, que, segundo os taoístas, o põe no comando de seu destino, une aqueles dois níveis de consciência num só, fazendo-o, portanto, perfeitamente consciente dos motivos pelos quais faz isso ou aquilo de acordo com o grande esquema das coisas, poupando-o assim de horas intermináveis de preocupação sobre ter feito o que era certo ou não. Ativá-lo o ajuda a saber que você está onde deve estar, fazendo o que faz, da maneira como faz.

Para ativar esse ponto agora com fins experimentais, imagine uma abertura para respiração no topo de sua testa e "sinta-se" respirando estavelmente através dela até senti-la brilhar. Aumente esse efeito colocando em seguida a ponta de seu dedo indicador nesse ponto para produzir um suave formigamento. Repita o procedimento durante 30 dias, pelo menos, e experimente seu sentimento de apropriação crescendo exponencialmente.

Procure também por sinais de confirmação, sincronismos que ocorram como reações imediatas psíquicas, pequeninas coisas como o que ocorreu no táxi, quando meu motorista favorito superou o tráfego com a suavidade de um golfinho em águas calmas, e eu senti vontade de perguntar por que ele havia escolhido o câmbio manual ao automático, mas não perguntei. Quando voltei para casa mais tarde, já num táxi diferente e com outro motorista, eu ouvi o homem dizer sem nenhuma razão aparente: "Sabe qual é o problema de dirigir no automático? Sua perna esquerda acaba adormecendo por não ter nada para fazer o dia todo."

Vai ficando mais interessante quando as escolhas de um indivíduo ou de um grupo de indivíduos parece afetar o destino de milhões de outras pessoas. Não estou bem-informado o bastante para conhecer as reais razões de uma guerra neste momento, por exemplo, mas como qualquer praticante de artes marciais pode confirmar, o uso da força já indica que um erro grosseiro ocorreu porque tudo (se você remover a emoção da situação) pode ser negociado com suficiente paciência, inteligência, sabedoria e, é claro, quando se trata de assuntos mundiais, dinheiro.

Então, o que eu sugiro, por mais insignificante que possa parecer, é a dedicação de algum tempo e energia para a ativação do centro do destino como descrevi e, enquanto o faz, visualize uma difusão das tensões e uma redução do conflito em geral.

Não tenho idéia se isso vai fazer algum bem (ou mal), afinal, talvez a natureza (porque somos uma expressão dela) julgue em sua sabedoria que uma guerra é necessária no planeta. Mas talvez ela não tenha decidido, e alguma força psíquica na direção oposta empregada por alguns indivíduos focados possa desequilibrar os pratos da balança.

Espero que sim. Odeio pensar em pessoas matando outras pessoas; é um desperdício trágico, por maior que seja a quantidade de petróleo envolvida nisso.

Nunca perca de vista o fato de que você é um dos seis bilhões de filhos deste planeta

O planeta, este belo e misterioso globo no qual você se encontra atualmente, esta estupenda bola giratória se movendo descuidadamente em torno do Sol, pesa mais ou menos 6.600.000.000.000.000.000.000 toneladas. Este é o peso requerido para manter os seis bilhões de humanos e todos os sistemas de suporte à vida em sua superfície dançando alegremente pela "Grande Passagem" da vida da velha maneira peculiar e, atualmente, perigosa, que empregamos. Contemplar tudo isso por um momento pode ajudar a dar perspectiva quando sua visão de mundo torna-se míope e você se descobre atribulado por pequenos detalhes, incluindo sua saúde, seus relacionamentos, sua carreira, suas finanças, sua posição social e a própria sobrevivência. Insensível chamar tais coisas de detalhes? Nem um pouco.

Às vezes, você precisa ir ao espaço (imaginário) e ver seu mundo de uma distância de alguns anos-luz para conseguir tirar algum sentido dele — e ser capaz de parar de encarar tudo como pessoal —, porque só então pode relaxar o suficiente para deixar brotar a compaixão. Assim, quando a depressão ou a ansiedade se instalam em sua mente inconsciente tentando assimilar a sobrecarga de informações que a assalta todos os dias, você tem a opção de ser sugado para o interior do redemoinho ou enxergar sua vida na Terra com a compaixão distanciada necessária para gerar a energia para seguir em frente.

E isso exige relaxamento. Relaxamento diante do caos aparente enquanto uma ordem, um paradigma mundial é esmagadoramente substituído por outro. Relaxamento mesmo diante da possível dissolução pessoal! Relaxamento é essencial se você deseja mesmo ter ainda alguma diversão no planeta. E se você não está se divertindo, qual é o problema?

Assim, em vez de enrijecer o tecido macio de seu corpo contra o desastre iminente, contraindo, portanto, o fluxo de sangue e energia, levando a uma perspectiva reduzida e diminuindo o senso pessoal, use suas faculdades mentais dominantes para relaxar. Apenas respire fundo e bem devagar e, enquanto expira, ordene para todo o tecido macio de seu corpo: "Relaxe!" Repita 9 vezes, sentindo seu corpo mais e mais suave a cada expiração.

Agora reúna sua consciência no centro de seu cérebro, de forma que, em vez de "estar" diante de seu rosto, olhando com os olhos arregalados e freneticamente, você esteja agora "dentro" do centro de seu cérebro, olhando serenamente pelos portais representados pelas duas órbitas oculares. Se fechar seus olhos agora, vai notar uma profunda, escura e interminável área espacial entre seus olhos e atrás deles. Nessa área, visualize a Terra, muitos anos-luz distante, imagine seu caminho local como um traçado invisível; veja seus assuntos e negócios, seus sonhos, medos e fobias como meras microperturbações na cabeça de um prego miniaturizado e, com seu coração repleto de compaixão, deixe a visão ser embebida pela suavidade.

Nesse modo de alerta extraterreno, você pode experimentar uma fatia de consciência do presente inefável — o Tao ou Grande Caminho —, aquele sentimento de uma supraconsciência benigna conectando e animando todos os fenômenos, incluindo aqueles que ocorrem dentro de você. Você saberá se o fizer — será dominado por uma sensação visceral de que tudo vai acabar bem (no final). Se não acontecer, então imagine; vai lhe fazer bem.

Finalmente, imagine que pode sentir o peso do planeta sobre você e sinta a velocidade de sua órbita (19 mps). Jurando ser um guerreiro em vez de alguém eternamente preocupado, abra os olhos, retorne lentamente à sua vida local, massageie a sola de cada pé para voltar ao chão, bata suavemente no centro de seu peito com os punhos enquanto entoa "Aaahhhhhh!" por alguns momentos para despertar a coragem em seu coração, massageando a região dos rins por um minuto até aquecê-la para alimentar sua força de vontade, balance os dedos das mãos e dos pés para fazer circular seu *chi*, corra um pouco sem sair do lugar, diga a si mesmo "Eu sou capaz", agradeça por sua porção da tonelagem estar mantendo você em pé, depois saia por aí espalhando amor com toda a sua força, e leve-os a nocaute!

As estações

PRIMAVERA

Fazendo a faxina de primavera em seu fígado para obter energia extra

Com os narcisos no jardim anunciando a chegada da primavera, é hora de examinar o modo taoísta de transferência para essa alegre estação. Faça um "Brrrrr!" e livre seu rim encolhido do frio do inverno. Use os punhos cerrados para massagear a parte inferior das costas e aquecê-la, depois relaxe enquanto eu o conduzo pelo esquema taoísta de primavera. Você tem cinco órgãos vitais: coração, pulmões, baço (incluindo o pâncreas), rins e fígado.

Durante cada uma das cinco estações (o verão é dividido entre início e final), um diferente órgão predomina energeticamente. Nesse momento estamos chegando ao tempo do fígado. Não é por acidente que a palavra fígado (*liver* em inglês) seja soletrada dessa maneira. É ele que dá a força para fazer desabrochar seu girassol interior, agarrar a aventura pelas orelhas e vivê-la plenamente (e viver em inglês é *live*).

Cada um dos órgãos vitais tem diferentes responsabilidades ligadas ao seu autodesenvolvimento. Enquanto os rins dão força de vontade, o coração confere o poder de amar, o baço proporciona o poder de intelectualizar, os pulmões dão o poder de criar e o fígado confere o poder de crescer e enfrentar novos desafios. Nessa medida (de auto-renovação e, por extensão, renovação da espécie), ele também é responsável pelo impulso de sair da hibernação, literal e metaforicamente, e interagir com o mundo externo — ou socializar, em outras palavras. Isso é válido para todo o ano, porém é mais pronunciado na primavera, quando a natureza o convida a participar de uma forma ou de outra do jogo do acasalamento (e da renovação das espécies).

No entanto, ser o órgão predominante da estação não é algo que ocorra sem prejuízos, sendo um deles a vulnerabilidade ao clima. A primavera é, tradicionalmente, conhecida como a estação do vento, quando os ventos da mudança sopram por seu sistema e agitam a seiva em seu sacro, que pode subir pela coluna vertebral até o cérebro e estimular o indivíduo a fazer alguma diferença no panorama das coisas. O que é muito bom, se seus circuitos energéticos estiverem livres de bloqueios. Mas se, como ocorre em muitos casos neste mundo confuso, poluído e estressante que criamos, seus meridianos estão de alguma maneira entupidos com destroços energéticos provocados pelo acúmulo tóxico em seu sistema, o sopro do vento vai ativar essas toxinas e sobrecarregar seu fígado.

Por isso é sempre recomendável praticar atividades desintoxicantes nessa época do ano, sendo uma das mais eficazes uma dieta de quatro dias de maçã e água mineral, com o mel como acessório opcional para as maçãs. Se você adotar esse caminho, entre no jejum gradualmente cortando álcool, café, estimulantes, carnes e carboidratos dois dias antes, e faça o mesmo quando sair do jejum, reintroduzindo gradualmente todas as coisas saborosas, em vez de comer um cheeseburguer com fritas no café-damanhã do quinto dia. (Temos notícias dessa ocorrência!)

Você pode comer quantas maçãs quiser, incluindo a semente, que é perfeitamente digerível quando ingerida com o restante da fruta. Você pode escolher o tipo que preferir. Certifique-se de beber muita água. No segundo dia, você pode sentir dores de cabeça, porque as toxinas começam a emergir, e por isso é uma boa idéia providenciar uma massagem relaxante aromática para o período da noite. Como é possível certa sensação de fraqueza nos primeiros dois dias, talvez seja melhor começar no final de semana. No terceiro dia, sua energia terá aumentado de maneira significativa, o que vai permitir que você se dedique ao trabalho com os olhos brilhantes e os ombros eretos, pronto para deixar mortos de vergonha seus pálidos colegas de trabalho.

Se você adotar essa sugestão de uma dieta desintoxicante simples, ou se preferir algo mais complexo, como a famosa dieta dos dez dias de arroz integral, ou se não quiser fazer nenhuma dieta, será muito benéfico investir em uma sessão de acupuntura ou *shiatsu* para fins de ajuste à estação. Mais importante, é crucial que você adote alguma forma de regime diário de exercícios, preferencialmente pela manhã.

Isso se deve ao fato de o fígado também governar seus tendões e ligamentos e, portanto, reger a flexibilidade de suas articulações e músculos. Implementando seu regime de exercícios, você não só estará tirando vantagem da energia extra que a estação confere ao fígado, maximizando assim as possibilidades de aumento do tônus muscular, como também ajudará a fazer circular a energia em seus meridianos e, assim, limpar os destroços. É óbvio que a eficácia disso depende tanto do tipo de exercício que você pratica quanto da maneira como pratica. Bufar, se esforçar e suar levantando os pesos de uma academia de ginástica vai proporcionar uma temporária elevação de suas endorfinas, mas você não terá o mesmo aumento de energia que teria se, digamos, fosse bufar, se esforçar e suar numa sessão de power yoga e, definitivamente, não teria a mesma elevação de energia que pode ser proporcionada por uma dedicação verdadeira e concentrada a uma sessão de *chi-gung* ou *t'ai chi*.

Por outro lado, se você relaxa e se move a partir de seu centro, deixando sua respiração fluir ininterruptamente, com suavidade e estabilidade, com a mente inteiramente engajada na consciência do corpo interno, como ocorre no *t'ai chi*, por exemplo, qualquer exercício é benéfico.

Se você puder realizar um aquecimento lento de forma a não danificar seus músculos ou articulações, é ainda mais benéfico praticar de 30 a 60 minutos de exercício, de preferência em espaço aberto ou perto de uma janela aberta, de manhã, quando o ar está menos poluído e a energia *yang* da luz do dia está mais disponível, e não à noite, quando o ar está sobrecarregado de poluentes emitidos pelo tráfego diurno e seu sistema está entupido pelo estresse.

E em oposição à crença popular, é correto, de acordo com a sabedoria oriental, exercitar-se de forma estruturada todos os dias, não só três, quatro ou cinco dias da semana, como sempre recomendam os especialistas ocidentais. O exercício faz parte de sua higiene diária, e deixar de praticá-lo um dia, exceto quando se esta doente, exausto ou impedido por alguma outra razão concreta, é mais ou menos como sair de casa sem escovar os dentes; não vai matá-lo, mas é desagradável.

Finalmente, passe alguns momentos no final do dia produzindo o som taoísta para a cura do fígado. Experimente agora. Respire fundo e expire fazendo o som "SSSHHHHHH", imaginando-o como um jato de água pura limpando seu fígado (sob as costelas do lado direito) a partir de dentro. Boa primavera.

VERÃO

Chegando ao centro da questão

De acordo com os princípios da filosofia médica taoísta (chinesa), todas as estações (eles contam cinco, incluindo o verão tardio ou "índio") têm um efeito específico no equilíbrio energético de nosso corpo. Especificamente, as condições climáticas gerais de cada estação podem afetar de maneira potencialmente adversa um de seus cinco órgãos vitais. O calor do verão, embora sempre se aproxime em status da nossa sagrada ilha idílica imaginária, age primariamente na energia do coração.

"E daí?", posso imaginar você perguntando. "Quem se importa? É verão! Vamos aproveitar!" E é verdade. Não há nada mais importante que o simples prazer de estar aqui a cada momento.

No entanto, se você tem uma propensão para o superaquecimento interno e o calor opressor de um dia de verão é capaz de vencer as defesas energéticas naturais de seu corpo e invadir seu sistema interno de meridianos, ele encontrará o caminho para seu coração, e isso pode ser desastroso a ponto de o número de leitores deste livro ser reduzido para uma unidade.

Os médicos taoístas consideram o calor o imperador de todo o "multicomplexo" emocional e psicofísico que é você. Em outras palavras, além de facilitar seu vital pulso de vida, ele também facilita sua sanidade geral e sua paz de espírito. Sua energia inata é semelhante à do fogo. Sem o fogo, a vida não poderia acontecer, mas quando ele queima descontrolado, a vida também se extingue, e por isso é crucial que sua energia do coração permaneça num adequado estado de equilíbrio e organização.

Uma invasão de calor do verão pode inflamar o "fogo" intrínseco ao coração a ponto de você se tornar insuportavelmente agitado, internamente desalinhado e, no caso de haver uma tendência para instabilidade mental ou emocional, ela pode levá-lo, literalmente, a perder o juízo. Se, por outro lado, a mecânica orgânica de seu coração não é tudo o que deveria ser, tal invasão pode até desencadear parada ou doença cardíaca. (Então é isso!)

Se eu tivesse uma objetividade distorcida, eu diria simplesmente que o calor do verão pode deixá-lo muito excitado e encharcado de adrenalina e, portanto, incapaz de pensar ou operar de modo eficaz, e se você sofre de hipertensão, insônia, pesadelos ou doença cardíaca, ou se quer prevenir todas essas ocorrências, deve prestar atenção ao que segue.

O coração é um músculo e, como qualquer outro músculo, precisa estar relaxado para trabalhar com total eficiência. De fato, é a sobrecarga física (muscular) que provoca acúmulo do chamado calor excessivo ou "fogo" em torno do órgão, e que pode ser amplamente disseminado por um simples comando da mente.

Para demonstrar, enrijeça os músculos de seu lado direito e depois se dirija a esse braço como se fosse um instrutor de ioga falando com seus alunos. Diga "Relaxe" e sinta a tensão deixar seus músculos. É assim fácil e direto com os músculos, e não é mais difícil se o músculo em questão é o imperador de seu corpo.

Experimente fazer isso agora, só para praticar. Imagine, ou, melhor ainda, sinta seu coração agora. Tome consciência dos batimentos. Não tenha medo (as pessoas sempre pensam que pensar nos batimentos cardíacos pode confundi-los e levá-los a uma parada). Seja o confiante instrutor de ioga orientando seus alunos, ou, se preferir o modelo mais tradicional do imperador, adote-o e seja ele mesmo, e dê a seu coração o comando para relaxar. Depois, com uma expiração prolongada, permita de forma consciente que toda a região torácica relaxe completamente.

Se houver total concentração, essa ação (ou, mais precisamente, não-ação) vai provocar uma sensação geral de paz e calma. Se você relaxar de fato o ventre e as costas — e o restante do corpo, já que estamos tratando disso —, terá uma ampla demonstração do que os taoístas de antigamente queriam dizer quando afirmavam que a energia do coração determina a qualidade da consciência.

Alternadamente, em pé e numa posição confortável, com os pés afastados cerca de um metro, os joelhos levemente flexionados, o quadril encaixado e a parte superior de sua cabeça buscando o céu de forma a alongar sua coluna, cruze as mãos diante de sua região púbica e respire profundamente, pensando em seu coração com um sorriso no rosto. Agora, simultaneamente, entoe um "AAAH" prolongado na nota mais profunda e ressonante que conseguir alcançar, enquanto descruza as mãos e, com os braços relaxados, mas estendidos, descreva um grande "V" na sua frente erguendo os braços diagonalmente numa trajetória ascendente, e termine como se houvesse acabado de realizar um salto artístico. Sinta as vibrações do som ressoando em seu peito, massageando seu coração. Se tiver paciência para seguir essas instruções, repita-as cerca de oito vezes e descanse.

E, agora, vamos voltar a imaginar aquele verão.

Banindo a tristeza e se divertindo ao Sol

O verão é a estação em que o ano se liberta de suas inibições, veste suas roupas mais reveladoras e sai para dançar nas ruas numa demonstração vulgar de paixão incendiária. Também há os intermináveis e abrasadores congestionamentos no trânsito, a poluição e o cansaço interrompido ocasionalmente por tardes preguiçosas em exuberantes gramados, onde se come morangos com creme e se ouve o som repetitivo das bolas de tênis. Os churrascos. As viagens para fora da cidade, as esperas em aeroportos onde aguardamos ansiosos que os sinais de "Atrasado" mude para "Embarque imediato" e dê a partida em uma dessas alucinantes turnês pelos locais mais quentes e famosos do Mediterrâneo.

E mesmo assim, como crianças que não sabem o que é bom para elas mesmas, amamos o verão. Ele nos provoca com fantasias nostálgicas de um mundo perfeito onde o céu é sempre azul, o Sol é quente, não provoca câncer, e o ar é limpo, com poucos mosquitos e nenhuma epidemia de verão. Não há confusões noturnas causadas por bêbados, o mar é limpo e seguro para os nadadores, e a preocupação com viagens aéreas e vírus perigosíssimos é só uma idéia doente produzida pela mente de um escritor de ficção científica.

A realidade, entretanto, é diferente. Para começar, o clima é instável até no Mediterrâneo, onde a probabilidade de se passar dias trancado em casa com a chuva caindo do lado de fora é a mesma de se estar deitado ao Sol aproveitando a vida.

E ainda amamos o verão, porque até o menor aumento na temperatura faz relaxar a área dos rins e do baixo-ventre, e quando isso acontece, deixamos de nos ressentir da vida e dos outros. Uma das principais razões pelas quais as pessoas no Reino Unido tendem para o modo reprimido e retraído, comparadas, digamos, aos italianos do sul, é porque as temperaturas mais baixas das outras três estações provocam a contração da região dos rins, que, de acordo com os taoístas, provoca um subliminar sentimento de medo existencial. E é por isso que manifestamos a tendência de relaxar mais nos meses do verão.

Mas e quanto àquelas horríveis depressões de verão? Você conhece o sentimento: todos estão na rua, rindo, o tempo está ótimo e não há nada com que se preocupar, pelo menos não mais do que o habitual, mas você se sente rabugento, mal-humorado e excluído. E não tem desculpa para isso. Não pode culpar o frio ou a escuridão, como no inverno. Não pode culpar o fato ser obrigado a ficar dentro de casa sem nada para fazer. Então, você é obrigado a tentar resolver essa situação por si mesmo.

Considere o seguinte: o órgão mais afetado pelo clima do verão é seu coração. A energia do coração abriga o espírito, ou é responsável por mantê-lo em seu corpo enquanto você está vivo. Se a excitação do verão o domina ou não o afeta, ela pode enfraquecer a energia de seu coração, o que o faz ficar, literalmente, desanimado.

Assim, se você for tomado por um ataque de desânimo de verão, comece batendo levemente com os pulsos no centro de seu peito enquanto entoa o som taoísta para a cura do coração, "Aaaah", por meio minuto, mais ou menos, para despertar a energia. Em seguida, pressione com firmeza logo abaixo da base da palma da mão onde ela encontra o pulso do lado do dedo mínimo. O ponto é conhecido como "porta do espírito", porque abre a porta energética que permite o retorno do espírito ao corpo. Então, depois de comer três rabanetes (para estimular a energia do coração), diga para si mesmo que não é errado sentir o que está sentindo, seja qual for a estação. Continue respirando profundamente, com suavidade e de maneira estável, e dentro de algumas horas a tristeza desaparecerá e você também estará lá fora cantando. Pessoalmente, prefiro me esconder nas montanhas e esperar pela volta da sanidade e do decoro do inverno. Mas... o que fazer? Meu signo é Virgem.

Não deixe o medo irracional de voar impedi-lo de abrir as asas

Recentemente, tenho recebido tantos pedidos de gente com medo de voar para que eu escreva sobre a superação desse medo que fico me perguntando se os lucros das companhias aéreas são realmente tão pequenos quanto apregoam seus dirigentes. Tenho a impressão de que todos os vôos estão lotados de hoje até a eternidade.

E o conceito de eternidade está na raiz desse problema, associado à horrível sensação de permanecer sentado e apavorado, preso em um lugar onde você não quer estar realmente, lidando com aquele assento apertado e com aquele ar estagnado que parece queimar suas narinas, com crianças gritando e chorando, com o risco de hemorragias ameaçando seu equilíbrio e cada solavanco da asa fazendo seu estômago saltar e chegar na garganta. E para piorar a situação, você ainda tem de pagar por isso.

Mas o fato é que voar é muito mais rápido que caminhar, pedalar ou pegar um ônibus, trem ou navio, e a menos que você disponha de alguns meses, é a única maneira rápida e eficiente de percorrer o planeta. Você pode ficar em casa para sempre, embora seja inevitável que, mais cedo ou mais tarde, por maior que seja seu medo de voar, você tenha de subir ao céu.

Pessoalmente, por conta da natureza itinerante de meu trabalho, passo muito tempo no ar, literalmente, não metaforicamente. Superei meu medo de voar, que começou em uma noite em 1980, quando aterrissava em Miami depois de um atribulado vôo de sete horas desde Quioto, quando enfrentamos uma violenta tempestade elétrica num velho 707 da Air Equador, uma aeronave com assentos barulhentos que, depois de ter sido atingida em uma das asas por um relâmpago, despencou vários quilômetros numa descida vertiginosa completa, com mulheres gritando, cheiro de urina, fezes, vômito e adrenalina, e até a comissária de bordo pálida e apavorada, até que, finalmente, o avião recuperou a estabilidade ao encontrar uma bolsa de ar. A aterrissagem em Miami não teve nada de especial.

Depois disso, quando voltei a embarcar num avião, dessa vez de Nova York para Londres, sem escalas, tendo massageado no interior de minhas narinas uma mistura de óleo de melaleuca e lavanda como filtro antisséptico para os germes — com maior efeito psicológico do que físico, tenho certeza —, pratiquei as seguintes técnicas calmantes que funcionaram a ponto de hoje eu gostar mais de voar do que de qualquer outro meio de transporte, exceto esqui aquático, que eu amo, mas que não é adequado para percorrer longas distâncias.

Primeiro, passe algum tempo on-line pesquisando os fatos (várias companhias aéreas oferecem cursos para ajudar os passageiros a superar o medo) e logo você vai perceber como os aviões são seguros, mesmo sob severa turbulência, para a qual são especialmente projetados.

Segundo, passe algum tempo meditando, rezando ou contemplando sua própria mortalidade, bem como o conceito de destino, como em: quando sua hora chega, está acabado. Isso é crucial em algum estágio de seu desenvolvimento pessoal, seja antes de voar ou não, porque, mais cedo ou mais tarde, você vai ter de aceitar a idéia de morrer.

Terceiro, pratique a respiração profunda, calma e lenta, porque isso mantém a mente protegida contra o pânico, que é a última coisa de que você necessita a bordo de um avião.

Quarto, se for dado a visualizações fantásticas, mas não confia na tecnologia e nas máquinas, imagine um ser, seu anjo guardião, tão grande quanto um arranha-céu, voando sob o avião e sustentando-o em qualquer possível turbulência.

Quinto, mantenha a imagem mental de você mesmo chegando em seu destino com toda a segurança e um sorriso no rosto.

Sexto, massageie suavemente a parte mais macia de cada pulso, especialmente na área alinhada com seus dedos mínimos, porque isso estimula o meridiano do coração e acalma os nervos até que, antes que você perceba, esteja no chão mais uma vez, são e salvo como se nada houvesse acontecido, já bufando impaciente enquanto espera por sua bagagem.

Levando seu espírito infantil para brincar lá fora

Lembra-se de quando era pequeno? Oh, aquele espírito brincalhão interno! Aquele espírito inocente, indomável e descuidado para quem não havia a questão de aprender a amar o mundo. Você simplesmente o amava. É claro, havia momentos mais difíceis nos quais o pesado espírito da maturidade invadia sua experiência, ou quando você era pego numa rixa momentânea com um companheiro particularmente difícil.

Depois, na medida em que cresceu e a freqüência e a importância de suas interações com o mundo adulto (adulterado) e os efeitos de suas demandas sobre você aumentaram, seu espírito brincalhão e doce foi se escondendo mais e mais nas camadas profundas e ocultas de seu ser, até que, hoje em dia, já nem pode mais ser acessado, exceto com a ajuda do álcool ou de outros laxantes sociais.

Sob nossos disfarces de adultos somos todos crianças no *playground* da vida. (Não me refiro às crianças no modelo pós-moderno e monstruoso de hoje, mas às crianças anteriores ao estabelecimento da tendência ao artifício e à autoconsciência, à tendência de viver de acordo com as expectativas alheias.)

De acordo com a filosofia taoísta, ser "como uma criança" é a chave para a longevidade, para a saúde, para a iluminação, e para se divertir muito. (Então, vamos chamar nossa criança interior!)

Ao longo do caminho, evidentemente, aprendemos algumas habilidades de socialização muito úteis que nos capacitam a seguir no mundo e ter algumas visões necessárias e proveitosas. A órbita contínua e repetida em torno do Sol costuma fazer isso pelas pessoas. Mas não devemos nos iludir e sucumbir à arrogância da maturidade, porque nela reside a via expressa para a depressão, mais especificamente, a "depressão de verão", levando em conta que é essa época do ano.

Depressão de verão? Soa como uma contradição, mas é esse o ponto. No verão você "tem" de ser "feliz". Afinal, os pássaros estão cantando, o Sol está brilhando e as flores estão em plena exuberância de cores, formas e perfumes. Todos estão fora, aparentemente se divertindo, e a luz intensa da estação provoca um contraste acentuado com qualquer distorção pessoal que possa existir.

Entrar em uma discussão sobre a depressão, seja ela de verão ou de outro tipo qualquer, em qualquer sentido universal, é naturalmente fútil, uma vez que existem tantos "tipos" de depressão quanto pessoas para senti-las: desde a moderada e suave até a mais intensa. Daí, a cura de uma pessoa pode ser o veneno de outra.

No entanto, existem alguns temas comuns em suas raízes (de acordo com os terapeutas taoístas, tanto antigos quanto pós-modernos). Toda depressão resulta de uma incapacidade de lidar com uma crise existencial, devido a seu espírito interno brincalhão (EIB) estar pesado (ou pressionado) pelas (sempre ilusórias) preocupações da vida adulta. Isso resulta de uma deficiência naquele órgão ou esfera energética que abriga seu EIB e que faz você viver bem: seu fígado.

Toda deficiência do fígado é resultado ou causa uma deficiência no rim em algum ponto do seu ciclo. Se você deseja manter uma expressão otimizada do seu EIB prevenindo ou reduzindo a depressão de verão, ou se você deseja apenas assegurar o caminho interno mais suave para as próximas semanas, considere o seguinte:

Os dois rins e o fígado respondem bem ao exercício moderado, como caminhar, nadar, praticar ioga, *chi-gung* e *t'ai chi* diariamente, bem como às terapias de manipulação como acupuntura e *shiatsu*. Uma vez equilibrados os rins e o fígado, a sintonia mental associada à depressão vai se deslocar.

No esquema oriental, descobrir a razão pessoal para a depressão não é pré-requisito para aliviá-la. Em vez disso, alterando a sintonia da mente, as razões se tornarão aparentes por si mesmas durante o curso da autocura. A primeira coisa, no entanto, é mudar sua sintonia mental.

É claro, um dos subprodutos da depressão é que você se sente menos disposto e motivado para fazer coisas que o ajudarão a aliviar o quadro. E, com freqüência, grande vontade é necessária para que o esforço seja suficiente para fazer alguma diferença. Além do mais, nem todas as formas de depressão responderão bem ao exercício, à acupuntura ou a qualquer outra terapia de manipulação, com a exclusão do tratamento convencional. De fato, existem casos de depressão clínica nos quais o tratamento convencional contínuo é altamente contraproducente. Como eu disse, é impossível estabelecer padrões universais para esse assunto.

Mas nada na vida é permanente, nem a mais espessa parede de tijolos nem o maior dos impérios, nem a depressão. Além do exercício e do tratamento, uma considerável mudança na sintonia mental para esferas mais positivas pode ser alcançada buscando-se aquele EIB e lembrando-se de expressá-lo sempre que for possível, mesmo que para isso você tenha de voltar ao modo infantil. Tente engatinhar pela casa por uma hora, mais ou menos, levantando-se com o apoio das gavetas da cozinha para preparar uma xícara de chá. Tente dançar pela sala com alegre abandono por 20 minutos, mais ou menos, ou falar e cantar de forma ininteligível.

Mas, acima de tudo, reinicie sua mente de forma a fazê-la enxergar de maneira renovada a eterna glória do mundo que o cerca. Em outras palavras, não deixe que sua percepção do mundo fique cansada. Seja uma criança de 5 anos de idade, saia, olhe para o céu e, com os braços abertos, declare: "Que espetáculo fabuloso!"

Dê um baço equilibrado ao amor incondicional

Aqui estamos nós (outra vez), no fim da fase de verão de um ciclo anual, sempre uma transição complicada. Deixando para trás a exuberância vulgar do alto verão, estamos no limiar de nossa descida pelo portal do outono para outro túnel de escuridão de inverno. Supere Wordsworth e Keats! Os antigos taoístas ligavam cada fase do processo das estações com um dos cinco elementos; esse tempo de "preparar-se para voltar à escola" é associado ao elemento terra, representado no corpo pelo baço.

Levando em conta que toda a experiência do mundo é regulada pelos vários estados do fluxo de energia em seus cinco órgãos vitais (coração, baço/pâncreas, fígado, pulmões e rins), deduzimos que cuidando do equilíbrio de energia em seu baço você se encontrará em harmonia com o processo de transição das estações, e estará assim mais bem posicionado para florescer durante o inverno. E é importante lembrar que ainda é possível prosperar, mesmo em momentos de dificuldade. Especialmente em momentos de dificuldade, de fato. E a chave? Como diria um velho hippie: "É o amor, baby." Não o amor do tipo carnal, embora esse seja certamente doce (como todos sabemos), mas a compaixão incondicional por toda a humanidade.

E por quê? Porque com amor entre as pessoas por mais que haja aumento nos casos de loucura, violência, doença e destruição, por mais que haja a redução nos índices de bom senso, estabilidade econômica e bons momentos, a vida ainda será passível de ser vivida. Sem amor, ela será apenas o inferno na Terra. Não vou ficar aqui pregando sobre o amor e o que ele significa, exceto para dizer que ele se expressa por uma empatia por todos os seus irmãos e irmãs (no sentido maior) e por uma disponibilidade para estender sua generosidade por meio de pensamentos e atos (sempre que for possível).

Mas você não pode dar e receber efetivamente essa forma superior de amor humano, a menos que esteja preparado para isso. Então, sem mais delongas, uma breve sugestão para a auto-regulação da energia do baço, e vamos começar a nos preparar. Com a palma da mão direita diante de seu ventre, levante o cotovelo direito para o lado e mova sua mão para cima passando por sua linha mediana até sua mão estar em cima de sua cabeça, com a palma voltada para fora. Inspire durante a subida da mão. Expire produzindo o som "Ruuuu" de forma tão ressonante quanto for possível, leve a mão para baixo pela mesma trajetória enquanto a gira na altura do pulso para seu lado esquerdo, comprimindo assim delicadamente a área sob as costelas do lado esquerdo, onde ficam o baço e o pâncreas.

Esse é o antigo som taoísta para a cura e o movimento do baço, e funciona melhor quando é repetido seis vezes, de preferência entre as 9 e as 11 horas da manhã (horário em que o fluxo de energia do baço está em seu melhor nível), todos os dias, durante três semanas, para a obtenção de resultados mais notáveis. Esses resultados devem incluir uma sutil elevação nos sentimentos de estar enraizado e nivelado, não sendo assim desequilibrado pelos eventos que o cercam, um apetite saudável sem ganhar peso excessivo, um aumento na concentração sanguínea e no vigor, melhor tônus muscular sem se exercitar melhor, melhor memória recente e tendência a se preocupar menos. Todos esses produtos são resultado da energia do baço equilibrada, mas, obviamente, produzir o "Ruuuu" sentado em sua poltrona não é a panacéia universal para a energia do baço ou outros males do mundo, e por isso você pode desejar suplementar esses procedimentos com um pouco de automassagem adaptada do regime diário do próprio imperador Amarelo, conhecida como "harmonizador do baço e do fígado".

Massageie suavemente com uma palma depois da outra a região superior de seu abdome da esquerda para a direita 18 vezes, e depois reverta o movimento. O imperador repetia esse procedimento em seu abdome imperial 180 vezes em cada direção, quatro vezes por dia por seu escudeiro e massagista pessoal, tal a importância por ele atribuída à manutenção de seu sistema imunológico. Mas a versão abreviada terá efeitos notáveis, especialmente se for realizada diariamente por 30 dias ou mais.

Isso funciona de acordo com o princípio de que seu fígado, que provê o ímpeto de sair para o mundo e viver sua história, é por natureza um órgão ganancioso, que vai, dada uma pequena chance, apoderar-se de toda a energia disponível no nível superior de seu abdome, deixando, portanto, o baço com uma deficiência. Massageando da esquerda para a direita, removendo a energia do baço para o fígado, damos ao último uma falsa sensação de segurança, proporcionando aquilo que ele quer. Então, alguns movimentos mais tarde, quando ele já teve tempo para relaxar e baixar a guarda, você devolve aquele *chi* ao baço com uma dose extra.

Finalmente, como qualquer grande transição em progresso, é crucial não resistir, uma vez que isso só leva ao desperdício de energia que prejudica seu sistema imunológico e seu vigor animal. Com esse propósito repita para si mesmo "Relaxe, deixe acontecer", e descubro que isso tem um efeito profundamente auto-regulador, especialmente se não somos muito específicos. Relaxe com relação a tudo. Ficar tenso não vai ajudar ninguém em nada, e vai prejudicar seu estado mental e seus níveis de eficiência. Abra mão de seu medo e do conseqüente desejo de controlar a realidade. O Tao, o grande caminho natural das coisas, tem uma sabedoria intrínseca e uma tendência para oferecer certo espetáculo de tempos em tempos, como agora, por exemplo. Deixe esse espetáculo se desenvolver e florir por si mesmo sem interferir (muito). Assim, todos os detalhes relevantes para sua parte do problema se resolverão com verdadeira elegância de uma qualidade possível apenas com o Tao — nada menos que isso. E tudo pode acontecer de maneira mais fácil para você agora.

OUTONO

Se seu eu consciente é um covarde, não tema

O outono é a estação da mudança, mudança de luz e temperatura, mudança de atmosfera. A mudança é inevitável porque tudo que existe consiste em partes em movimento, e aceitar tal coisa é um dos maiores desafios pessoais contínuos que enfrentamos. Por quê? Porque desejamos intensamente acreditar na permanência. Sabemos que a morte espera em algum ponto do caminho, mas conseguimos fingir que não. Sabemos que a idade dos corpos e os últimos estágios da vida são questões cruéis, mas seguimos em frente como se não tivéssemos noção disso. Mas essa capacidade de negar a natureza perpétua da mudança causa dor inevitável cada vez que as ramificações dessa modificação se apresentam com força suficiente para não serem negadas.

O antídoto é aceitar a mudança, e isso requer confiança. Há 18 anos, eu estava na beirada de um precipício em Snowdonia, olhando, além das rochas salientes, uma pequena piscina formada no rio uns 15 metros abaixo. Um grupo de pessoas gritava com entusiasmo: "Pula! Pula!" Eu julgava ser impossível.

Estava tentando me preparar para pular, mas minhas pernas pareciam presas ao chão por raízes profundas. Eu jamais seria capaz disso. De repente, sem qualquer mudança perceptível de consciência, eu me vi cortando o ar e aterrissando com um triunfante *splash* na água gelada.

Bobagem, talvez, mas eu participava de um evento de seis dias cujo objetivo era induzir os participantes a superarem o medo e ajudá-los a moldar a vida que desejavam ter sem o bloqueio da resistência interior, e desistirem de pular daquele precipício parecia ser muito pior do que me arrebentar contra as pedras. Não quero os créditos pelo salto. Não foi meu eu consciente quem optou por ele. O impulso em minhas pernas até então imobilizadas surgiu de algum lugar muito mais profundo dentro de mim.

E é o relacionamento entre o ser consciente e o eu mais profundo, e como essa relação se desenvolve por meio de suas ações físicas, que forma a base da verdadeira confiança, um atributo que todos teremos de acessar em quantidades cada vez maiores na medida em que os eventos de nosso mundo se intensificam, desafiando nosso equilíbrio interior.

Confiança significa, literalmente, manter a fé e implica o diálogo entre seu eu consciente, que confia, e seu eu mais profundo, que tem de ser confiável, se você não quiser ficar maluco. Confiança não é algo que se possa obter repentinamente; é preciso tempo para desenvolvê-la, e existem muitas formas de fazer tal coisa, sendo a mais evidente o aprendizado de uma arte marcial. Mas qualquer coisa que o leve a passar um tempo regular desenvolvendo esse diálogo pela superação de seus obstáculos internos através de vários desafios tem sua utilidade.

Fortalecer a parte superior de seu corpo, especialmente a região do coração, onde os taoístas pensavam estar a origem de seu sentimento de eu inabalável, tem um impacto benéfico quase instantâneo em sua confiança. Se você não consegue fazer flexões, comece colocando-se de quatro, ou deite de bruços no chão, com as palmas na direção dos ombros e, mantendo o corpo numa linha reta perfeita, com o quadril ligeiramente impulsionado para a frente, estenda os braços e levante o corpo lentamente e com determinação enquanto expira, inspirando novamente quando baixar o corpo. Imagine o movimento se originando no fundo de seu ventre inferior. Complete nove ciclos, aumentando-os gradualmente em múltiplos de nove (o número de maior força indutora na numerologia taoísta) até poder fazer 36 ou até 81 (meu favorito) sem suar. E a cada flexão, pense: "Eu confio em mim, eu confio em mim, eu confio em mim."

Depois siga em frente com confiança neste mundo maluco, confiante de que vai se portar com total competência, aconteça o que acontecer.

Aceite o desafio

Com o farfalhar de folhas secas e o som característico das que estão encharcadas sob seus pés, além do costumeiro e poético simbolismo outonal do declínio, morte (aproximando-se do inverno) e renascimento na primavera, você já deve estar consciente agora dos desafios físicos e emocionais apresentados pela mudança das estações.

Além de entrar e sair de edifícios, carros, ônibus e trens aquecidos artificialmente, em geral, vestidos com agasalhos demais enquanto está dentro deles, e com roupa insuficiente quando está fora, seu sistema imunológico deve lidar com rápidas variações de temperatura provocadas pelas flutuações na pressão e na direção do vento.

Quando o vento sopra do oeste, aquecido pela corrente do golfo, o ar fica ameno, e sua energia tende a ser otimista e abundante. Quando o vento vem do norte, ele parece ser capaz de penetrar nos ossos pelas roupas, embora seja sempre portador daquela sensação de limpeza e vigor. Quando o vento sopra do leste, no entanto, ele carrega não só a umidade gelada da Sibéria, mas também a poluição de todo o Leste Europeu, incluindo sua radioatividade, as frustrações e o descontentamento coletivo. O vento do leste invade seu sistema e sopra vírus maléficos para dentro de nossos canais. (O vento sul geralmente paira pela região do Mediterrâneo nos meses de outono e inverno, sendo, portanto, um vento que sabe soprar com estilo, mas não em nossa direção.)

O outono leva aos limites os serviços de inteligência de seu corpo, percorrendo primeiro as muralhas orientais da cidadela, depois as que estão ao norte, depois as do oeste, já que ventos aleatoriamente alternantes produzem súbitas e inesperadas elevações e quedas da temperatura.

Seu sistema imunológico (o braço executivo do sistema de inteligência) trabalha melhor quando você está feliz. Com menos luz e dias mais curtos, a menos que você faça um esforço concentrado para passar mais tempo ao ar livre, de preferência a cada manhã, é improvável que veja muita luz natural, o que pode provocar uma propensão à depressão causada pela deficiência de luz (SAD).

De acordo com a filosofia médica oriental, cada uma das quatro estações (cinco, se contarmos o final do verão), abre espaço para potenciais problemas em um dos cinco grandes órgãos.

No outono, é a vez dos pulmões. Na prática, isso significa que quando os ventos do outono chegam soprando por seus meridianos, o meridiano do pulmão é o mais vulnerável. O vento levanta a poeira interna ou as "impurezas" respiratórias, provocando tosse, resfriados e infecções de ouvido que se manifestam pouco tempo depois, durante o inverno.

Não se deixe sucumbir à tristeza. O outono é um tempo de beleza delicada, e cada momento dele deve ser saboreado à luz minguante porém cintilante e prateada que só aparece quando o planeta se inclina nesse ângulo específico. Há uma grandeza melancólica em render-se com dignidade à chegada iminente, escura e fria do inverno.

Aceite o desafio como um guerreiro. Levante-se meia hora mais cedo do que de costume. Alongue o corpo e, vestindo agasalhos apropriados, saia e vá ao parque ou jardim mais próximo. Caminhe, corra, mova os braços, pratique *t'ai chi*, se você souber (se não, pense em começar a tomar aulas), pule como uma criança e abrace os elementos. Olhe para a vastidão do céu e sinta-se grato por estar vivo.

Beba chá de verbasco para abrir suas passagens aéreas e prevenir bloqueios respiratórios. Use acônito homeopático se sentir a ameaça de um resfriado ou inflamação na garganta. Use tintura de própolis como tonificante diário para os pulmões. Visite um acupunturista para revigorar seu sistema imunológico para a estação.

Por fim, usando o ano letivo recém-iniciado como uma metáfora para sua vida, dedique-se a estudar ou aprender algo novo que possa alargar seus horizontes mentalmente, fisicamente ou os dois, proporcionando um foco alternativo durante as noites mais longas. Além disso, visualize o Sol de verão brilhando em seu plexo solar o tempo todo para aumentar os sentimentos de positividade. Não perca um minuto sentindo pena de si mesmo, sendo indiferente ou tomando as coisas por certas. Aprecie esse outono como nenhum outro antes.

INVERNO

Dominando sua impaciência

Estamos chegando àquele tempo do ano quando nos vemos retidos em aeroportos, estações de trem e estradas, resultado da proximidade do Natal (no hemisfério norte). Esse período de tempo, ancorado na tradição, desafia sua paciência, tolerância e, secretamente, vamos admitir, desafia também a confiança em sua sanidade mental. Até mesmo Buda poderia ter experimentado certa irritação se esperasse horas por um vôo para a Tailândia. Tudo isso é acentuado pela memória distante, desencadeada de tempos em tempos por um velho filme norte-americano reprisado por uma emissora de tevê, de que essa é a estação da "boa vontade com todos os homens".

Por que, então, essa época precisava ser bem no frio e escuro inverno, quando nosso eu natural e verdadeiro só deseja hibernar?

Tudo isso, o movimento incomum, os presentes, as providências, a expectativa, o ritmo frenético dos planos para desaparecer da face da Terra, a elevação nos índices de consumo de álcool e calorias, as festas, as despesas, enfim, tudo isso pode ser uma estratégia magnífica criada para distrair-nos do grande vácuo da escuridão do inverno.

Se você já se sente impaciente enquanto espera que eu foque meu discurso, isso só serve para ilustrar meu ponto. A impaciência é, talvez, o maior flagelo de nosso tempo. Sem impaciência, não haveria esse esmagamento abdominal superior ao bufar e resmungar na fila do caixa enquanto a pessoa na sua frente tenta encontrar o talão de cheques dentro da bolsa, ou o cartão de crédito, e, finalmente, decide pagar com o cartão de débito, mas a tarja magnética está desgastada, e o celular de alguém começa a tocar as notas de uma música insuportável em volume estridente.

Seu fígado e seu baço se contraem. Quando isso acontece, ocorre também uma sobrecarga nos outros órgãos, que por sua vez se reflete no fluxo do sangue e na redução da energia em todo o seu sistema. E embora você tenha sido construído para suportar essa carga, tudo isso o torna ainda mais suscetível à impaciência.

É possível construir uma lista interminável com os sintomas que surgem com a doença da impaciência, como hipertensão, dores de cabeça, problemas cardíacos e assim por diante, mas, felizmente, de acordo com aqueles magos orientais de antigamente, você pode desenvolver a desejada e saudável qualidade da paciência por si mesmo.

Primeiro, lembre, convença-se ou obrigue-se a enxergar a atual causa da impaciência, por mais que ela seja aparentemente grande ou pequena, como um mero grão de areia na imensidão da eternidade.

Segundo, discipline-se a fim de liberar conscientemente a tensão de sua musculatura, permitindo assim que sua postura se levante e seus órgãos tenham espaço suficiente, seus vasos tenham adequada expansão e suas vias nervosas tenham passagens claras, enquanto a bexiga e o intestino terão também espaço suficiente para se moverem. Isso pode ser mais bem alcançado começando pela nuca, sempre o primeiro lugar a ficar rígido por causa da impaciência, e pela agradável sensação de liberação já antes identificada. Depois permita que ela se espalhe por todas as partes, incluindo o ventre, o peito, o rosto, os ombros e os membros.

Para aumentar esse alívio físico, tome Impatiens, um tipo de floral, que pode realmente operar maravilhas. Ele também ajuda a despertar em você uma inabalável confiança de que, aconteça o que acontecer, mesmo que essa ocorrência pareça contrariar todos os seus planos anteriores, é exatamente isso que devia acontecer e promoverá sempre um aumento em seu bem-estar geral e colocação temporal.

Yogananda, um dos maiores iogues do século passado, começaria seu dia com o seguinte pronunciamento: "Seguirei em frente em perfeita fé no poder do bem onipresente para trazer-me o que necessito no momento em que for necessário."

Ou, quando confrontado por algo percebido como um obstáculo à rápida concretização de sua agenda, observe o ambiente que o cerca, e por mais que discorde, afirme: "Eu sou o rei (ou rainha) do que quer que seja."

Numa base mais contínua, considere adotar uma atividade centrada no corpo que vai proporcionar oportunidade regular para sua mente reduzir a velocidade. Isso pode incluir ciclismo, corrida, caminhada, natação, musculação, ioga, *t'ai chi* ou outras artes marciais, mas pode ser qualquer coisa que dê ao animal selvagem dentro de você um pouco de espaço para gastar energia.

Por fim, lembre-se de não prender a respiração, uma reação comum a situações que desencadeiam impaciência. Certifique-se de estar respirando devagar e profundamente a partir da parte mais baixa de seu abdome, já que isso vai ajudar seu fígado e baço a relaxarem, e antes que você perceba, estará exibindo aquele ar de serenidade inabalável que fez famosos os santos e Buda.

Pegando longos vôos em suas andanças

Abrigado da tempestade diante da aconchegante lareira, enquanto as noites escuras do inverno se fecham à nossa volta, nós nos encontramos mais uma vez na estação de escapar de tudo isso em longos vôos para lugares distantes. Você pode ser astuto o bastante para ter pensado num jeito de pagar o preço de poder se virar para a esquerda, indo para a primeira classe, quando caminha pelo avião, mas para a esmagadora maioria que se vira humildemente para a direita ao embarcar, indo para a classe econômica, pressionados pelo peso da economia, a vida no ar pode representar um desafio.

É difícil passar horas a fio sentado em qualquer circunstância, sobretudo no ar, quando seu corpo clama por um alongamento para elevar o fluxo de sangue e energia.

O ar espesso, quente, pesado, que penetra suas narinas quando você inspira, é processado pelo ar-condicionado uma vez por hora, se você tiver sorte. As pessoas que administram as companhias aéreas não são mais santas ou altruístas do que você ou eu e, com a elevação no preço dos combustíveis, conseguem estabilizar o preço das passagens apenas gastando menos possível.

A maior economia a ser feita é com o ar-condicionado abastecido por combustível. Observe como todos adormecem enquanto o nível de gás carbônico aumenta, despertando quando a dose de ar recentemente condicionado circula na aeronave.

A pressão na cabine, ou a falta dela, responsável pelo entupimento e pelos estalos nos ouvidos na decolagem e no pouso, e por aquele arfar e a sensação de peso no peito, também é mantida de forma errada e desconfortável, tendo em vista a economia de combustível. Sabe-se que isso pode causar coagulação do sangue, levando a possíveis grumos que podem inclusive ser fatais. Também potencialmente fatais são os micróbios nascidos nesse ambiente, incluindo o da tuberculose e outros germes respiratórios que assolam a cabine.

Acrescente aí a desorientação associada à travessia de zonas de fuso horário diferente no eixo leste-oeste, ou, em outras palavras, *jet lag*, o inevitável anticlímax da chegada, a dificuldade de ajuste climático interno e, pior de tudo, a reentrada do Reino Unido no difícil e sombrio período do inverno.

Existem alguns passos simples que você pode dar para impedir sérias disfunções internas provenientes de longas viagens aéreas. De fato, você pode otimizar essa útil comodidade oferecida por aqueles homens magníficos e sair de um vôo na classe econômica com ar de quem viajou na executiva (ou sair da classe executiva com ar de quem viajou na classe econômica, ou sair da primeira classe parecendo ter viajado em seu jato particular e assim por diante, até você parecer o próprio Deus trazido do céu em uma carruagem de fogo). Óleo de macadâmia não diluído ou óleo de lavanda friccionado em torno das narinas vai matar todos os germes típicos das aeronaves antes que eles tenham acesso a seus pulmões. Meia aspirina por dia durante uma semana antes de voar, incluindo o dia da viagem, vai afinar o sangue (consulte antes seu clínico geral se julgar necessário, sobretudo se já faz uso de warfarina ou outros anticoagulantes. Uma alternativa é beber chá de urtiga).

Treine-se para respirar mais profundamente, porque, ao contrário do que você pensa, é preferível respirar mais profundamente quando há menos oxigênio e mais gás carbônico a fim de absorver todo o oxigênio ali disponível.

Movimente os dedos dos pés constantemente enquanto estica e flexiona os pés, puxando os dedos para você e empurrando-os para longe durante todo o vôo para estimular a circulação. Levante-se e caminhe pela aeronave. Não tenha vergonha. Seja o sujeito esquisito que não consegue ficar quieto. Espreguice-se discretamente no fundo do avião, concentrando o esforço nos ombros e nos tendões. Enquanto estiver sentado, pense em coisas que o capacitem a mover as pernas e colocá-las mais altas do que o quadril de vez em quando, porque isso ajuda a prevenir a formação de coágulos.

Embora isso possa parecer absurdo, recuse as bebidas alcoólicas que podem desidratá-lo e favoreça o funcionamento saudável de seus rins (ainda mais do que faz normalmente). Em vez do álcool, beba pelo menos um copo de água mineral por hora. Coma o mínimo possível. Temos a tendência de comer durante o vôo buscando conforto, em vez de usar o alimento para aplacar nossa real fome biológica. Comer nessa altitude, entretanto, sobrecarrega seus órgãos digestivos, em especial o baço e o fígado. Tente não misturar proteína e carboidratos, porque essa combinação é um verdadeiro esforço para o fígado em elevadas altitudes.

Exercite-se ao ar livre antes de sair para o aeroporto, de preferência praticando artes marciais ou algum outro sistema de movimento que envolva meditação, porque isso vai manter seu sistema imunológico forte durante o vôo. E ainda, como o sistema imunológico responde instantaneamente a comandos positivos ou negativos (seus), mantenha uma sintonia positiva de seus pensamentos de porta a porta, durante todo o tempo que passar em trânsito. Certifique-se de que terá tempo suficiente para fazer o check-in sem correria ou ansiedade. E faça o possível para relaxar durante todo o procedimento, já que isso conserva energia e ajuda a sustentar seu sistema imunológico. Com essa finalidade, beba também chá de astralagus para suportar seu baço, que sendo associado ao "elemento terra" é, de acordo com a medicina chinesa, enfraquecido quando deixamos o chão, o que prejudica sua habilidade de resistir àqueles horríveis micróbios.

Quanto ao deslocamento de nosso ritmo biológico (*jet lag*), acerte seu relógio de acordo com o fuso horário de seu destino assim que decolar e hipnotize a si mesmo para acreditar que o horário é aquele desde o início, porque, como qualquer Einstein lhe dirá, o tempo é bastante arbitrário nos melhores momentos.

Sobrevivendo a estação das festas natalinas

O tempo de relaxar e soltar o cabelo é agora, pois assim terá tempo para examinar os procedimentos envolvidos em extrair máximo proveito da festa. A expressão implica soltar o rabo-de-cavalo de alguém, ou qualquer outra repressão imposta pelo estilo do penteado, a fim de facilitar algum tipo de catarse do espírito natural e livre dentro de nós. Isso normalmente se expressa com a ajuda do álcool ou outras substâncias na pista de dança ou no armário de produtos de limpeza do escritório, atitudes sempre seguidas por ataques de auto-recriminação e falsa amnésia na manhã seguinte.

Não é coincidência que a expressão se relacione à cabeça, porque, de acordo com aqueles velhos taoístas festeiros de eras passadas, os pontos de acupuntura que desencadeiam um relaxamento do autocontrole e da inibição localizam-se na base do crânio ao longo do meridiano da vesícula biliar, aquele órgão a que se atribui a função de manter tudo em forma e perfeita ordem no funcionamento de uma pessoa. Também é interessante notar que a vesícula biliar como parte do complexo do fígado é o órgão mais afetado pelo álcool e pelas drogas.

Então, desbloqueando manualmente o fluxo de energia no meridiano que passa pelos pontos da área da nuca você poderia superar suas inibições e, assim, viver apropriadamente o prazer dessas reuniões sociais sem recorrer ao uso de drogas e álcool, certo? Sim, em parte. Mas você também vai ter de cuidar da situação psicoemocional, se quiser festejar plenamente com pouca ou nenhuma ajuda artificial e assim excluir a possibilidade de dizer ou fazer coisas de que possa se arrepender à luz sóbria do dia.

O tipo de autocontrole excessivo que causa a inibição, sempre apropriado ao ambiente de trabalho, é impróprio para os momentos de festa. Ele faz você parecer rígido, como se fosse de madeira, sendo a madeira o elemento associado à vesícula biliar. A propósito, e como você sabe, não é fácil relaxar e se divertir quando se tem a sensação de ser uma tábua.

Se está interessado em experimentar o tipo de alívio que não depende de nenhuma substância, comece imediatamente, porque os efeitos levam alguns dias para se fazer sentir em seu sistema. Coloque os polegares nos pontos da base do crânio onde os músculos chamados trapézio encontram o osso em dois extremos, um de cada lado da coluna. Mantendo os braços e os ombros relaxados, pressione suavemente para dentro e para cima, na direção do centro do cérebro, até sentir os tecidos do músculo mais suaves, cedendo um pouco.

Seja qual for a posição em que se encontre, tente manter-se completamente rígido, sem fazer nenhum movimento. Logo vai notar que isso é impossível, e que de algum lugar dentro de você vem a vontade incontrolável de fazer movimentos. Agora, em vez de sucumbir a esse impulso, mantenha a imobilidade na aparência enquanto permite que o movimento seja instigado sob a pele; micromovimento, em outras palavras.

A plena exploração dessa experiência requer um tempo e um lugar onde você não seja perturbado e a disponibilidade para ignorar o habitual falatório interno para permitir que sua consciência foque o interior. Assim que tiver localizado e seguido esse foco por um ou dois momentos, esse micromovimento vai se ampliando até gerar a impressão de que uma dança do ventre está ocorrendo sob sua pele. Quando a dança se tornar vibrante demais para ser contida, deixe que ela domine completamente sua forma física até se sentir dançando pela sala com alegre abandono. A prática regular dessa técnica não vai beneficiar apenas sua circulação, acalmar sua mente e provocar alegria e positivismo, mas também vai ajudá-lo a divertir-se muito mais quando realmente sair para dançar, uma atividade que deve estar no topo da lista de quem quer manter a elasticidade e a juventude mental, física e espiritual.

Para levar os benefícios desse exercício a situações de festa real, também é necessária alguma reformulação psicoemocional, como com todas as curas. E liberar as inibições certamente constitui uma cura. Existem duas ferramentas primárias que devem ser sempre utilizadas: a respiração e a auto-aceitação. Assim, quando você chegar à festa se sentindo estranho e tímido, preste atenção para não prender a respiração, deixando-a fluir livremente, e em vez de lutar contra a timidez ou tentar negá-la, aceite-a. Apenas lembre-se sempre de que "é perfeitamente natural e aceitável que eu me sinta tímido e desajeitado". Porque é. De fato, timidez e falta de jeito, quando se está aberto e pronto para aceitar, podem ser bem atraentes. O vocalista do Radiohead, Thom York, por exemplo, fez uma carreira a partir desses traços. Então, seja tímido, mas orgulhe-se de sua timidez. Não se envergonhe dela ou de você. Se achar difícil conversar sem estar embriagado e cheio de uma falsa boemia, tente perguntar às pessoas sobre elas e suas vidas. Todo mundo fica feliz com uma chance de falar sobre si mesmo.

Por fim, tente um pouco de auto-sugestão dizendo a si mesmo muitas vezes para que a colocação penetre seu inconsciente: "Quando demonstro minha vulnerabilidade com dignidade, as pessoas me consideram irresistível, o que torna mais fácil para mim o ato de relaxar em qualquer momento."

Se você acha que tudo isso está muito distante das características da estação, lembre-se de tomar complexo de erva-de-santa-luzia antes e depois da festa para ajudar a manter seu fígado bem, e beba um copo de água mineral com meio limão espremido para esfriar sua vesícula biliar.

Temporada do receio

A temporada da doação está novamente se aproximando, provocando questões sobre o que significa ser generoso, sempre a ponto de proporcionar lucro às companhias de cartões de crédito, lucro que, para nós, representa prejuízo e estresse, além da confusão das compras e da correria da época, uma mistura que pode encobrir qualquer alegria existente no simples ato de doar.

Quando os presentes — em sua maioria inúteis —, são finalmente desembrulhados, a emoção predominante é o alívio de ter cumprido aquela obrigação anual e ter escapado da terrível posição de "logro" (certamente um termo empregado pela indústria da propaganda).

De fato, todo o ritual deve agora ser visto em sua própria perspectiva como o cumprimento de um dever coletivo por parte de cada cidadão, que deve contribuir com seu quinhão para manter a economia à tona por meio das caixas registradoras das lojas dos shoppings e centros comerciais. É cada vez mais difícil encontrar o menor resquício de significado religioso ou espiritual nas festas de final de ano. Originalmente, nos tempos anteriores a Cristo, o "Festival das Luzes" de cinco dias era ligado ao solstício de inverno e significava o renascimento da luz e da esperança no período mais escuro do ano. Mais tarde, quando os romanos adotaram o cristianismo, eles transportaram o mito do Natal para seu calendário pagão, como uma celebração do nascimento de Jesus, ou, se você quiser, uma chance de promover o renascimento do "deus" interior. E agora, na era pós-cristã, ela se tornou uma celebração completa com grandes oferendas (e sacrifícios) a Mammon, o deus da prata e do ouro, das libras, dos dólares e até dos euros. Não que haja alguma coisa antiespiritual intrínseca em Mammon, com exceção do nome, que soa um pouco tolo. O dinheiro é só um símbolo de energia disfarçado, e o divino permeia todas as transições, seja qual for o nome ou rosto que se dê a ele, afinal. E um festival é um festival, por mais que haja uma racionalização por trás dele. Precisamos desses eventos em bases cíclicas ou a passagem do tempo torna-se apenas um amontoado de detritos temporais.

Mas, por trás de toda essa atividade insana e frenética, as oferendas queimadas nas caixas registradoras da nação, revelações freudianas desembrulhadas sob a árvore, ataques gástricos, olhos entediados por assistir tantas vezes aos filmes de James Bond ou *A Noviça Rebelde*, e tensões interpessoais emergindo como subtextos (novamente), parece haver um desequilíbrio inato. Como pode haver um doar verdadeiro se não há um receber verdadeiro?

Não me refiro a receber como o ato de desembrulhar um pacote de meias de que você nem precisa, uma roupa que não serve ou não combina com seu estilo, ou ferramentas que você nunca vai usar, e ainda fingir alegria quando, por dentro, está fazendo uma careta de desdém. Refiro-me a realmente receber o amor que, aliado ao senso de dever e ao medo de ser considerado um logro, deu origem a essas compras.

Os sufis (muçulmanos místicos e mais descontraídos) dizem que é fácil dar com o coração aberto, mas para alcançar a iluminação você precisa aprender a receber com um coração aberto, o que é muito mais difícil.

A Cabala (a descontraída e mística "ioga" do judaísmo, envolvendo, entre outras práticas, meditação sobre a "árvore da vida") significa, literalmente, "receber".

No pensamento taoísta, dar é uma função da energia *yang*, ao passo que receber é uma função do *yin*. Qualquer preponderância de um sobre o outro causará um desequilíbrio que vai afetar todos os aspectos de sua vida, incluindo sua saúde, riqueza e felicidade.

Assim, enquanto pensa sobre o que significa dar durante a temporada da ingenuidade, pense um pouco mais sobre o que significa receber.

Ainda dentro do esquema taoísta, o órgão do corpo responsável por capacitá-lo a receber é o baço. O baço governa sua capacidade de absorver a energia em qualquer formato que o plano material tenha a oferecer, seja comida, dinheiro, conhecimento, reconhecimento ou até mesmo amor. Em resumo, sua energia do baço é responsável por você se alimentar em todos e em cada momento enquanto estiver vivo.

Assim, enquanto lembra a si mesmo que "quanto mais estou disposto a receber, mais sou capaz de dar", coloque a palma de uma das mãos (aquecida) sobre o plexo solar (parte superior do abdome), um pouco mais para o lado esquerdo do que para o direito, de maneira a sentir o calor penetrar e mantenha-a nesse lugar por cerca de seis minutos.

Ao mesmo tempo, pense em relaxar todo o peito e a área superior do abdome com o propósito de reduzir os níveis de enrijecimento muscular frontal, e visualize um jato de energia sazonal positiva entrando em seu campo pessoal, mais ou menos... agora (sentiu?). Feliz Natal.

Se está sentindo a tensão, uma boa desintoxicação vai colocá-lo de volta na corrida

Partindo dos prováveis e variados excessos de suas comemorações de Natal e Ano-novo, é provável que agora você esteja se censurando e pensando em como vai fazer os reparos necessários em seu corpo e em sua mente. Falamos muito sobre como as drogas, o álcool, os antidepressivos e até os remédios naturais alteram nossa disposição e nosso estado físico, mas raramente mencionamos o mais usado transformador de corpo e mente de que se tem notícia (depois do sono, é claro!): a comida.

Não sou um especialista em nutrição — longe disso — e deixo essa discussão para os estimados colegas que, falando de maneira geral, são meus parceiros: Nigel e dr. John. Minha especialidade são os estados da mente, e é nessa luz que divulgo o seguinte, algo que me foi ensinado por meu mestre em medicina oriental e hippie taoísta sino-americano como um método para estabilizar o humor, clarear a mente de seu habitual falatório e dar saltos consideráveis na prática da meditação, e que, como um efeito colateral, também limpa o fígado, o intestino e a bexiga, remove todas as formas de nódoas da pele, reduz todos os excessos de gordura e faz seus olhos brilharem como os de um santo, só para começar.

Tenho certeza de que já mencionei isso antes, mas o método é tão glorioso que me sinto perfeitamente justificado em trazê-lo à tona mais uma vez. Tudo que ele envolve é a intenção de interromper temporariamente suas oscilações de humor e modificar seu ambiente interno por apenas quatro dias, abstendo-se de drogas, álcool e estimulantes durante esse período e comendo apenas frutas da estação; em nosso caso, as maçãs são a melhor opção, e o ácido péptico, por coincidência, contribui para a limpeza do fígado. Você pode comer quantas maçãs quiser todos os dias, mastigando polpa e semente e bebendo tanta água quanto sua sede pedir. Normalmente, você vai descobrir que, depois do primeiro dia, três maçãs são mais do que suficientes.

Antes disso, prepare-se evitando carnes e alimentos cozidos por dois dias, consumindo alimentos crus, porém saborosos e variados. No primeiro dia, o desafio é suficiente para distraí-lo da fome. Durante o segundo dia, seu estômago já terá se retraído ligeiramente e será mais fácil apreciar e agradecer humildemente por suas maçãs. Se, nessa altura, estiver se sentindo constipado, ou sentir um desejo por doces tão intenso que o deixe sobressaltado e nervoso, ou se já estiver se sentindo como Mr. Ed, o cavalo falante, coma sua fruta com mel. Também é possível que no final do segundo dia as toxinas que estão sendo removidas de seu organismo, mas ainda não foram liberadas, provoquem dor de cabeça, para as quais duas ou três xícaras bem fortes de chá de hortelã servirão como remédio, aliviando a maior parte do desconforto.

Com o passar do terceiro dia, você começa a se sentir como uma ave voando enquanto vive seu dia. Sua mente está aguçada, sua pele brilha, seu tônus muscular melhorou e as pessoas elogiam sua aparência. Mas o quarto dia é a grande recompensa. Você é como um falcão voando, planando sobre seu mundo cotidiano, sentindo-se invulnerável e imune ao estresse, e ainda lindo e radiante na aparência. É óbvio que no início você pode se sentir fraco, e assim pode ser interessante planejar o procedimento de forma a deixar o primeiro dia para uma, digamos, sexta-feira, deixando assim o sábado e o domingo para cuidar melhor de você mesmo. Quando a segunda-feira chegar, você vai estar tão cheio de frutas que nada poderá arruinar seu humor, nem mesmo o congestionamento a caminho do trabalho.

Geralmente, é melhor manter a utilização de medicamentos prescritos quando necessário, o que vale dizer que você deve consultar seu médico ou algum especialista nesses assuntos antes de ingerir apenas frutas, como sugeri. O mesmo se aplica se você estiver grávida ou se sofrer de alguma enfermidade séria.

Ao encerrar a dieta, reverta o processo, e nesse momento passa a ser inteiramente possível a ocorrência de um orgasmo oral pela ingestão de um saboroso rabanete, ou arrepiar-se de prazer ao morder um pimentão, ou babar como um tonto diante de uma cebola crua. Gradualmente vá abrindo caminho de volta para os sanduíches, ou qualquer outro aparato de alteração de humor ou vício culinário de sua escolha, sendo gradualmente representado por alguns dias.

Não esqueça: uma maçã por dia o mantém longe do médico. E depois disso, você nunca mais vai sentir a mesma coisa ao olhar para uma maçã. Vamos, depressa, passe-me aquela cebola crua!

Encontrando seu caminho

Janeiro é a época "escura" do ano, quando, de acordo com os norte-americanos nativos e outras culturas pré-consumismo, a Mãe Terra dorme para regenerar-se e preparar-se para fazer brotar a nova vida na primavera. E nós, "seus filhos", deveríamos, seguindo seus ritmos sazonais naturais, nos recolhermos a nossas cabanas de barro por algumas semanas, sem fazer muito barulho ou chamar a atenção, ou correríamos o risco de acordá-la e despertar também sua ira, o que causaria uma terrível escassez de grãos na próxima estação. Em outras palavras, ela não nos serviria o café.

É válido, então, discutir o fenômeno da desorientação momentânea ou semipermanente, porque, no geral, não seguimos nosso ritmo natural, vivemos em casas de alvenaria e não sabemos nada sobre permanecermos quietos.

Aninhados em nossos ubíquos úteros elétricos, só demonstramos saber como fazer barulho e confusão com nossos telefones, aparelhos de tevê, motores e música tribal eletronicamente gerada, criando assim uma mistura sonora intensa e ampliada para celebrarmos enquanto dançamos.

Nossas casas, nossos carros e, em menos extensão, nossas roupas e nossos calçados são criados não só para proteger-nos da sensação de interação com os elementos, mas para anular a experiência até esquecermos que existem elementos, até experimentarmos os extremos das inundações e dos furacões. Mesmo então, é quase sempre mera experiência televisiva. E se não gostamos do clima aqui, estamos a poucas horas de vôo de algum lugar quente e ensolarado neste nosso planeta. O sopro de alguma coisa remotamente biológica foi mascarado pelo cheiro, e com exceção de uma ou outra tempestade derrubando os fios, nunca mais teremos de pensar na vida sem energia elétrica. Tudo isso é muito bom e conveniente para quem é total ou parcialmente robô, mas para o restante de nós, cujos ancestrais evoluíram recentemente do estado selvagem de correr de volta à caverna ao menor sinal de perigo, mascarar o natural é, obviamente, desorientador, num nível de existência fundamental.

Além de estar alguns passos distantes de nosso ritmo natural, fomos levados a destruir nossos padrões climáticos e levar ao questionamento a integridade de nossas terras na medida em que o ritmo da vida diária é impelido e intensificado por uma orgia de aceleração incontrolada. De fato, as regras do jogo da existência humana estão mudando tão rapidamente que é redundante falar em ontem. Logo estaremos testemunhando a criação do híbrido animal-humano, o que pode sugerir que estamos completando o círculo da criação e voltando aos dias de puro mito, quando os centauros perambulavam pelo mundo e ninhos de víboras compondo um penteado não causavam nenhuma surpresa.

É de se esperar, então, que, durante esse iminente intervalo parcial entre os horários das programações da tevê, você pondere sobre seu lugar no grande esquema das coisas e possa experimentar momentos de desorientação existencial fundamentalmente inquietante. Desorientação significa, literalmente, mover-se para longe do leste, ou, em outras palavras, afastar-se da direção do giro da Terra, que não é muito diferente de sentar-se em um trem de costas para a direção em que ele se movimenta (não que tenhamos tempo para notar a velocidade em que eles se movimentam).

Assim, o primeiro passo para reorientar-se e alinhar-se em algum grau com a ordem natural e começar a recuperar equilíbrio em todos os níveis é encarar o leste. Depois, tome consciência de estar em um planeta no espaço girando em torno de seu eixo a 1.400 kph na direção de seu olhar, enquanto, simultaneamente, viaja numa órbita em torno do Sol a 86.000 kph ou 25 kps. Assim que essa metapercepção do contexto físico é assimilada mesmo que por um micro-instante, você pode recuperar seu sentimento de fascínio e aventura e, com ele, talvez a perspectiva de estar numa longa viagem espacial, durante a qual você faz tantos amigos quanto for possível e diverte-se com eles durante toda a duração do trajeto. Porque, quando finalmente desembarca, cerca de alguns trilhões de quilômetros depois, pode parecer certo desperdício ter passado trajetos preciosos da jornada sem ser capaz de apreciar a própria companhia e seu ambiente.

Em outras palavras, não deixe a desorientação perturbá-lo, nem recorra ao entorpecimento habitualmente causado por compras, sexo ou abuso de substâncias. Em vez disso, use-a como uma lembrança automática para reorientar-se com relação ao que de fato está acontecendo aqui, uma corrida megassônica pelo espaço em uma nave-mãe produzida organicamente e sustentada por uma biosfera caindo aos pedaços com a mais inusitada variedade de exibições paralelas dos melhores e piores filmes de ficção científica já produzidos, isso com a intenção de nos deter, nós, os nativos que, inquietos demais, tentam saltar da nave.

O mundo percorre um caminho acidentado, mas a paz virá

Há muitos anos, numa véspera de Ano-novo no interior catalão, eu estava em uma festa com um grupo local. Um deles, Carlos, ouviu mal meu cumprimento de feliz Ano-novo e julgou ter escutado "feliz homem novo".

Assim que a gafe foi apontada (não por mim), ele se viu tão dominado pelas implicações filosóficas que passou uma hora inteira cantando "Feliz homem novo" para qualquer um que quisesse ouvi-lo, e isso me inspirou a pegar uma guitarra. Nós dois compusemos uma canção com "Feliz homem novo" conquistando um grupo animado. Em pouco tempo, todos cantavam conosco em voz alta. O conceito nos afetou de maneira tão profunda que continuamos naquela efervescência por mais duas horas, período cujo final foi marcado por gargalhadas descuidadas que nos levaram ao chão.

A primeira Guerra do Golfo havia sido recentemente declarada naquela época, e a atmosfera no exterior não era muito diferente da que se testemunha hoje, mas a idéia de que a felicidade era extraída de dentro a partir do acesso a uma parte desconhecida do eu, como se retirássemos mais um lenço umedecido da caixa, e que isso só dependia de estarmos presentes no momento sem nenhum pensamento de tempo projetado, futuro ou passado, levou-nos a um estado de pura alegria e celebração, apesar das condições externas.

Geração após geração, temos ouvido falar que o mundo vai acabar durante nosso período de vida. Não somos diferentes dos outros. Mas eu tenho esse sentimento inato de que o mundo, incluindo o mundo das pessoas, vai continuar existindo, pelo menos por mais algum tempo, porque, para cada fora-da-lei beligerante (incluindo aqui os chefes de Estado), há um milhão de almas bondosas. E embora não tenhamos nossos dedos sobre o botão do "Não toque nisso", temos o poder em massa de alterar de maneira significativa a visão global, acessando a bondade em nossas almas e fazendo-a emanar de nós, inundando nossas atmosferas imediatas com a essência nutriente do calor e da decência humana. Gradualmente, na medida em que cada vez mais pessoas praticam essa emanação, nossas atmosferas amorosas combinadas acabarão por dominar as atmosferas de desamor dos outros seres humanos, até que o ar esteja tão doce que ninguém mais poderá pensar em levantar um dedo contra o outro, mesmo que esse outro tenha petróleo ou uma ideologia diferente.

Mas, para acessar a bondade interior, temos de despirnos de qualquer antigo traço de mesquinharia ou pequenez de sentimentos, o que causa a velha divisão nós-eles. Em vez disso, devemos renascer para aquela nossa parte que irradia naturalmente a verdadeira moeda desse Universo, o amor.

No final, as coisas vão mudar; não se enganem, como diriam George W. Bush e seus companheiros. Com o tempo virá uma era de paz, quando a sabedoria governará o mundo, no lugar da ignorância, do medo e da ganância. Vai acontecer. Está previsto em todas as profecias, da Bíblia aos hopi, e essas previsões foram feitas há milhares de anos. Esse será sempre um caminho acidentado. Mas, a seguir, senhoras e senhores, virá a era da luz e do esclarecimento.

Assim, faça tudo o que puder para fortalecer corpo e mente de forma a poder sobreviver até lá, mas lembre-se de que a verdadeira força vem do amor que você sente por si mesmo, pela vida e pelos outros, e o amor que recebe dos outros e deixa tocar seu coração.

Ame tudo e todos. Torne isso tangível agora pressionando o centro de seu osso esterno com o dedo e massageando a carne sobre o osso rapidamente para cima e para baixo como um vibrador humano até sentir todo o seu peito aquecido e relaxe. Depois, deixe simplesmente esse calor fluir de você o tempo todo.

Feliz homem novo! VOCÊ!

Outros títulos publicados pela
Editora BestSeller

As 10 leis do crescimento pessoal
Dan Sullivan e Catherine Nomura

Apontado pela revista *Fortune* como o próximo Stephen Covey, Dan Sullivan — em parceria com Catherine Nomura — expõe neste livro o que verdadeiramente é capaz de promover o crescimento pessoal. As 10 leis apresentadas por Sullivan e Nomura são fundamentais porque ajudam a determinar quais os valores que realmente nos mantêm no caminho certo. A sabedoria presente nesta obra ajudará todos aqueles que desejam não apenas ser bem-sucedidos, mas principalmente dar um sentido maior à sua vida, seja qual for a etapa em que se encontrem.

Autocontrole: nova maneira de gerenciar o estresse
Dra. Ana Maria Rossi

Colaboradora do jornal *Zero Hora*, Ana Maria Rossi, psicoterapeuta, palestrante requisitada e presidente da International Stress Management Association no Brasil, ensinará o leitor a identificar o estresse e desenvolver eficientes técnicas de autocontrole que evitarão os desgastes físicos mais comuns decorrentes das situações de tensão do dia-a-dia.

Invente o resto de sua vida
Suzanne Levine

A jornalista Suzanne Levine apresenta histórias reais de mulheres entre 40 e 50 anos que, ao se depararem com as mudanças físicas hormonais, resolveram reavaliar sua vida e sair em busca de novos desafios. Um livro encorajador que se refere à maturidade, não apenas como a segunda adolescência, mas como uma segunda chance para alcançar a felicidade.

Inteligência corporal
Edward Abramson

O conceito de inteligência corporal integra pesquisas sobre psicologia da alimentação, imagem corporal e atividade física para oferecer uma visão mais completa do controle de peso. O livro oferece uma nova perspectiva que transformará definitivamente sua opinião sobre seu corpo, dietas e alimentação. Indicado como finalista do prêmio *The Books for a Better Life*!

MEDITAÇÕES PARA CURAR SUA VIDA
Louise Hay
(*Em duas edições: especial em cores e simples*)

Mudar de vida. Substituir pensamentos e padrões de comportamento negativos por idéias que nos levam adiante, desencadeiam decisões acertadas, proporcionam bem-estar e sucesso. É isso que Louise Hay propõe neste livro, uma coletânea de afirmações que inspiram a criatividade necessária para enxergarmos nossas experiências a partir de novos pontos de vista, que nos proporcionam cura, plenitude e felicidade.

AS SETE LEIS ESPIRITUAIS DO SUCESSO — EDIÇÃO REVISTA
Deepak Chopra

Deepak Chopra mostra neste livro um conceito de sucesso que está além da realização material, em uma defesa da compreensão das aspirações e necessidades intelectuais e espirituais do homem. Em sete princípios práticos e acessíveis é possível encontrar o caminho para redescobrir a si mesmo, os desejos e a autoconfiança que se perdem no modo automático e dinâmico que se vive atualmente.

Visite a nossa *home page*:
www.editorabestseller.com.br

Você pode adquirir os títulos da Editora Best*Seller*
por Reembolso Postal e se cadastrar para
receber nossos informativos de lançamentos
e promoções. Entre em contato conosco:

mdireto@record.com.br

Tel.: (21) 2585-2002
Fax.: (21) 2585-2085
*De segunda a sexta-feira,
das 8h30 às 18h.*

Caixa Postal 23.052
Rio de Janeiro, RJ
CEP 20922-970

Válido somente no Brasil.

Este livro foi composto na tipologia Sabon,
em corpo 11/15, impresso em papel off-white 80g/m²,
no Sistema Cameron da Divisão Gráfica da Distribuidora Record.